ちくま学芸文庫

増補 ハーバーマス

コミュニケーション的行為

中岡成文

筑摩書房

【目次】増補　ハーバーマス――コミュニケーション的行為

増補

ハーバーマス——コミュニケーション的行為

ユルゲン・ハーバーマス

まえがき

ハーバーマスの思想に接して二十年以上になるが、全面的に傾倒してきたわけではない。むしろ、ある種の小さな、しかし縮めることのむずかしい距離を感じさせる存在だった。一九六九年に大学に入ったわたしにとって、ハーバーマスはまず、社会変革と社会哲学のコンテクストで目に映じた。精神分析を取り入れたイデオロギー批判を唱《とな》えて、伝統的な哲学に挑むかれは、たしかに若々しく、さっそうとしていた。しかし、社会的実践を分析する魅力もわからないではないが、それ以前に人間存在の深淵とか、言葉というものの不思議とかにこだわっていたわたしは、ハーバーマスの鋭鋒《えいほう》をやや一本調子なものと感じていた。

その後、討議倫理学を研究するようになっても、わたしのかれに対する距離感はなくならなかった。ハーバーマスやきまじめなドイツ哲学・思想にあきたらず、フランスのポスト構造主義の軽快さ、警抜《けいばつ》さに魅惑されたのも、このころだ。しかし、そのように回り道をして、少しずつわかってきたことがある。たとえば、同じく討議倫理学を推進していても、アーペルのがっちり構えた論理よりも、ハーバーマスの方がはるかに柔軟なのだ。ハーバーマスの文体は、意外に含みやニュアンスに富む。また、たとえばデリダの「差異」の思想は、記号のアクロバティックな使用でひとをうならせるが、しかし、社会的実践が要求する単純率直さからは離れがちだ。

しだいに、わたしはこう思い始めた。ハーバーマス以上に、コミュニケーションを自分のスタイルそのもの、言説の形式そのものとしている著作家は、現代にはいないのではないか。論争や共同研究ぬきでかれの仕事を考えることがむずかしい、というだけではない。コミュニケーションは、隔たりを前提する。コミュニケーション的行為の理論は、人と人との合一を素朴に信じているように見えるが、実際には、その合一が現代社会において脅《おびや》かされ、不可能にされているという、鋭敏な自覚の痛切な表現なのではないか。

ハーバーマスは素朴ではない。社会や人間に対するかれの態度は、その底においてアンビヴァレントだ。「差異」を口にするどの思想家よりも、「差異」のはたらきに気づいている。だからこそかれは、「差異」を無視するような、一見ドグマティックで単線的な図式を掲げて、逆説的に「差異」に近づこうとする。

うがちすぎた解釈だろうか。そうかもしれない。いずれにせよ、本書では、この逆説的なハーバーマス像は後景に退《しりぞ》いている。全体としては、ハーバーマスの議論を、背景説明も含めて、できるだけ忠実に伝達するよう努めた。あとは、読者がそれぞれのハーバーマス像を描くに任せたい。わたしなりのコミュニケーションの作法といっていいだろうか。

プロローグ　コミュニケーション的理性への信頼

わたしは天才ではない

およそどんな人に対してもそうだと思うが、とくに思想家に対しては、「冷静な頭脳と温かい心」の持ち主だということが、最大の賛辞となる。わたしたちの時代において、この賛辞を向けられるのに最もふさわしい一人が、現代ドイツの社会理論家ユルゲン・ハーバーマスだろう。

1985年10月の京都でのシンポジウムにて。右端がハーバーマス。

　天才と呼ばれるような思想家にあっては、その強力な思索が、まわりの人を疲れさせる性格の偏《かたよ》りと同居していることが珍しくない。当代最高の知性に数えられるハーバーマスの場合はそうではなく、かれの謙虚さはいろいろなところに現れている。ハーバーマスを囲むシンポジウムがかつて京都で開かれたとき、マックス・ウェーバーを引き合いに出してしつようにかれを追及する発言に対して、「わたしはウェーバーのような天才ではないですよ」という言葉がぽろりとかれの口からもれたのを聞いたことがある。ウェーバーを強く意識しているからこそこのような言葉も出てくるのだろうが、かれにウェーバーをライバル視する資格がまったく欠けているとは思えない。こんな個人的なことよりも、ハーバーマスが根本でいいたいのは、現代は天才や英雄の時代ではもはやないということではないだろうか。かれは学問のスタイルそのものを改革し、誰にでも近づけるものにしようと提案しているのだ。何よりもコミュニケーションを重視する理論家らしい態度である。

もっとも、コミュニケーションを主題としているからといって、その理論自身がコミュニカティヴになっているとは限らない。ハーバーマスの本を読んで、これは難しいと感じる人にとって、ハーバーマスは読者とのコミュニケーションを真剣に考えているとは見えないかもしれない。この問題がデリケートで、また本質的な点につながっていくことを、本書は明らかにするはずだ。

フランクフルト学派の旗手として

共同研究の伝統は、ハーバーマスを第二世代とするフランクフルト学派の特徴である。一九二〇年代にドイツのフランクフルトに創建された「社会研究所」は、三〇年に所長に就任したマックス・ホルクハイマーに指導され、ヒトラーの政権奪取後、ほとんどの有力メンバーとともに、本拠地をアメリカに移して活動を続けた。西洋文明が内的な必然性に駆り立てられて「野蛮《やばん》」へと傾斜していくさまを分析した『啓蒙の弁証法』(一九四七年)は、ファシズムの台頭と崩壊をにらみながら、ホルクハイマーと僚友テオドーア・W・アドルノがアメリカ亡命中に共同で執筆したものだった。

かれら二人は四九年にドイツに帰国し、フランクフルトに「社会研究所」を再建する。五六年から五九年までその研究所の助手を務めたハーバーマスは、その後アドルノと組んでカール・ポパーら批判的合理主義のグループと「実証主義論争」を戦うなどするなかで、批判的社会理論の新たな担い手として知られるようになった。それは同時に、ホルクハイマー、アドルノ、ヘルベルト・マルクーゼ、エーリッヒ・フロム、ヴァルター・ベンヤミンなど後世に名を残すそうそうたる顔触れからなる第一世代に続く、フランクフルト学派第二世代の代表者としての地歩を固める道でもあった。

「フランクフルト学派とハーバーマス」については第1章、第2章でくわしく論じることとし、ここでは簡単なスケッチにとどめる。ハーバーマスは、競争社会が余儀なくさせる人間のエゴイズムに対して、素朴ともいえるほどの義憤を感じる。一人の幸福が他の人の不幸によってのみ得られる仕組みをかれは拒絶し、そのような「交換」の暴力なしに人々が互いに結びつき、交流することのできる社会状態を望む。現実社会の諸矛盾の分析と批判、そしてその理論的探究を支える基本的倫理観は、フランクフルト学派に共通の態度である。

コミュニケーションへの着眼——ハーバーマスの独自性

第一世代に属する人々がときおり抱いたらしい「自然との和解」といったユートピア的願望を、ハーバーマスはしかし、共有しない。人格相互の、あるいは人と物との境界線が不分明になる神話的境地をかれは歓迎しない。社会進化がもたらした、そしてわれわれの近代世界を特徴づけている数々の「差異」——その多くはかつて「疎外」や「物象化」の名のもとに否定的に扱われたのだが——をハーバーマスはほとんどの場合、冷静に受け入れているように見える。

「コミュニケーション論的転回」というのが、従来のフランクフルト学派から（七〇年代以降の）ハーバーマスを区別する理論的新境地であるが、コミュニケーションは基本的に人と人との違いから出発することに注意しなければならない。いかなる強制もないコミュニケーション共同体とか、無傷の間主観性とかをかれが展望するのは事実であるにせよ、そのようなユートピア的状態は、人格間の相違や葛藤《かっとう》の芽さえ消滅した言葉なき融和的共在をけっして意味しないのである。先輩であるマルクーゼとの談話の中で、ハーバーマスは、将来のどんな社会でも利害の対立はなくならないと指摘している（対照的にマルクーゼの方は、人々の利害が一致する可能性になおも賭けたいような口ぶりを残している）。同一ではない人格や利害をもった人間たちが、それでも相互の意思を疎通し、行為を調整し合うというごく地味な、しかし現実社会の悲惨さによって繰り返し裏切られてきた目標を、ハーバーマスはしんぼうづよく掲げ続けるのだ。

フランクフルト学派を「ネオ・マルクス主義者」の集まりとする見方がある。これは多少一面的な呼称であるが、かれらの社会批判がマルクス主義を発想の主な供給源のひとつとしていたことは事実だ。マルクス主義は、労働のうちに人間の本質が外化されるとして、労働を重視する。資本主義を廃止しなければならない理由も、それが生産物を人間の手の届かないもの、生産者にとって疎遠なものに変質させてしまう、つまり「労働疎外」を引き起こすメカニズムだというところにある。このような生産主義的なパラダイムからハーバーマスは決別し、コミュニケーション論的なパラダイムを対置するのだ。なぜなら、労働は、自然や素材を相手にした独話（モノローグ）的な営みとして伝統的に捉《とら》えられてきたのであり、これは意識哲学の前提と変わらないからだ。ハーバーマスにとって、人間同士の対話（ダイアローグ）、「コミュニケーション的行為」こそ真に生産的な力なのである。

不確定性への勇気

どんな暴力も抑圧もない理想的なコミュニケーション共同体の構想をはじめ、ハーバーマスがカール・O・アーペルらとの協力のもとに展開してきたコミュニケーションの理論には一見非現実的な部分が含まれている。眼前の社会的事実が示しているその社会の不十分さや矛盾に甘んじず、それを超えていく人間の可能性を信じるという意味では、たしかにかれらは理想や理念に頼り、「反事実的」であろうとする。しかし、反事実性のダイナミズムは生身の人間に内在しているのであり、何か人間を超えた宗教的な、あるいは形而上学的な存在によって保証されているものではない。

個人が社会の中で言語を含むさまざまなことを学習し、他人と相互行為可能な存在となる「社会化」の過程は、半面では、その人の自己同一性（アイデンティティ）が確立し、「個体化」する過程でもある。ホッブズのように性悪説に立てば、人間はかれを規制するものがないかぎり、他人に対し「狼」となって牙《きば》をむく。けれども、個体化が社会化と一体であり、物心両面にわたって自分が他者に依存している事実を知るとき、真の個体化は他者を排除するのでなく、他者の身になる道徳意識を発展させるはずだ。個人はそのとき、一方的に自分の同一性をよろいでおおって、その中に閉じこもるわけにはいかず、他人を真剣に理解しようとして、結果的に自分の安定性を危険にさらすことになる。ホッブズが想像したように一貫して利己的に考え、戦略的に行動する個人であれば、このような状況は徹底的に自分に有利なように利用し尽くすだろう。すると、他の個人は当然対抗手段を取って自分も「狼」になろうとし、意思疎通の前提条件は失われる。コミュニケーションとはその本質において、かくまで成功の確率の低いもの、「こわれやすい」ものなのである。

人間同士のこの脆弱《ぜいじゃく》なネットワークに、より確実な原理を与えて強化したいと思うのが、人情かもしれない。ホッブズは人々が自然権を放棄して、支配者に服従するよう説いた。現代においては、ドイツの哲学者アーノルト・ゲーレンが、個人が自分にとって不透明な大きな「制度」に身を委《ゆだ》ねることこそ賢明であると勧めている。それに対してハーバーマスは、こわれやすいコミュニケーションの全面崩壊という危険に抗しうるのは、当のこわれやすいコミュニケーションそれ自身以外にはないと、強く反論するのである。フランクフルト学派第一世代の代表者であるホルクハイマーも、晩年は、真理や道徳をめぐる人間の活動に保証を与える宗教的・形而上学的な「絶対者」が必要だという同一性の思想に傾いた。これに対しても、ハーバーマスは、現代は決定的に「ポスト形而上学」の時代に入ったという判断から、死すべき人間につきもののうつろいやすさを神話的な同一性によって隠さず、正面から受け止めるべきだという見解を示している。ポスト形而上学の時代状況に見合った不確定性（不確かさ）への勇気を求めているといえよう。

論争から学ぶ

「論争好き」という言葉はまた別の意味をもっているであろうが、ハーバーマスが幾多の論争を積極的に担い抜く中で、相手の思想のエッセンスを吸収し、それを糧《かて》に成長していったことは確かだ。じっさい、哲学者・社会学者としてのかれの経歴は、ほとんど例外なく国際的な規模の注目を浴びるその著作の系列を通して輪郭づけるのと同様に、いやもしかするとそれ以上に、それぞれに一流の好敵手たちとの相次ぐ論争の歴史として描き出すのが、ふさわしい。

いま、ざっと思い出してみるだけでも、批判的合理主義を相手にアドルノと共闘した実証主義論争、ハンス＝ゲオルク・ガダマーの観念論的言語主義をイデオロギー批判の立場から論難した解釈学論争、社会システム論のニクラス・ルーマンとの論争などは、すでによく知られている。八〇年代に入ってからは、フランスの思想家たちとも対決した。ジャック・デリダに関しては、かれと直接に相見《あいまみ》えたというより、言語行為論のジョン・サールとデリダとの「コミュニケーション」を主題とするやりとり（デリダ＝サール論争）に、横から割って入っていったかっこうである。現代思想のスターであるミシェル・フーコーに対しては「新保守主義」という相当に厳しい政治的評価も向けたが、ふたりの対決を通じて、近代（モデルネ）についての解釈の深化に貢献した。ハーバーマスに比べて一般受けはしないが、古典哲学研究に定評のある同年代の哲学者ディーター・ヘンリッヒを向こうに回しての、形而上学の現代的意義をめぐる論争、また近年のドイツの学界・ジャーナリズムを賑《にぎ》わしたナチズム評価に関するいわゆる「歴史家論争」も、それぞれに重要なアクチュアリティをもっている。

唯物論ないし無神論を伝統とするフランクフルト学派の代表者としては珍しく、キリスト教神学からの働きかけがあれば、ハーバーマスはちゃんとアメリカまで出向いて応答している。そのさい、言葉をかけられて答えないのは「反動的」だからねと、サルトルのことばを引き合いに出して、ユーモラスに自分の積極的な態度を説明している。いずれにせよ、人間の潜在力の中でも対話の能力に、そしてその中でも議論（論証）に特別な意味を認めるハーバーマスは、自分の理論をたしかに実地に移しているという意味で一貫していることは疑えない。

理性のもうひとつの形

先にも述べたとおり、ハーバーマスは宗教的・神学的言説の意義をも少なくとも頭からは排除しない。現代（ポスト形而上学の時代）においても、人間にとって「超越」のエネルギーは無視できないのだ。しかし、それはけっして近代の理性啓蒙の埒外《らちがい》に出るいわゆる非合理的な志向への妥協を意味せず、あくまで対話的合理性の基準を守りつつ、その具体的形態が取りうる幅に配慮したものだ。社会秩序や道徳を維持するためにも宗教的な超越者が不可欠だという議論を、ハーバーマスは断固としてはねつける。正義への勇気に関して、われわれは宗教に頼る必要はない。宗教的な権威と違って、合理性に動機づけられた行為は安心立命の境地に人を誘いはしない。しかし、だからこそ、現代人は不確定性への勇気を奮い起こさねばならない。

フランクフルト学派第一世代のふるまいは、この点で必ずしもハーバーマスの期待には応えていない。かれは率直に述懐している。殺人がなぜ許せないかという決定的論拠は、理性には提出できないと(晩年の)ホルクハイマーは述べているが、このような「理性への懐疑」は、四十年近く前に初めてこの言葉を読んだときと同様に、今(一九九一年)でも自分をいらだたせる、と。

理性が自然を、他者を、そして主体自身をさえ「計算可能」なものに変えて、支配しようとする非情な一面をもつことは、十分にハーバーマスも承知している。いわゆる「道具的理性」の脅威から、われわれが住む世界(生活世界)の人間らしさを守ろうとする真剣さにおいて、疎外や物象化を訴えたどの先人にもかれは劣るものではない。しかし、ハーバーマスは、理性とは道具的理性以外にはないとか、近代化の過程で必然的に道具的なものに変質していくとかという否定的信念を共有しないのだ。

理性にはたしかに目的追求的・戦略的な機能があるが、それはわれわれが社会を営んでいく上で欠かせないものであり、それ自体としては有用なものである。その機能が膨張して、本来の場を離れ、理性のもうひとつの形が支配すべき生活世界にまで越境(ハーバーマスの用語では「植民地化」)するとき、はじめてひとは道具的理性を糾弾《きゅうだん》することができる。理性のもうひとつの形こそ、対話的・コミュニケーション的合理性であり、現実の社会ではさまざまな要因によって歪《ゆが》められているこの合理性を十全な形で実現していくことを、ハーバーマスの社会理論はめざしているのだ。

理性は党派性を持つ

ポストモダンとも呼ばれる時代に入って、理性への懐疑の声があちこちから挙がっている。ドイツではベーメ兄弟が『理性の他者』(一九八三年)という表題の著作で注目を集め、ハーバーマスもこれを意識している。ここで理性の他者と呼ばれるのは、カントが理性の領域から排除した自然、身体、創造力、欲求、感情などであり、近代合理性の偏狭な展開を埋め合わせるべく、再び呼び集められている。

ハーバーマスの信じるところでは、しかし、資本主義的近代化により、理性は「展開されると同時に歪められた」という二面性をもつのであり、そのような実情に注意を払うことなく理性を等し並に批判することは、疎外的状況を克服するどころか、近代における人間解放の業績を放棄する、政治的に許されない反動的行為となる。理性の欠陥や暴力性を是正する潜在力(ポテンシャル)は、「理性の他者」からではなく、理性自身の内から期待するしかない。理性啓蒙の志を継いで、「未完のプロジェクト」たる近代を完成にもたらすことを自分の立場として選び取ったハーバーマスにとって、もろもろの声高な理性批判は、たとえ個々の点で考慮に値する理論的指摘を含んでいても、それに理解を示すことが歴史的・政治的布置の中での妥協と後退につながる、油断のならぬ対決相手となる。

かつてカール・ヤスパースは、教条《ドグマ》に頼るあらゆる党派性を超える唯一の偉大なものとして、「理性の党派性」を掲げた。ハーバーマスも、ヤスパースとは少し違った意味ではあるが、「理性の党派性」にこだわる。その断固とした姿勢は、かれ自身が味わった現代ドイツの悲惨な歴史的経験から、その再現への可能性をあらゆる手段をもって摘《つ》み取らねばならぬファシズムの悪夢から出発している。たとえば、「失われた自然の回復」というスローガンにうっかり弱みを見せたら、どうなるか。ナチスは指導者＝総統への盲目的な心酔と服従、「血と地」という生物学主義的な民族主義など、幾重もの非合理主義的なイデオロギー装置を仕掛けていた。大衆がそれに同調した心理的背景には、ホルクハイマーが見抜いたとおり、自然との素朴な一体性を求める退行的な模倣衝動がある。道具的・技術的な理性からのやみくもな脱出の夢が、壮大な規模の「反啓蒙」の野蛮に反転しうることが実証されたのだ。しかも、その歴史は過去になりきっていない。戦後ドイツ社会においても、反啓蒙への蠢動《しゅんどう》——近代の趨勢《すうせい》に逆らって世界の「再呪術化」を主張する哲学者もいる——はさまざまな形で見られ、その拡大を未然に阻止するためには「理性の党派性」による全力での介入を必要とするというのが、ハーバーマスの揺るがぬ政治的信念なのだ。

第1章 批判的社会理論への旅立ち

1　第三帝国の闇が明けて

高射砲部隊の少年たち

ユルゲン・ハーバーマスは一九二九年六月十八日、ライン河畔の都市デュッセルドルフに生まれ、父が商工会議所の会頭を務めていたグマースバッハで育った。グマースバッハは山岳地帯のベルク地方にある郡庁所在地で、電気・繊維・金属などの工業が盛んである。一九四五年五月、ドイツが無条件降伏し、連合軍が占領を開始したとき、かれはまだ十五歳だったことになる。祖父はルター派の牧師、父は官吏や前述の会頭を務めた人で、ナチスの支持者だったという。ハーバーマス自身も、第二次大戦中には高射砲部隊の補助隊員に動員され、ヒトラー・ユーゲントにも所属していた。

これらのことは何を意味していたのか。ハーバーマス自身はこの時期の心境についてあまり語りたがらないため、一九八二年以来、そして一九九六年現在、ドイツ連邦共和国首相を務めているヘルムート・コールの伝記（W・フィルマー他『ヘルムート・コール――伝記と証言』上・下、鈴木主税訳、ダイヤモンド社、一九九三年）を参照してみよう。コールは三〇年生まれだから、二九年生まれのハーバーマスとはまったく同世代といっていい。多感な少年時代をともに戦火の中で過ごしたわけである。ただし、出身地（コールは現在のラインラント゠プファルツ州のルートヴィヒスハーフェン生まれ）、宗教、政治的姿勢、職業、理知的に見えるかどうかなど、それ以外のあらゆる点でかれはハーバーマスと対照的である。

伝記によると、コールは十歳になる直前に実科高等学校に入っている。その学校は四二年には閉鎖されたが、上級生たちはすでに兵役の義務を負い、もっと若い生徒たちは（ハーバーマスのように）高射砲部隊の助手として動員された。週に一度、高射砲部隊の点呼のために、全校生徒が学年別に整列した。戦争中、十六歳以上の青年たちはほとんど戦争に駆り出されたという。十歳から十四歳までの少年は、ヒトラー・ユーゲントの下部組織であるドイツ少年団にまと

労働奉仕を始める前の厳粛なヒトラー・ユーゲントの旗の掲揚式

められていた。少年団は先に述べた高射砲部隊の補助員として防空活動に参加するほか、「少年消火隊」に動員されて、空襲後の死体の処理、生存者の捜索活動に従事した。

コールは他の少年たちとともに、少年団からヒトラー・ユーゲントへと進んだ。かれの両親はリベラルなカトリック教徒で、ナチに対する懐疑的な考え方をかれに植えつけたといわれている。それが正しいなら、この時期ヒトラー・ユーゲントに属することは、国家社会主義とその指導者に対する熱烈な忠誠をかならずしも意味しないことになる。もちろん、イデオロギー教育と無関係にいられるわけはない。無条件降伏のわずか一カ月前、一九四五年四月、ドイツ帝国青少年指導者アクスマンの前で、コールは級友たちとともに宣誓させられた。その会場となったスタジアムで、食料不足のため衰弱した少年たちはドミノの牌《はい》のように倒れたという。

戦後ドイツの再出発

コールより一歳近く上のハーバーマスにとって、戦場で生命を危険にさらす時はより切迫していただろう。しかし、その前、一九四五年五月八日に無条件降伏は成立した。

コールは地方組織での活動から出発して五十二歳で連邦首相に就任するまで、政治家としての経歴のすべてのステップで最年少記録を作った。学者としてのハーバーマスの栄達の速さもそれに劣らない。なにしろ、一九六一年、三十二歳にして、マールブルク大学で私講師の資格をとり、その直後には伝統あるハイデルベルク大学の教授に迎えられている。無人の野を行くがごときこのような勢いは、コールやハーバーマス個人の力量だけに帰すことはできない。ドイツは一九二〇年から三〇年にかけて生まれた人材の多くを無残な戦争で失っているのだ。

かなり後のこと（一九九一年）になるが、いわゆる湾岸戦争がアメリカを中心とする多国籍軍とイラクとの間で戦われたとき、ミサイル攻撃などの映像を見ながら、いくども第二次大戦中の連合軍による爆撃、そしてドイツの破壊された諸都市の様子を思い出したと、ハーバーマスは述懐している。戦争が心に残した傷は容易に癒《いや》せないものだったに違いない。現在の日本で「平和ぼけ」を叱責《しっせき》する声がしきりと聞こえるように、ドイツでも戦後四十年を越す「政治的禁欲」を問題にする向きがあり、さらには戦後世代に「戦争の実存的厳粛さ」に立ち向かう気持ちを求める有力新聞の論説も見受けられる。この種のあおりたてるような論調に対して、ハーバーマスは一貫して否定的な反応を示している。

さて、第二次大戦におけるドイツの無条件降伏をハーバーマスは解放と感じ、今こそドイツに精神的な改革が起こるものと期待したようだ。出身階層からいうと、かれが特別に変革を志向する要素は見られない。つまり、ハーバーマスは政治・社会的秩序を重んじる中産階級の家庭に育ったわけで、共産主義はいわずもがな、それよりも穏健な社会民主党に対してさえ懐疑的であって不思議はないのだ。ところが、他方で、かれは戦後アメリカの主導下に実施された「再教育」（リ・エデュケイション）の落とし子として、民主主義の理念を胸一杯に吸い込んだ。民主主義の基本を信じ守ろうとする姿勢は、ハーバーマスを他の多くのドイツ知識人から区別し、かれらとの対決に導くことになる。

知的に早熟であったハーバーマスは、大学入学前からマルクスの著作をむさぼるように読んだという。しかし、読書を通しての、西欧マルクス主義の代表者ジェルジ・ルカーチとの出会い、そしてかれがその衣鉢《いはつ》を継ぐホルクハイマーやアドルノとの遭遇はもう少し後のことになる。

古典哲学を読み込む──学者ではなく知識人として

ハーバーマスは一九四九年から五四年までゲッティンゲン、チューリッヒ、ボンの各大学で哲学、歴史、心理学、ドイツ文学、経済学を修めた。四九年は米国とソ連との間の冷戦が激化し、東西両ドイツが分離独立した年である。翌五〇年にアジアでは朝鮮戦争が勃《ぼっ》発《ぱつ》している。

ハーバーマスが指導を受けた哲学教授のうち、主な人物としては、ディルタイの流れを汲《く》み、哲学的人間学を研究したエーリッヒ・ロータッカーと、フッサールのもとでハイデガーと兄弟弟子であったオスカー・ベッカーがいる。ちなみにベッカーは、京都大学において西田幾多郎の後継者であった田辺元が二〇年代にドイツに留学したとき、田辺と親交をもっていた。自分の師事した教授連がほとんど全員かつてのナチ・シンパ、少なくともナチ政権に順応して生き抜いた哲学者だったという知的環境に、政治的に敏感なハーバーマスはしだいにいらだちを強めていった。戦時中のハイデガーの講義『形而上学入門』が五三年に刊行されたとき、ハーバーマスはその書評を新聞に寄せた。そして、この哲学者をナチズムに接近せしめた政治的本質が同じ世代の大学人によっても共有されていることを、かれは苦い思いでかみしめたと思われる。ここではじめて、ハーバーマスの政治的志向と哲学的研究とがひとつに合わさったのだ。ひとつの転機となったこのハイデガー書評については次節で触れる。

ハーバーマスは一九五四年、二十五歳になる年にボン大学で哲学の学位を取得した。博士論文は、「歴史の内なる絶対者――シェリング『世代』哲学の一研究」と題して提出され、やや題名を変更して同年公刊にも至っている。

やがて社会哲学の雄として、コミュニケーションの理論家として、ジャーナリズムをも舞台に華々しく活躍するはずの若者にしては、ずいぶん古色蒼然《こしよくそうぜん》たる哲学書をその経歴の出発点に選んだものだという感じがするかもしれない。同じドイツ観念論の思弁家でも、シェリングではなくヘーゲルならまだ、弁証法的社会理論の素材を提供してくれる可能性は大きいのだ。それにもかかわらず、ハーバーマスが最初からハーバーマスだったということ、シェリング哲学という意外な素材のうちに見事に社会哲学的モチーフが貫徹されているということを、同じくシェリングを種に書かれた別の論文で、わたしたちはすぐに見るだろう。

その前に知っておきたいのだが、思想家の内面は、はからずも他人に対する評価の中ににじみでてくることがまれでない。アドルノ、ベンヤミン、マルクーゼ、エルンスト・ブロッホ、ハンナ・アレント、ゲルショム・ショーレムという六人のユダヤ系ドイツ人の思想家についてのエッセイを集めた一書の序文で、ハーバーマスは、かれらが講壇哲学者ではなく、「歴史的瞬間のアクチュアリティ」に寄り添っていたことを賞賛している。たんなる「学者」ではなく、「知識人」であったかれらは、「哲学的伝統の中核となる領域から引き出した諸概念を、一見したところはかなく一過的なもの、日常の不確定的なもの」と「媒介」したというのだ。

これこそハーバーマス自身にあてはまる言葉だろう。ハイデガーの存在論の迷路に立ち入ることを拒否するかれが、それでも若いときは（あるいはそれ以後も）ドイツ観念論の晦冥《かいめい》なテクストにあえて沈潜したという事実は、覚えておいてよい。ハーバーマスの初期の著作としては、華やかでわかりやすいメッセージをもつ『公共性の構造転換』（初版一九六二年）に注目されることが多い。けれども、ふつうの社会学者にはまだ見抜けないかすかな「兆候」を認識し、それを古典的テクストと結びつけてみせるかれの哲学的力量は、それとは別の著作で、よりよく発揮されているかもしれないのだ。

唯物論者シェリング？

そのような著作として、ここでは、『理論と実践』（初版一九六三年）に収録され、博士論文のいわば姉妹篇にあたる、「唯物論に移行しつつある弁証法的観念論――神の縮限というシェリングの理念から歴史哲学的に推論されることども」という論文に光を当ててみよう。この論文の狙《ねら》いは長い表題にすでにある程度現れている。ヘーゲルの観念論はその体系的一貫性のために循環に陥《おちい》らざるをえず、体系の「始まり」をもちえない。真の始まりがないから、終末も、すなわち救済も起こりえない。和解と見えたものは新たな疎外の糸口に過ぎない。それに対してシェリングは、ヘーゲルと同質の観念論から出発しながら、その可能性を極北まで歩むことにより、理性に先立つ物質的なもの（「自然」）に考え至った。マテリアリズム（この場合は「唯物論」というより、「物質論」とでも訳したいところだ）に転ずるギリギリのところにかれは立った。ハーバーマスはそう判定するのである。

ユダヤ教-キリスト教の見方では、神によって創造され本来は善であるはずのこの世界が、実際には罪にまみれ、根本的に腐敗している。このように転倒した世界がどうして神（絶対者）から生じえたのか。その歴史の始まりとありうべき終末（救済）を、ユダヤ神秘思想に示唆《しさ》を受けつつ、シェリングは考え抜こうと努める。神は愛と全能のゆえに、自分自身のうちで「縮限」して、被造物に場所をあけてやる。そこに「別の神」なるもの（そ

フリードリッヒ・W・シェリング
（1775－1854）

れは人間だが）が生じ、自由を悪用して本来の神から離反し、ここに人類を主人公とする「歴史」が、転倒した世界が始まる。こうなった以上、神自身も——愛と全能のゆえに——支配権を放棄して歴史に身を委ねざるをえない。

こうして歴史化した神から救済が期待できないなら、世界のマテリアリズム（ここでは物質中心的傾向）には、ほかならぬ物質的生産の次元で浄化される可能性しか残らない。この点に、そしてそもそも世界の災悪には始まりがある以上終わりもあってよいという希望の持ち方に、マルクス主義的な解放の思想とシェリングの神話的構想との相関性がある。以上のようにハーバーマスは論じる。

注意したいが、シェリングが実際に自覚的にマテリアリスト（唯物論者）になった時期があるとは、一言もハーバーマスはいっていない。せいぜいのところ「隠密」の、または「方法論的」な形にとどまるその唯物論を歴史哲学的に敷衍《ふえん》して、マルクス主義などと比較して見せるのは、ハーバーマスの力業である。ただし、この比較が歴史的な根拠を欠く空想ではないことを示すために、ある異端的なユダヤ神秘思想が実際に啓蒙主義的な宗教批判に転じた例をかれは引いてもおり、その複眼的で周到な論旨の組み立てには舌を巻かざるをえない。

敵役《かたきやく》にされたヘーゲル

ハーバーマスのシェリング論文を収めた『理論と実践』は「社会哲学的研究」という副題をもっているが、その名に恥じず、ハーバーマスの関心はしっかりと社会実践的な「問題解決」の方向を向いている。

シェリングとハーバーマスは、この世界は堕落し、人間は疎外されているので、その状態からの解放ないし救済が必要だと認識していた。それに対して、この論文でシェリングのいわば敵役を割り振られているヘーゲルは、疎外という概念に重要な意義を認めた最初の哲学者たちの一人だが、かれはこの概念の意味内容を途中から決定的に変更している。ハーバーマスがここでヘーゲルに与えている位置は間接的にはこの点に関係しており、われわれはかれの評価をわれわれの目から検討してみることにより、ハーバーマスの視点の特徴——党派性といってよいかもしれない——を浮かび上がらせることができるだろう。こういう理由で、以下、哲学史的文脈にやや深く立ち入ることをご了解いただきたい。

さてヘーゲルであるが、かれは初期において、近代社会と近代合理主義の諸矛盾を思想的に解決することに心を砕《くだ》いていた。全一的であるはずの「生」が分裂し、人間は自然から引き離されているという基本認識に、かれは立っていたのだ。ルソー的な「自然に帰れ」のスローガンとも、堕落史観とも遠くなかった。ところが、ある時期から、「分裂」や「疎外」に対する評価が一八〇度変わってしまった。ヘーゲルの新たな考え方に従えば、全一的な生が分裂し、疎外的状況が生じるのは必然的なことであり、むしろ生は自ら分裂し、その分裂を克服することによって、もとの、しかし分裂の経験を経てより豊かになった全一性を回復する。近代世界の諸矛盾（主体と客体との分裂として哲学的に捉えられる）は弁証法的に「止揚」され、疎外の経験は和解へともたらされる。

シェリングを、そしてハーバーマスをいらだたせるのは、ヘーゲルが「理性的同一性」の思想に落ち着いてしまったことだ。つまり、自然は精神と対立するどころか、本質的には精神と同一の（ただしより低次の）ものとして把握されている。それに対し、シェリングにおいては、自然は人間が取り込むことのできない不透明性、異質性を残し、根本的に人間との同一化を拒む。社会的存在としての人間が避けがたくはらむ根本的矛盾を、ヘーゲルは観念論の次元に移して解決したつもりになったのに対して、シェリングは（少なくともある時期）、理性が先回りできない物質性について真剣に思索を傾け、たんに論理的ではなく、また一時的でもない解決の可能性を歴史的現実の場で探った。社会哲学の立場をとるハーバーマスがこの点でシェリングの方に好意を示すのは理解できる。また、人間中心主義だ、同一性の思想家だという批判を最近は浴びることの多いハーバーマスが、初期においては、理性のコントロールを逃れる非－同一性に目を向けていたというのも興味深い。

自然との和解

けれども、疎外を克服する「全体性」への志向の中でこそ、非－同一性への着眼も意味をもつわけで、人間と自然とが疎遠なままでよいという弛緩《しかん》した現状追認からは何も生まれまい。シェリング哲学における唯物論的契機を明らかにしたこの論文で、ハーバーマスはもちろんそのような態度に陥っているのではなく、非－同一的な自然の神話的系譜論をシェリングとユダヤ神秘主義にならって展開する中で、自然との和解の遠い可能性を示唆している。そこには、フランクフルトの学統を継ぐハーバーマスの志の高さと着眼の鋭さが目立っている。しかし、そのやり方を、ヘーゲルやフランクフルト学派第一世代のそれと改めて比較してみると、二つの大きな特徴が明らかになってくる。

ハーバーマスの独自性のひとつは、神話的系譜論の採用にある。いうまでもなく、理性啓蒙の立場に立つハーバーマスはユダヤ的・シェリング的神話性に無批判に追随しているわけではなく、社会哲学にとってのその限界をはっきりと意識もし、指摘もしている。ただし、神話的形式を借りてはじめて疎外の歴史が、その「始まり」とありうべき「終わり」とが語られたということの意味は、もういちど考えてみる必要がある。

ヘーゲルの体系には始まりも終わりもないとハーバーマスは指摘していた。じっさい、ヘーゲルにいわせれば、わたしたちは気づいたときにはすでに「問題」の渦中《かちゅう》に呑《の》み込まれており、今さら問題の「原点」に帰ることも、完璧な解決をあみだすこともできないのである。最終的な和解（問題解決）が不可能だというのは、近代世界と対決したヘーゲルが苦闘の結果到達した冷厳な認識であり、諦念なのである。社会実践の次元での態度表明を求めるハーバーマスにとっては、この結論は問題の回避であり、もちろん受け入れられない。ハーバーマスは、「神の死」を近代人を代表してくぐりぬけたヘーゲルの絶望感を知りながら、いっさいの神話的オーラを――理論の中核においては――遠ざけたヘーゲルの覚悟にはならわず、先に見たとおり、神話的系譜論を用いた。ここに、ハーバーマスの理論戦略の第一の特徴が浮かび上がる。

ハーバーマスの言い分は、近代の仮借《かしやく》なき「脱神話化」の過程にヘーゲルが順応したのは、哲学者の独話（モノローグ）として実行しただけだということである。脱神話化は、広い意味での神話的世界の中で生きてきた一般大衆を動揺させ、かれらのモラルを荒廃させるだろう。神話自体を正当化するわけではなくても、脱神話化が大衆に及ぼすこの影響をヘーゲルのように冷然と見過ごしていいのか――。さて、理性の孤独な司祭ヘーゲルの対極に立つのがシェリングとマルクスだ。「何かが狂っている」と実践的な勘《かん》が告げたとき、どんな理論よりも先にともかくその状況を転換したいという欲求が飛び出す――それがこの二人の「批判的発想」というものだ。現状を相対化し、それを乗り越えるきっかけとなる「規範的なもの」のイメージ——それは現状そのものからは直接には出てこない——を神話や宗教が与えてくれるなら、それを誤ったイデオロギーとして全面的に排除する必要はない。「マルクス主義のシェリング」になぞらえられるブロッホに従って、ハーバーマスは以上のような立場を表明する。人々の苦しみを救いたいという実践的な欲求、「熱い心」がそこには脈打っている。

さて、ハーバーマスの基本的態度の第二の特徴は、結局は「自然の他者性」を残存させるということだ。ハーバーマスはわたしたちが見たシェリング論文で、ヘーゲルの労働観に触れている。ヘーゲルによると、わたしたちが労働する目的は生産物を享受することだが、消費してしまえば物はなくなる。その意味では、現実社会では人間の主観的目的は長続きせず、じきに消え去ってしまう。それに比べて、生産手段たる道具は摩耗《まもう》しつつも、しぶとく存在しつづける。したがって、主観的目的よりも手段の方が貴い——。以上のようなヘーゲルの労働観の底流には、自然の「ミメーシス」(模倣的一体化)の契機、すなわち自然と接し、自然に働きかける中で芽生える、ある種の一体性の経験がある。アドルノにおいても、ミメーシスは重要な意義を与えられている。

ところがハーバーマスは、自然と理性、野生と文化とをはっきり分ける。生産手段(道具)の方が人間が掲げる目的よりも生き延びるということは、人間の労働が自然の呪縛《じゅばく》を免《まぬが》れていないということだ。理性の透明性の回復は労働ではなく、コミュニケーションにこそ期待しなければならない。このように、ハーバーマスはヘーゲルや先輩アドルノとは違って、自然との交流の可能性をあまり信じない。この姿勢は、労働や生産に「コミュニケーション」を対置し、しかもコミュニケーションの範囲を言語能力を有する存在に基本的に限る、後年の理論的主張にも一貫している。

2　哲学と政治

ハイデガーの場合

もともとハーバーマスには政治・社会的実践への関心が強いが、かれがそれを哲学的考察の深みや徹底性と結びつけようと努めていることは、前節からもおわかりいただけたと思う。その背景には、ヘーゲルやシェリングといったドイツの古典的哲学者のお手本があると同時に、ハーバーマスが現代哲学をも幅広く批判的に読みこなしている事実も見逃せない。

なかでもハーバーマスにとって、マルティン・ハイデガーの哲学、とりわけその初期に書かれた主著『存在と時間』（一九二七年）は、ヘーゲル以降のドイツ哲学史上で最大の出来事といえるものだった。しかし、ハーバーマスのように政治意識の鋭い知識人にとって、四十歳も年上の老大家だからといって、ハイデガーを単純に崇拝するわけにはいかない事情がある。いうまでもなく、ハイデガーのナチスに対する協力問題である。

ハイデガーとナチズムとの関連は、第二次大戦後のヨーロッパで幾度か論議の波を呼んだ。そのうちでも最近のものに属する波を立てたひとり、ヴィクトール・ファリアスの著作のドイツ語版『ハイデガーと国家社会主義』（一九八九年）に寄せた序文で、ハーバーマスは繰り返し、作品と人物とを混同してはならず、政治的ふるまいを理由に人物の業績を十把一絡《じっぱひとから》げに見下してはならないと警告を発している。

哲学者としてのハイデガーの功績に対して尊敬を惜しまないからこそ、その思想活動の中に不純な要素――ハーバーマスは「世界観」と呼んでいる――が混入したことを厳しく指弾するという基本姿勢は、上述の序文の三十年以上前に書かれた「ハイデガーとともにハイデガーに反対して考える」（一九五三年）と題された一文にも共通している。二十四歳の早熟の若者が新聞に寄稿したこの論評は、しかし、より苦い調子に満ちている。同年に公刊されたハイデガーのナチ支配期（一九三五年）の講義『形而上学入門』を読んで、ハーバーマスは予期せぬ衝撃をこうむったのだ。

ナチ党員であったハイデガーは、一九三三年、フライブルク大学総長に就任した。総長就任演説「ドイツ大学の自己主張」に含まれるあからさまにファッショ的な言辞は、すでに知識人のあいだで十分に物議を醸《かも》していた。その類のハイデガー批判は、しかし、ハーバーマスには単純すぎると思われた。言説の表面的な意味内容より、その「骨格」もしくは連続的「意味構造」に注目するかれにとって、この二十世紀を代表する哲学者の晴れの演説の幼稚さ、「興奮した文体《スタイル》＝風格のなさ」の方がむしろ気がかりだった。その同じ観点から、公刊されたばかりの『形而上学入門』講義をも読んだハーバーマスは、一九五三年のハイデガーが三五年のかれと基本的に変化していないことに衝撃を受けた。

一九三五年といえば、ナチス・ドイツが東（ソ連）と西（最終的にはアメリカ）の対立勢力に対する両面作戦を構想していた時期だ。ハイデガーはその政治地図をかれのいう「存在史」に投影し、近現代においてテクノロジーの発達として現れているギリシア以来の「存在忘却」の歴史が、東西の板ばさみになったドイツ民族によって今こそ打開されるという期待を表明していた。この講義でハイデガーは、ナチスを「内的な真理と偉大さ」をもつ「運動」と称えており、しかも五三年にそれを公刊するさい、そこに何の注釈も弁明も付していない。その態度に、ハーバーマスは、この間の出来事（当然ユダヤ人虐殺を含む）に対するハイデガーの無反省を見る。

他者との関係の発見

しかし何度もいうように、ハーバーマスはハイデガーのナチスとの直接の関わりだけを問題にしているのではないし、またこれをハイデガー一個人の問題に帰しているのでもない。ドイツが戦前においてナチ化してしまい、さらに戦後においては「脱ナチ化」に容易に成功していないという事態のもつ思想的な問題性を、ハーバーマスはつきつけているのだ。三五年にハイデガーは創造的な「暴力行為」を賛美したが、戦後は一転して保護や愛について語っている。けれども、その表面的な変身のかげで、私秘的な実存による準‐宗教的な決断を称揚する「意味構造」は、かれの思索に一貫してある。ちなみに、社会的参加から内面への引きこもりという転身は、ハイデガーのみではなく、ハイデガーと同時代の知識人にも見られたかなり一般的な現象だという。その方向こそ、ハーバーマスの見るところ、英雄主義的ニヒリズムや決断主義から「保守革命」論へ至る道である。この点はたいへん重要であり、ハーバーマスの思想的使命感の根幹でもあるので、やや詳しく解説を加えておこう。

もともとハーバーマスは、ハイデガーの晦冥なところ、晦冥さを志向し、演じさえするようなところに惹《ひ》かれていたのではない。だから、ハイデガーでも後期の「存在史」の思想は、かれには「渦巻き（混乱）」にしか見えない。かれが『存在と時間』を高く評価するのは、ひとことでいえば、「意識哲学」を「間主観性」の方向に克服する先駆的試みをそこに認めたからだ。

意識哲学と間主観性という、ハーバーマスがこののちもしばしば使う哲学用語は、どういう意味だろう。ヨーロッパの近代哲学の主流は意識や自我を中心とする哲学だったといっていい。たとえば、デカルトは「精神」が人間の本質であると考えた。精神は思考するものであり、自分以外のすべてをカッコに入れることができる。身体や他の精神との関係はさしあたって問題にならない。カントにおいても、「自我」は世界の中に存在するのではなく、世界を超越し、自分の側から世界を「構成」するという面をもつ（超越論的自我）。意識哲学とは、このように、世界や他者から孤立した主観を起点とする思想だ。

この流れが変わったのは、二十世紀になって、フッサールが現象学を創始してからだ。フッサールは、わたしたちが「生活世界」において他の人々との交流の中で生きていることと、この他者との関係性がまっさきにあるのであって、わたしたちの認識はこの関係性の中ではじめて生まれ、分節化されることを指摘した。これが間主観性の思想だ。しかし、フッサールには、超越論的主観による世界構成という発想がまだ残っていた。ハイデガーは『存在と時間』で、わたしたちは「世界内存在」であり、つねにあれこれのものに「関心」を持ちながら生きているのだと明らかにしたが、これには間主観性の思想を押し進める意味があった。

聞き取る理性もある

ところが、ハイデガーの『存在と時間』は、他方では、むしろ人間の単独性を強調するアピールをも含んでいた。それによると、わたしたちは日常的には世界や他人の中に埋もれて「非本来的」な生き方をしているが、自分が「死への存在」であることを知り、それをばねに、他人となれあうことのない「本来性」にめざめなければならないという。第一次世界大戦の衝撃から、近代的理性の限界を思いしらされたヨーロッパの人々に、このハイデガーの実存論の哲学は、力強くアピールした。しかし、ハーバーマスは、『存在と時間』のこの部分については、後期のハイデガーの思想に対すると同じく、否定的だ。というのは、近代の疎外ないし物象化は、ハイデガーのような「本来性」へ向けての英雄的脱自の呼びかけによっては解決できないからだ。『存在と時間』は結局のところ、近代の主観主義を克服していないどころか、それが保っていた個人の「責任」の自覚を捨て去ってしまう点で、いっそう危険でさえある。

驚くべきことに、ハイデガー書評をものした二十四歳のハーバーマスは、「（近代）合理性には二種類ある」という、かれがのちに完成する思想を、すでに基本的には見通している。いわく、ハイデガーの存在史の構想が一面的であるのは、近代の発展に「弁証法的可《か》塑《そ》性」があることを看過しているからだ。すなわち、デカルト以来の計算し、操作する合理性と並んで、「意味を理解しようと聞き取る」理性の伝統も確かにあるのだ（ここで、前者が目的追求的・道具的理性、後者が対話的理性を意味するのは明らかである）。このようにハーバーマスは論じ、間主観性の方向を強調する。この論点からすると、ハイデガー（およびかれと同類の知識人たち)の誤りは、近代の独話(モノローグ)的に窮《きわ》まりつつある思想伝統を打破するために、対話(ダイアローグ)性に訴えるかわりに、実存主義的な別の独話性・非合理性に陥って、政治的にも重大な帰結を招いたということだ。

最後に、ハーバーマスのハイデガー書評が呼び起こした、ちょっとした波紋について付け加えておこう。「ハイデガーとともにハイデガーに反対して考える」と題されたこの書評は、一九五三年の七月二十五日の『フランクフルター・アルゲマイネ』紙に掲載された。すると、その直後、八月十三日の『ツァイト』紙上に、レーヴァルターという人物がハイデガー擁護《ようご》の一文を発表した。ハーバーマスが問題にした『形而上学入門』中の一節の、運動の「内的な真理と偉大さ」云々ということばは、けっしてナチを賛美しているのではなく、かえって当時のナチの政治と思想に対する嫌悪感を示している、とレーヴァルターはいう。さらに、同年九月二十四日には、こんどはハイデガーその人が『ツァイト』紙に手紙を寄せて、『形而上学入門』を公刊した自分の意図を弁明し、レーヴァルターの判断を肯定している。これはデリケートな問題ではあるが、ハイデガーのナチ賛美については、その後もさまざまな資料が明らかになっており、ハイデガー側が苦しい立場に追い込まれていることは事実だ。

3　フランクフルト学派の一員として

アドルノの初代助手に

前述のハイデガー書評は、若いハーバーマスのジャーナリスティックな活動の唯一の成果ではなかった。すでにその前年（一九五二年）頃から、かれは定期的といっていいほどひんぱんに、前述の『フランクフルター・アルゲマイネ』紙という新聞（FAZと略称される）や、ドイツ経済のひとつの中心をなす出身地デュッセルドルフで発行されている『経済新聞』などに、哲学や文学の書評、映画・演劇時評、文化・社会現象の批判などをテーマに寄稿している。目配りの広さ、切り口の鋭さ、文体の精緻《せいち》さに、早熟の才が透《す》けて見える。時事性に敏感なこの評論活動はその後も活発に展開され、思想家ハーバーマスの特徴ある一面を形成することになる。

前に少し触れたシェリングについての博士論文を書いていた頃、ハーバーマスはルカーチの『歴史と階級意識』（一九二三年）を読み、その後一九五五年にホルクハイマーとアドルノの共著『啓蒙の弁証法』に出会った。かれらがマルクス主義の伝統を現代社会の分析と変革に生かそうとしていることは、この若き哲学徒に新鮮な衝撃を与えた。かれがそれまで別々に追求してきた政治と哲学とは、たとえばこのような形で一つになりうるのだ！

けれども、このときをさかいに、ハーバーマスがいわゆる「西欧マルクス主義」（ネオ・マルクス主義）の旗幟《きし》を鮮明にしたと考えるのは、単純すぎるだろう。マルクス主義思想はたしかに物象化を解明するための主要な理論的武器のひとつとして受け入れられたが、かれの鋭敏な触角はそれ以外のさまざまな方向にも伸ばされていたのである。カール・レーヴィットの『ヘーゲルからニーチェへ』（一九四一年）は、かれがナチスの手を逃れて日本の仙台に滞在していたときの著作であるが、ハーバーマスはそもそもこの書によって青年ヘーゲル派や若きマルクスへの関心を刺激されたのであり、これは自分の重要な「転換点」だったとのちに回顧している。また、一八〇〇年前後のドイツでは保守的ロマン主義の立場からの「疎外」批判が目立っていたが、この動きにもかれが通じていることは、シェリング哲学を扱った博士論文を見れば明らかだ。

いずれにせよ、『啓蒙の弁証法』を読んだ感動は、すぐにフランクフルトに飛んでいき、二人の著者の謦咳《けいがい》に接したいとハーバーマスに思わせるほどに大きくはなかった。かれ自身が後に告白しているのだが、当時のフランクフルトは哲学専攻の学生にとってまだ魅力ある土地とは映っておらず、伝統あるハイデルベルクやフライブルクの光輝には太刀打ちしようもなかった。したがって、かれが社会研究所の所員となったのは、本人の言によれば、「さまざまな事情の幸運な暗合」だということになる。しかし、確かなのは、ハーバーマスがあちこちの新聞や雑誌を舞台に文筆活動を繰り広げていなければ、かれをアドルノに引き合わせてくれる人もなく、アドルノが対面に先立ってハーバーマスの俊敏な頭脳と社会批判的な資質について予備知識をもっているということもなかっただろうということだ。

ともあれ、初の面談でアドルノはこの青年に社会研究所に来るように誘った。ハーバーマスは受諾した。五六年にはアドルノの初代の研究助手としての地位を手にいれることができた。二十七歳にして、ユルゲン・ハーバーマスはフランクフルトの社会研究所の一員となったのだ。もっとも最初は無給で、ドイツ研究振興協会（DFG）の奨学金しか入らなかった。ちなみに、このときホルクハイマーは六十一歳、アドルノは五十三歳であった。

フランクフルト学派といえば、今でこそ、あるいはドイツ以外の地域でこそ、哲学・社会学の分野で一定の声望を勝ち得ている。けれども、一九八三年のアドルノ学会（フランクフルト大学で開催）の挨拶でハーバーマスも間接的表現で回顧しているように、七〇年代のドイツでは、アドルノやフランクフルト学派の名はともすると、当時世間を震撼《しんかん》させた新左翼系のテロリズムと結びつけて語られた。ある時期のハーバーマスが、このような一般の連想や偏見と戦って、批判理論の新しい道を切り開かねばならなかったことを忘れてはならない。ちなみに、言い添えると、フランクフルト学派をたたく側に回ることが多い代表的なメディアは、皮肉なことに、かつてハーバーマスが常連寄稿家であった、しかし今やいわゆる保守的な新聞を代表するFAZ、すなわち『フランクフルター・アルゲマイネ』紙である。このメディアとハーバーマスとのその後のとげとげしい関係については、エピローグでも触れる。

地下室に眠る『社会研究雑誌』

「過激派」との無理解な世評はともかくとして、アメリカから帰ったホルクハイマーやアドルノによって再建された社会研究所は、じっさいどの程度「ラディカル」な思想方向をもっていたのだろうか。

研究所の指導層が、過去の自分たちの研究活動に関してどれほど抑制的だったかを語るひとつのエピソードがある。戦前・戦中の研究所の活動の生命線をなしていたのは、『社会研究雑誌』の編集と刊行であった。一九三二年から四一年まで続いた研究所のこの機関誌は、ハーバーマスの表現によれば、研究集団の「組織的中核にして精神的中心」として、かけがえのない地位を占めていた。ところが、一九五六年、再建された研究所に研究助手としてハーバーマスが入ったとき、『社会研究雑誌』のバックナンバーは、しっかりと釘付けされた木箱に収められ、地下室に眠っていたのだ。三〇年代の「批判理論」――もっともこの呼称は六〇年代終わりに外部から与えられたものだが――は資本主義社会とその体制下の社会・文化現象を、精神分析の手法をも駆使して、批判的に分析した。『社会研究雑誌』に反映されたその政治的・経済的ラディカリズムに若い世代が感化され、反体制的にはねあがることを、それほどホルクハイマーは恐れていたらしい。じっさい、あとで述べるように、ハーバーマスは政治的に急進的な人物で、研究所を危険にさらすとホルクハイマーに判断され、研究所を追われることになる。このような雰囲気のため、フランクフルト「学派」はフランクフルトにはなく、三〇年代のニューヨークにこそ存在したと、ハーバーマスは考えるようになった。

そこに、ホルクハイマーやアドルノとは違う歯切れの良さをもつ、マルクーゼが登場したのだ。ホルクハイマーより三歳下のマルクーゼは、亡命したままアメリカに残っていたが、一九五六年、フロイト生誕百年を記念してフランクフルトで開催された国際会議「現代におけるフロイト」に招かれ、講演した。精神分析の重要性をドイツで再認識させ、啓蒙的文化勢力を背面援護するために、慎重なホルクハイマーも政治的「リスク」を覚悟で、会議を支援した。マルクーゼの講演は、ハーバーマスたち研究所の若い世代に、「かつてのフランクフルト学派の政治的精神」をはじめて生き生きと伝えてくれたという。

フランクフルト学派の第一世代が若い世代から違和感をもたれる原因は、ほかにもあった。研究所の組織が少なからず権威主義的で位階秩序的だと、助手のハーバーマスは感じた。そこには人間社会のつねとして、世代の基本感覚の違いもあっただろう。第一期の研究所の組織運営を後から調べ、「ホルクハイマーは所長として独裁的にふるまっていた」と指摘した研究もあったが、その指摘にマルクーゼは納得していない。研究テーマの決定など重要な事項は所員たちの討論にかけられ、十分に民主的に運営されていたと、古い世代の一員として、かれは感じている。

研究所の上司たちは、個人的にも、あまりつきあいやすい人種とは思われなかったようだ。かれらには、アメリカ人とも戦後ドイツ人とも違う、戦前のドイツ知識人に特有の価値判断における「一徹さ」があったためだ。ただし、この頑固さは、エリート主義として単純に批判し去ってよいものではなく、一貫した方針をもった「方法的傲慢《ごうまん》さ」として、いくばくかの羨望《せんぼう》をもって受けとめられてもいる。いずれにせよ、知的には「一徹」でありながら、その他の面では謙虚だったのは、第一世代の中では、レオ・レーヴェンタールだけだとハーバーマスが述べているのをみると、ホルクハイマーやアドルノといった大立者に対して、かれがどのような個人的感想を抱いていたか、その一端が知れようというものだ。

理論と実践の一致を求めて

先に紹介したシェリング論文を含む『理論と実践』は、一九六一年前後に成立した数篇の労作を収録しているが、ハーバーマスが論集にこの題名を選んだことは象徴的であろう。一九六一年といえば、かれが社会研究所をやめたあと、二年間の「浪人」ぐらしを経て、三十二歳にしてハイデルベルク大学に赴任《ふにん》した年である。フランクフルトにおいてかれは、批判理論の実践的起爆力がそのかつての代表者たちによって慎重に封印される傾向にあることを経験した。古典的批判理論は、それ以前から、呼びかけの対象を失い、分散した個人に変革の希望をつなぐしかなくなっていた。「解放」の理念は、誰かに拾い上げられることを夢見て流される「空きびん通信」のごとく、日常実践から遊離していた。第一世代とは別の批判理論をハーバーマスが模索する理由が、そこにあった。

ハーバーマスにおける「理論と実践」の媒介の試みは、第一世代の中では例外的に「肯定的」な、直截《ちよくせつ》なメッセージによって、六〇年代後半の学生反乱の預言者となったマルクーゼとも、一線を画すものであった。マルクーゼは、われわれがもつべき「普遍的関心」は理論によって誰にでもわかるように明示できると、楽観的に信じていた。学生反乱に対する具体的応接と同様、理論と実践との関わり合いという基本的認識の点でも、ハーバーマスの行き方はもう少し複雑に屈折しており、手順を重んじる。ともあれ、われわれは一九六三年、『理論と実践』初版の刊行時に立ち戻り、この書に込められたハーバーマスのメッセージが何だったかを検討しよう。

この時期のかれの熱い実践的な思いを、その思想史を読む秀《ひい》でた能力と同様に明らかにするのは、たとえばヘーゲル哲学についての次のような批判的指摘だ。かれによると、理論と実践との間の弁証法的な関係は革命的潜在力をもっているのに、ヘーゲルはその前でしりごみしてしまった。つまり、ヘーゲルのいう「世界精神」は、個人がどのように行為し、認識しようと、それとは直接の関係なしに存在し、内的論理にしたがって成長する。そうすると、歴史を実際に動かす政治的行為主体と、歴史の「内なる理性」を認識する哲学者とは、相互にコミュニケートすることができず、歴史の行き先を理論的に予測することは不可能になってしまった。理論が行為よりも遅れてやってくる(事後性)という論点は、例の『法哲学綱要』序文の「ミネルヴァのふくろう」のくだりに典型的に定式化されている。一時期のヘーゲルは政治パンフレットを書いて、特殊権益に固執する封建的勢力を普遍的理性の立場から糾弾《きゅうだん》していたのに、現実社会に実践的に介入する「批判」の役割を、結局はその後放棄したのだ。

以上のように論じるハーバーマスが、若々しい性急さで、理論と実践とが互いに透明になる特権的な歴史的地平を夢想していることは明らかだろう。また、理論そのものの内部でも、事実を認定するのみの経験科学的方向と、規範を定立するが真理能力は主張しない方向とが遊離していることに、かれは懸念を示している。なぜなら、それによって、合理的な根拠を示すことなく、いきなりある規範に飛びつき、それに固執する「決断主義」への傾きが強くなるからだ。

自然とコミュニケーションの対立

『理論と実践』についてもうひとつ注意しておきたいことがある。人間のコミュニケーション能力とそれを妨げる「自然」という、ほとんどカント的といってよい二元論が、すでにこの本の各所に顔を出しているのだ。アレントに示唆を受けた実践的次元と技術的（機械因果的）次元との峻別《しゅんべつ》を手がかりに、ハーバーマスは古代のアリストテレス政治学から近代のマキャベリ、ホッブズ、ルソーらの政治学を概観する。一口に自然といっても、古代においては自然的秩序にいかに呼応して行為するかが問題だったのに対して、つまり自然こそ人間の従うべき規範の源だったのに対して、近代において自然といえば、人間を脅《おびや》かす災悪という否定的文脈でもっぱら語られる。

ホッブズは、死を恐れる人間の自然本能の延長線上に、当の本能を抑制する社会秩序の規範を創設しようと腐心した。しかし、ハーバーマスの見るところ、自然の論理に乗じながら自然を制御しようとする技術的発想からは、真の公共的規範性への突破は望めない。そこで、ルソーならば、人間が一種の「脱自然化」を経て道徳的存在へと回心することを期待するだろう。いずれにせよ、広範な市民大衆のコミュニケーションや合意がそこで決定的な役割を果たさねばならない。そのような契機が欠如もしくは抑圧されているために生じる政治的不幸は、ホッブズの場合にはたんに仮定上の状況だったが、二十世紀のスターリニズムにおいては、道具主義的にふるまう共産党組織によって、現実の悪夢となったのだ。

上述の理論家たちによって代表される近代政治学は、理論と実践にまつわるアポリアを免れなかった。つまり、自然的客体として機械論的研究の対象となる人間たちが、どこから力を得て、状況を変革する主体ともなりうるのかという難問を解くことができなかった。ところが、十八世紀フランスの重農主義者たちは、「世論」の概念を作りだした。つまり、啓蒙された大衆が、哲学者の指導のもと、社会秩序の基盤について反省を加え、そこから出てくる洞察《どうさつ》（世論）に啓蒙君主は従わなければならないというのだ。このように、政治的な自覚をもつ「公衆」の存在は、ラディカルな民主主義の可能性をめぐるハーバーマスの実践的関心にうらづけられて、歴史の中から浮彫りにされてくる。

市民的公共性の崩壊

世論や公衆の問題は、『理論と実践』の前年に出版された『公共性の構造転換』（初版一九六二年、新版九〇年）で主題的に取り扱われた。ハーバーマス初期の作として世評の高いこの書は、かれが前年（六一年）にマールブルク大学に提出した教授資格論文がもとになっている。ホルクハイマーの怒りをかって五九年に社会研究所を去らねばならぬことになったハーバーマスに救いの手をさしのべ、教授資格論文の面倒を見てくれたのが、マールブルク大学にいたヴォルフガング・アーベントロートだった。だから、『公共性の構造転換』はアーベントロートへの献辞を掲げており、九〇年の新版の序言でもハーバーマスは、かれの「知的・個人的恩義」を確認している。このあたりの経緯は、次の章で改めて述べることにしよう。

いずれにせよ、順風満帆に見えるハーバーマスの経歴の中で、五九年に研究所をやめてから、二年後にハイデルベルク大学に就職するまでのこの浪人時代が、いちばん苦しかった時期かもしれない。それに先立って五五年、二十六歳になる年には、ウーテ・ヴェッセルヘフトと結婚しているから、生活の苦労にも無縁ではなかっただろう。

この時期は、ドイツ内外の政治情勢も平坦ではなかった。六一年には、ベルリンの壁が築かれ、東西両陣営の冷戦激化の象徴となる。長く続いたアデナウアー首相の保守政権が終わりに近づいていた。

『公共性の構造転換』は、十八世紀および十九世紀初期のイギリス・フランス・ドイツで市民的公共圏が、つまり「小さいが、批判的に討議をおこなう公共圏」が形成されたと主張する。ドイツでは「普遍的な読書する公衆」が、フランスでは社交界のサロンが、イギリスでは喫茶店（コーヒー・ハウス）が舞台となって、「印刷物をつうじて文化、情報、娯楽」が伝達され、「多かれ少なかれ討議のかたちで論争がたたかわされる」。そこから、市民的公共性が発達して、政府当局に統制される公共性と対抗する。ところが、政治にかかわる活動的な公衆、「文化を論議する公衆」は、私生活中心主義的な「文化を消費する」公衆に変質し（つまり「構造転換」し）、市民的公共性は崩壊してしまう。

いうまでもなく、このような分析において、ハーバーマスはただむかしの事実を掘り出しているだけでなく、この書を執筆している当時のドイツの現状を横目でにらんでいる。つまり、戦後ドイツのいわゆる社会国家の体制において、民主主義的な論議がどのような突破口を開きうるのか、アクチュアルな問題提起を試みている。そのため、新版への序言でハーバーマスも述べているように、この本は、「最初に公刊された頃よりも、むしろ学生反乱とそれに誘発された新保守主義的反動の状況」において、多くの読者を獲得した。本書の着眼点である市民たちの自主的ネットワークの現代的意義は、その後、ソ連崩壊に先立つ東欧圏の革命的変化において、ふたたび明らかになった。なぜなら、そこでは旧社会主義体制では当局によって監視・抑圧されてきたさまざまな「結社」――教会、文化サークル、学術・スポーツ・レクリエーションの団体、弁論クラブ、市民フォーラム、独立したメディアなど――が「構造転換」に力を貸したからだ。

4　実証主義論争――社会科学の論理をめぐって

ポパーと批判的合理主義

六〇年代初頭のハーバーマスは、「理論と実践」の統一という理念に促され、前節で見たようにラディカルな民主主義の可能性にコミットするかたわら、伝統あるハイデルベルク大学の哲学教授という地位にふさわしい、体系的な理論構築に着手した。その絶好の舞台となったのが、実証主義論争である。

実証主義論争は、ハーバーマスのハイデルベルク赴任の直前、一九六一年十月にテュービンゲンで開かれたドイツ社会学会の研究集会で、ポパーとアドルノとが「社会科学の論理」についてそれぞれ報告をしたことに端を発する。その後、その討論への「補足」として「分析的科学論と弁証法」をハーバーマスが発表した（一九六三年）ところから、双方選手を交替して、第二ラウンドが始まったのである。すなわち、ポパーの懐刀といっていいハンス・アルバートがハーバーマスを批判した論文「全体的理性の神話」を社会学の雑誌に載せた（一九六四年）のに対し、ハーバーマスは同年、同じ雑誌の別の号に「実証主義的に二分された合理主義」を発表し、再反論した。ここでは、最初に出た「分析的科学論と弁証法」をハーバーマスの第一論文、次の「実証主義的に二分された合理主義」を第二論文と呼ぶことにする。この二つの論文は、実証主義論争を一つの柱として構成されたハーバーマスの論文集『社会科学の論理』（初版一九七〇年、新版八二年）に収録されている。なお、この論文集には、ほかに実証主義関連の論文として、ハーバーマスがアメリカの社会学者で社会システム論者であるタルコット・パーソンズを批判した「価値自由と客観性」も含まれている。

カール・ポパーは『開かれた社会とその敵』(一九四五年)や『歴史主義の貧困』(五七年)などの著作で、全体論的な思想を攻撃し、自由主義・個人主義的なアプローチを擁護している。かれは二十世紀の科学論の歴史においてユニークな位置を占めている。二〇年代にウィーンを中心に興った「論理実証主義」に最初かれは近かったが、『探究の論理』(一九三四年)で独自の「反証主義」の思想を提出して、この派とはたもとを分かつことになる。「科学的命題は検証可能な形で表現されていなければならない」という「検証主義」は、科学的命題にあまりにも重い要求をしている。むしろ、命題は「反証」のできる形で表現され、反証されたら自分の誤りを認めますよという態度をとっていれば、科学的に誠実といえるのではないか。

カール・R・ポパー(1902-1994)

ポパーはまた、観察の客観性についても、多くの論理実証主義者のように楽観的ではない。わたしたちは、科学者であっても、どうしてもある理論のめがねを通して現象を観察してしまう。「この溶液の色は青い」のように、感覚的経験にもとづき、誰にでも簡単に確認できるはずの命題でも、将来けっして反証されないとはいいきれない。それでは、科学者は実験や観察の初歩的な段階でいつまでも足踏みしていなければならないのだろうか。ここで、科学者集団による「決定」という規約主義の考え方が役に立つ。つまり、「この溶液は青い」という命題はやがて反証される可能性はあるが、今の時点で当該の科学者集団がそれをきわめて確からしいと認め、他の命題の基礎となるべき大切な命題（「基礎命題」）で、当面は反証不可能だと「決定」し、それを保護すればよい。これがポパーの規約主義的な反証主義だ。かなりこみいった議論ではあるが、特色のある科学論でもあり、後に述べるハーバーマスのポパー批判を理解するうえに必要なので、いちおう頭に入れておいていただきたい。

弁証法的全体性を求めて

六〇年代初頭のハーバーマスはまだヘーゲル主義的マルクス主義の立場に立っていた。実証主義論争への参加の過程で、この立場は変化する。第一論文と第二論文を隔てるわずか一年あまりの期間に、後のコミュニケーション論的転回への一歩がすでに踏み出されている。

多くの著作家にとって、自らの若書きの文章と対面させられるのは苦々しいものだろう。少なくとも、実証主義論争に関わる自分の諸論文に対して、後のハーバーマスは「ためい」の気持ちをいだくことを告白している。しかし、自分の理論の歴史的展開については、きっちりと決算報告を出すのがハーバーマス流である。かれは八二年に『社会科学の論理』の新版を出し、その時点から振り返って、初版以後自分がさらに展開した思想契機と、それ以後は放置したままになっているものとを、それぞれ挙げている。

その後取り上げ発展させたモチーフとしては、とりわけ、『認識と関心』(一九六八年)で主題化され、イデオロギー批判にもつながっていく「認識を導く関心」の概念がある。また、「支配なき討論」の構想に見られる討議理論的要素や、解釈学的契機も重要である。この二つの要素については後述する。逆に、その後のハーバーマスの理論的彫琢《ちょうたく》からは「置き去りに」されたモチーフの最たるものが、社会理論における「弁証法的全体性」の概念に他ならない。ヘーゲル論理学の再構成として表現されるヘーゲル主義的傾向は、新版の八二年の時点でも、さらにそれから十年以上たった現在においても、ハーバーマスにおいて復活の兆《きざ》しはない。

さて、それでは、実証主義論争におけるハーバーマスの主要な論点を見てみよう。

第一論文「分析的科学論と弁証法」は、題名どおり、社会科学における分析的-経験的手法と弁証法的(部分的には解釈学的)手法とを対比している。前者がポパーやアルバートの批判的合理主義の立場、後者がアドルノやハーバーマス自身の批判理論の立場を主として想定していることは、いうまでもない。この時期のハーバーマスのヘーゲル主義的信条は、論敵を内在的に克服することを弁証法の特質としていることに現れている。すなわち、相手の尺度に合わせた上で、それが「不完全な合理化」であることを悟らしめ、相手自身に自分の壁を越えさせよ、というわけだ。

そもそも、弁証法的な認識の仕方だと、社会科学は社会的な生活連関を対象としているが、当の研究自身がその生活連関の一部であり、それによって規定されている。つまり、社会的な生活連関は、研究の視点そのものを含む「全体性」なのであるから、研究主体はカテゴリーやモデルを自由に選んでいるわけではない。研究者は、科学者として専門分化した視点をもつ以前に、日常的コミュニケーションを交わす「生活世界」の住人として、ふつうの人間として、教育されていなければならない。そのように前科学的に蓄積された経験があり、それによって研究対象を予《あらかじ》めいくらかでも理解しているからこそ、研究者はその理解をさらに明確にしていって、対象についての科学的解釈を立てることができる。

全体性についてのこの解釈学的な「先取り（先行把握）」の構造があるために、分析的科学論の前提、すなわち対象は物理学的に、中立的に観察されるという前提は成り立たない。かといって、生活世界における前科学的な言葉遣いや発想を、科学はただそのまま受け入れるだけかというと、そうではなく、科学は前者に同一化すると同時にそれを批判しもする。社会的全体性と、その中における批判の潜在力（ポテンシャル）との関係をどう評価するかは、フランクフルト学派の批判理論がかかえる最大の問題点のひとつである。

「批判」と生活世界との適度な距離の保ち方に、以後もハーバーマスは大きな理論的関心を注ぐことになる。

「事実」の物神化――イデオロギー批判の前奏曲

ポパーはもちろん単純な実証主義者ではない。かれが分析派の科学論者の中では例外的に実証主義の「自己反省」を行い、経験論的前提を批判しているからこそ、ハーバーマスはかれを「包括的な合理性」の解明を目的とする議論の相手に選んだのだ。ただし、ハーバーマスの見るところ、ポパーは理論と事実との関係について反省を徹底しておらず、科学論が事実を「反映」しているとみなす点で、実証主義の過ちに依然として囚われている。事実というものを「包括的な合理性」の中でどう捉えるかについて、ハーバーマスがここで議論していることは、かれがのちに真理の合意（コンセンサス）理論として、またイデオロギー批判の構想として、より詳細に定式化しなおすものを先取りしている。話が少し細かくなるが、この時期のハーバーマスの思想を適確につかむためにも、また科学論の文脈を知るためにも、ぜひ立ち入っておきたい。

まず、のちのイデオロギー批判につながる論法は次のような構造をもつ。実証主義は科学が「検証可能な観察」に基づいていなければならないと主張するが、検証は一人の科学者だけによっては原理的に不可能である。つまり、科学者集団におけるコミュニケーションを前提する。科学者集団も、他の人間の集まりと同じく、生活世界から出てそこに最終的な根拠をもっている以上、その集団のコミュニケーションは社会の決まりについての（たとえ漠然としたものであっても）理解に裏打ちされていなければならない。そういうわけで、分析派は実験や検証が絶対に確実な「事実」に基づいていると考えたがるが、その「事実」なるものは社会性をもっており、日常生活から独立した抽象的な空間、科学者が支配する物理学的空間においてのみ通用すればよいわけではないことは明らかだ。

もっと踏み込んでいうと、「実験」というものも、一種の社会的労働と考えていい。少し前のところで解説したとおり、たしかにポパーの規約主義的な反証主義は、感覚的経験を過信しない点で、ふつうの分析派・実証主義者の科学論とはやや違う。とはいえ、科学者集団が自分たちの仕事の出発点となる基本的な命題群を認定するのは、一般の人たちが仕事に取りかかるのに、どのような基準のもとで技術的規則を適用するかを議論し、合意する場合と同じである。つまり、それはどちらも道具的・技術的な認識関心に従っている。人類のこれまでの発展段階では道具的関心は人間の自己保存のために必要なものとみなされ、その意味や価値がわざわざ議論の対象となることはまれだった。けれども、人類の長い複雑な歴史の過程では、このような道具的・技術的認識関心以外の認識関心も存在したし、今も存在するのだ。

以上に見たとおり、技術的認識関心はけっして人間のすべてではないのに、実証主義はそれを絶対視し、その関心に基づいて観察した「事実」なるものを「物神化」していることになる。フランクフルト学派の道具的理性批判の伝統を受け継いだこのような告発調の表現は、「イデオロギー批判」という用語をも誘い出す。しかし、やがてガダマーとの解釈学論争でははっきりと自分の立場を表現するのに使うこの言葉を、ハーバーマスはまだここでは（実証主義論争の時点では）好んで採用してはいない。

言語論的転回の萌芽《ほうが》

実証主義論争には、その後のハーバーマスのほとんどすべてが現れているといっていい。引き続き、ハーバーマスの発言を調べてみよう。

「経験的」事実の反映でないとすれば、真理とは何であるのか。ここに、狭い意味での近代合理性（道具的・技術的発想）とは一線を画す「包括的な合理性」へ向けての第二の論点があり、ハーバーマスは、このころ並行して研究していたウィトゲンシュタインや英米哲学の影響を受けて七〇年代に生じる、自らの言語論的・コミュニケーション論的転回を予感しているかのような提案を行っている。ハーバーマスから見て、どの点で論敵ポパーの科学論、とくに真理の捉え方は不十分なのだろうか。

ポパーは命題と立場（態度）とを次のとおり区別する。まず、命題は、「事実」をめぐって陳述され、真理値をもち、一定の基準（ポパーの場合はもちろん反証可能性）に基づいて証明されうる。それに対し、立場（たとえば、社会工学的見方をよしとするポパー自身の立場を含めて）は、経験的には真でも偽でもない（つまり真理値をもたない）ので、その立場をとるかどうかの決定自体は論証を抜きにして行われるしかない。「誰が何といおうと、わたしはこの立場をとります」と、理由なしに宣言するわけだ。ハーバーマスはこれに対して、自分の立場（いいかえると規範）を非合理的な決断に任せて導入するのは「決断主義」だと非難する。かれはナチの問題ともからんで、決断主義をたいへん警戒する。立場（規範）を根拠なしに持ち出してもいいのであれば、別の根拠を示してそれに反対する自由も奪われてしまう。つまり、ナチの時代にそうだったように、世界観の押しつけに抵抗することができなくなる。ハーバーマスは、決断主義の危険を避けるために、ポパーのように科学主義的ではない、別の合理性の次元を指摘する。

事実と幻影とを区別する基準を含めて、経験に関するわれわれのすべての判断の基準は、人間集団における「討論」によって合意される。その意味で、この討論は、経験される事実であると同時に、経験そのものを根拠づける超越論的な性格をもつ。科学が形式言語と客体化された経験を足場に組み上げる空間だけが合理的なのではなく、むしろそれ以前に、科学が自らの背景として前提している日常言語の世界（生活世界）こそ、より包括的な合理性の立脚点だ。この意味での合理的な立場は、科学の専門用語の枠内で「検証」できないのは当然であり、また哲学でいう「究極的根拠づけ」の対象にもならないが、それでも基本的なコミュニケーション空間において根拠づけることができる。これが、ハーバーマスの提示する合理性のタイプだ。

もちろん、日常的なコミュニケーションや討論が、地位による支配や権力による強制などによって影響されることが多く、そのまま全部合理的と呼べないことは、ハーバーマスも承知している。そこで、「批判」的実践の出番である。批判は、現実のコミュニケーションを歪曲する諸要素を監視し、「支配なき討論」の実現をめざす。この討論は、参加者「みんながなんの強制もなく同意する」ことを理念とし、そのように討論していくうちに不同意はしだいに解消していくと、ハーバーマスは考えている。ここには、後年のコミュニケーション倫理学の原型がある。また、やがてハーバーマスに向けられるであろう異論も予測できる。そのような討論は、具体的にはどのようにして実現できるのか。また実現できたとして、「支配や強制のなさ」がどうして合理性とイコールといえるのか。フーコーなども指摘するとおり、不同意を排除していくコミュニケーションは、理性の名の下に一元的支配を行っているのではないか、等々。ハーバーマスはこれらの疑問に答えるべく、まだ浮かび上がったばかりのかれの理論を着々と整備していくだろう。

もっとも、コミュニケーション論的転回に先立って、ハーバーマスが『認識と関心』(一九六八年)で別な方向を模索したことも、付け加えておくべきだろう。その方向とは、認識を導く「関心」を三つに分類し、そしてそれらに「準‐超越論的」な資格を与えるというものだった。けれども、認識論的には野心にみちたこの試みは各方面からの厳しい批判にさらされ、ハーバーマスはこれをほとんど撤回せざるをえなくなった。そのため、このテーマにはこれ以上は触れないことにしたい。

第2章 制度と言語——イデオロギー批判への取り組み

1　戦後ドイツの政治とフランクフルト学派

天才との共同研究

「社会科学の論理」に関する実証主義論争において、ハーバーマスはアドルノの側に立って論陣を張った。新旧世代を代表する二人が、ハーバーマスの社会研究所在籍のときとは多少違った形ででではあるが、共同作業を遂行したわけだ。ここで、時間的順序は前後するが、ハーバーマスが五九年に研究所をやめ、六一年にハイデルベルク大学に就任したあたりの事情を振り返ってみる。それはフランクフルト学派とハーバーマスとが置かれた政治的状況を照らし出すことにもつながるだろう。

フランクフルト学派第一世代に対してハーバーマスが抱いた違和感については先に述べた。とはいえ、そのなかでも、助手としてかれを雇ってくれ、その後もかれを引き立ててくれたアドルノとの関係は、研究所のもうひとりの主要人物ホルクハイマーとの関係とはかなり対照的なものだった。

アドルノは天才だったとハーバーマスは断言する。アドルノの思想はたちどころに完成した形でかれの口から出てくるのであり、その成立過程をひとは跡づけることができなかったという。平凡であることを痛ましくも禁じられている巨匠。近年になるほど規範形成における「手続き」の重視を、いわば散文性への傾きを強めるハーバーマスのこの回顧は、たんなる礼賛とはなかなか読めないが、それはよしとしよう。ともかく、アドルノの個人助手ハーバーマスは社会研究所の二階、アドルノの夫人で研究協力者でもあったグレーテルの向かいに部屋を与えられて、仕事をした。アドルノは何かいい思いつきが浮かぶと、やってきてそれをハーバーマスに話してきかせるのだった。こうして、資本主義社会においてもともとは性質の異なる物品が貨幣という統一的尺度のもとに扱われること（商品の物神化）と、現象の多様さをむりやり一定の原理から把握しようとする同一性思考との間に、関係があるのではないかというインスピレーションも披露《ひろう》された。もっと組織的な共同研究ももちろん行われた。あるテーマについてハーバーマスが原稿を作成し、提出すると、アドルノがそれにコメントを書き込むのだ。

アドルノが主宰していたヘーゲルについての演習、かれが当時執筆した文化批判的エッセイからも、多くのこと

テオドーア・W・アドルノ
(1903－1969)

をハーバーマスは学びとった。さらにアドルノは、安易に二次文献に頼らず、ある思想家の一次テクストを徹底的に読み尽くすことをも、ハーバーマスに教えた。

ただし、アドルノも含めて、フランクフルト学派第一世代がまともなテクストとして許容する範囲は相当に狭かった。とりわけ同時代の哲学といえば、ヤスパースや現象学はほとんど顧《かえり》みられず、ハイデガーさえあまり読まれていなかった。その中で、「ブルジョア科学」だなどと忌避《きひ》せずに、アメリカ社会学やのちには英米系の分析哲学を平気で受容したハーバーマスは、研究所の同年代の同僚たちからも浮き上がった存在だったという。それどころか、ホルクハイマーにとっては、ハーバーマスの果敢で幅広い受容・表現の能力は、自分が心血を注ぐ研究所の活動に対する危険要因と映ったのだ。なるほど、著述家としてはハーバーマスは輝かしい成功を収めるだろうが、「研究所には多大の損害をもたらすだろう」とホルクハイマーはアドルノに警告し（五八年九月二十七日付け手紙）、ハーバーマスを研究所から遠ざけるよう圧力をかけ続けた。

ホルクハイマーとの葛藤

この間の経緯を生々しく浮彫りにしているのは、ロルフ・ヴィガースハウスの研究『フランクフルト学派――歴史、理論的発展、政治的意義』（一九八六年）である。国際的には冷戦の構造が固定し、ドイツ国内ではアデナウアー首相とかれの率いるキリスト教民主同盟（CDU）の長期的支配が築かれる中で、社会研究所を再建した第一世代は、既成の政治・社会・経済的秩序の転覆を示唆するような自分たちのかつてのテクストに対しては慎重にならざるをえなかった。ホルクハイマーはそれのみか、五〇年代において、「実験はなしだ」という保守党（つまりCDU）の合言葉の断固たる擁護者となっていたという見方もある。

ヴィガースハウスのこの手厳しい認定をハーバーマスは是認している。かれの記憶でも、ホルクハイマーは政治的に「あらゆる方面と良いコンタクトを保つ」ことに腐心しており、そのアルジェリア戦争やドイツ再軍備についての見解は若い世代からは反発を受け、社会研究所の運営については「ほとんど日和見《ひよりみ》主義的順応」を行う人物と見られていた。その証拠というわけではもちろんないが、何かの式典のおりに、首相アデナウアーをかたい顔つきで案内している、フランクフルト大学学長ホルクハイマーの写真が残っている。

ところが、そのホルクハイマーがリスクを冒してフロイト生誕百年を記念する国際会議を主催し、そこでマルクーゼに講演の機会を与えたことは前述のとおりである。この会議を論評した新聞への寄稿で、当時のハーバーマスは、マルクーゼのフロイト解釈には留保を付けながらも、「十八世紀的な無邪気さでユートピアのエネルギーを再び解放しようとする勇気」を心から讃《たた》えている。しかも、マルクーゼのメッセージは、「今日のような時代」、「われわれみなが、慣行となった諦念をそれと意識せずに共有している」状況の中で炸裂《さくれつ》したのだ。このとき以降、ハーバーマスは、第一世代としては特異なマルクーゼの「積極性」に注目し、自分でもそれを身につけるべく努めたように見える。

社会研究所は「大学と社会」に関する研究プロジェクトを進めていた。ハーバーマスもそれに加わって、フランクフルト大学の学生を対象とした政治意識についてのアンケート調査を実施し、それをもとに、研究所から刊行される研究報告書に長文の序論を執筆した。とりわけこの序論がホルクハイマーの怒りをかったのだ。現状を変革する政治的潜在力はどこから出てくるのかという問題意識のもと、ハーバーマスは学生が政治参加する現実的な機会は「議会外の活動」に限られることを示唆した。時あたかも、第三期連邦議会選挙でキリスト教民主同盟／社会同盟が絶対多数を握り（五七年九月）、その議会が北大西洋条約機構の枠内でのドイツ連邦軍の核武装を決議し（五八年三月）、これに反対するデモが国内で繰り広げられた時期だった。

ハーバーマスの序論は事実上、ブルジョア社会に対する暴力革命を示唆していると、ホルクハイマーは理解した。まさにその社会のさまざまな公的援助に頼って存続している社会研究所の報告書で、そういった過激な政治的信条告白を行うなどもってのほかだと、ホルクハイマーは激怒し、序論を含む研究全体の公表を遅らせたのだ。

ハーバーマスに対するホルクハイマーの不信感は拭《ぬぐ》えず、ハーバーマスはついにフランクフルトで教授資格をとることもあきらめて、一九五九年に研究所を去らざるをえなかった。しかし、ハーバーマスの学問的能力を評価する人も多かった。研究奨学金を得て、かれは前述の『公共性の構造転換』の執筆に専念することができた。六一年には同書のもとになった論文でマールブルク大学から教授資格を与えられ、同大学私講師の就任演説も行ったが、実際に教壇には立つに至らなかった。それ以前に、レーヴィットとガダマー（解釈学の代表者。後にまた触れる）とがハーバーマスをハイデルベルク大学にと望んでおり、かれはそれに応じて、すぐにこの由緒ある大学に転出したからだ。

フランクフルトに帰って、そして

だが、一九六四年、ハーバーマスは退職したホルクハイマーの後を襲《おそ》って、フランクフルト大学の哲学・社会学の教授となった。

ハーバーマスは、かつて自分と折り合いの悪かった前任者について、その死後考え方を変えたと語っている。ホルクハイマーがつけていた日記を読んだことがきっかけとなった。日記から見えてくる人物像は、アデナウアー首相が君臨した時代について容赦なく観察し、鋭利な分析を行いながら、戦時中のアメリカ亡命から帰国してのちの自分の存在についてつねに不安を抱えているため、その分析を率直に外部に出せない批判的知識人のそれだ。ハーバーマスはおもしろい比喩《ひゆ》を用いている。ホルクハイマーは社会向けの外面《そとづら》を維持しながら、その背後でまるで「まだ中身を取り出していないトランクの上にすわっている」

かのごとく精神生活を営んでいた、というのだ。戦後ドイツ社会へのホルクハイマーの警戒感がにじみでている。

社会研究所所長としてのリアリズムを、ホルクハイマーは少しずつ体得しないわけにはいかなかった。『啓蒙の弁証法』では、かれは既成の科学企業体への信頼を否定しているが、社会研究所再建後は、アメリカで開発された技法を導入しての経験的社会研究を推進してみせた。

ホルクハイマーが公的業務をこなさなくてはならなかったとしても、それはホルクハイマーの理論的・政治的態度を後から正当化する役には立たないはずである。ホルクハイマーへの見方をハーバーマスが和らげたことの一因には、科学（学問）を売り物にして研究所を経営していく管理者（マネジャー）としての、ハーバーマス自身の経験があったかと推測される。かつてホルクハイマーから危険人物扱いされたハーバーマスも、ホルクハイマーと同じ管理者としての苦労を味わったのではないだろうか。ハーバーマスは七一年から、シュタルンベルクにある「科学技術的世界の生活条件研究のためのマックス・プランク研究所」の所長となり、研究プロジェクトを推進する責任者の地位に就いたのだ。ある対話で、自分のように「科学企業体」にはまりこんでいると、アドルノのような孤高の「否定主義」に閉じこもることは許されず、科学（学問）的生産性を追求せざるをえないと、ハーバーマスはいくぶん自己弁護的に語っている。

2　日常言語のダイナミズムを問う

解釈学の波動

さて、ハーバーマスの理論的成長に話を戻す。実証主義論争で弁証法とならぶ切り札としてかれが用いたのは、解釈学だった。この論争にわずかに先立つ一九六〇年、ガダマーの『真理と方法』が世に出ていた。日本では一般にあまり注目されていないが、現代思想の行方に大きな影響を与えた「哲学的解釈学」の旗揚げだ。

解釈学とは、もともと聖書や古典文学、法典などの伝承された規範的テクストを正しく解釈する技術として、聖書解釈学・古典文献学・法解釈学などの個別領域に分かれて成立し、発達した。十九世紀に入って、それまでの解釈術ないし個別的解釈学を超える、「理解の一般理論」としての解釈学が成立した。その最初の代表者は、ドイツの哲学者であり、著名な神学者でもあったシュライエルマッハーだ。かれは解釈学の対象をそれまでのように特殊なテクストに限定せず、新聞記事をも含むあらゆる著述や会話にまで拡大した。かれの鋭敏さは、理解を妨げる異質の要素があるからこそ解釈学的反省が誘発されることに気づき、人間のコミュニケーションにおいては「理解よりも誤解のほうが当たり前」という原則を打ち立てたところに表れている。シュライエルマッハーは、「テクストを書いた著者当人より以上に著者を理解すること」をモットーとした。

その後、解釈学は「生の哲学」の代表者でもあったヴィルヘルム・ディルタイを経て、ハイデガーに受け継がれた。ハイデガーによれば、人間は歴史的存在として特別なあり方をしているが、それを人間自身で解明するのが解釈学の役割だ。フッサールの現象学に刺激を受けたかれは、『存在と時間』で、解釈学的現象学を自分の方法とした。人間は自分のあり方を自分で形造る（実存する）。世界についての理解は、実存についての理解から切り離せない。科学（学問）が行う解釈とは何か特別な次元のことではなく、ひとが日常的に、無意識のうちにもっている理解を仕上げることだ。何かある対象を精確に解釈しようとすれば、その前にその対象について一定の理解を、まだ漠然とした形においてではあれ、もっていなければならない。ハイデガーはこれを「理解の先行構造」と呼ぶ。

古来、「解釈学的循環」と呼び慣わされてきたものは、この理解の先行構造と基本的に同じだ。特定のテクスト（個）を解釈するためには、そのテクストが属している言語体系、文学類型、それと関連する他の諸テクストなど（全体）を理解していなければならない。逆に、全体の理解を深めるためには、個についての解釈を一歩一歩積み重ねていくほかない。これを個と全体との間の解釈学的循環と呼ぶのだ。ガダマーもそうだが、ハーバーマスも、この構造を科学的認識にもあてはめて、近代の実証的科学の尊大さを牽制《けんせい》しようとする。科学とて、わたしたちの日常的世界（全体）を根拠とし、そこから浮かび上がってきた特殊な問題関心（個）を取り扱っているのだ。全体についての先行的理解なしには、個の解釈は成立しない。日常言語の世界が出発点となる。

わたしたちは対話である

ガダマーは『真理と方法』において、ハイデガーの存在論的研究によって明らかにされた理解の先行構造を、歴史解釈学に適用することを狙った。

わたしたちがそのつど理解することは、わたしたちが属している「伝統」ないし「伝承」によって先行的に規定されている。その伝統からわたしたちはいつのまにか物事の基本的な理解を受け取っており、いいかえれば、つねにある「先入見」をもって物事を見ている。客観的・実証的であろうとする科学も例外ではない。だから、理解するとは、自分ひとりの主体的活動というより、自分をも含めた「伝統という出来事」に参加していくことだ。伝統や先入見に対するこの積極的評価は、反省的主体の能動性を強調した近代合理主義への反撃だ。合理主義的啓蒙を受け継ぐというハーバーマスの基本姿勢とは相容《あいい》れない要素が、ガダマーの解釈学には存在する。

ガダマーはレーヴィットとともに、ハーバーマスをハイデルベルク大学に呼び寄せたくらいだから、ハーバーマスの素養と才質のなかに自分の哲学観に相通じるもの、共鳴でき

ハンス－ゲオルク・ガダマー
(1900－2002)
(ullstein bild/Getty Images)

るものを認めたと思われる。しかし、両者の間には、今から見るように、甚《はなは》だしい溝も横たわっている。

　ちょうど一九〇〇年生まれのこの老巨匠が講演しているのを聴くと、そのややおおぎょうな身振りや、めりはりの強い話しぶりから、かれがひと昔まえの「新人文主義」の教養人に属することが、如実に感じとれる。戦後ドイツのいわゆる再教育と民主主義の申し子であるハーバーマス、システム論と対決しつつも、近代社会の機能分化を基本的に認めるハーバーマスとは、肌合いの点からして、かなり異質な面がある。

　さて、ガダマーの歴史解釈によれば、テクストそのもの、過去そのものは実体的には存在しない。テクストとは、ある問いに対する答えとして形成された「歴史的地平」であるが、そのテクストに語りかけられた解釈者が、自分の地平からその原初的問いを再構成することによって、当初の地平は踏み越えられる。こうして、過去と現在とがたえず対話の形で媒介され、いっそう高い普遍性をめざすひとつの大きな歴史的地平が生ずる。これこそが、伝統（伝承）の真の意味だ。すべての個人は、個の壁を突き破るこの「大きな対話」のうねりに巻き込まれている。

解釈学に対するハーバーマスの共感と留保に目を向ける前に、『科学革命の構造』（一九六二年）とその「パラダイム」概念で一世を風靡《ふうび》したアメリカの科学史家トマス・クーンも解釈学的視点を導入していることを、指摘しておきたい。というのは、クーンの科学革命論によれば、「通常科学」が既成の基礎理論（パラダイム）の枠内に留まっているという意味でも、また革命期の科学が旧パラダイムに対する「変則性」として出現するという意味でも、科学はある具体的な歴史的地平（伝統的知識）に規定されているからだ。ポパーにとって、この主張は、科学の客観性をそこない、歴史主義的相対化を招くという点で、がまんのならないものだった。とはいえ、『社会科学の論理』の新版（一九八二年）への前書きでハーバーマスが満足のため息とともに記しているように、クーンがポパーと論争したのを契機に、「分析的科学論」の陣営も、解釈学的次元をある程度は考慮に入れ始めた。

「自然な解釈学」の限界

さて、ハーバーマスは、実証主義論争において、解釈学を武器のひとつとして利用してはいるが、同時にそれから一定の距離をとっている。

実証主義論争におけるハーバーマスの第一論文「分析的科学論と弁証法」では、前述のとおり、ヘーゲルの論理学をモデルに思い描いた「弁証法的全体性」が志向されているのだが、じつは全体性はより素朴で没意識的なレベルでも存在しているのだ。科学者が客観主義的にその対象を選び、かかわれるのではなく、両者を包む社会的な生連関というものがあって、それが研究のあり方をも規定する全体性となっている――この洞察は、専門的な訓練を受けていないふつうの人でも、生活世界に横溢《おういつ》している「自然な解釈学」に基づいて十分に獲得できる。自然な解釈学は、「対象の構造を知るためには、そのことについてわたしは前もっていくらかのことを理解していなければならない」という循環（前述の「解釈学的循環」）を教えてくれる。

実証主義論争の第二論文でも、自然な解釈学は肯定的に言及されている。それによれば、「日常言語の自然な解釈学」においては、いわば生来の「包括的な合理性」が働いている。科学はそれを形式化された言語と客観化する経験へと解体する。そこで「批判」の出番だ。批判は、科学的に細分化され、精緻《せいち》化された論証と、生活世界に生きる人間の基本的態度という、この両極の間を往来して仲介するとともに、包括的合理性を仕上げなければならない。

反省によってとぎすまされていないため、生活人の実感に頼る自然な解釈学はそれなりの限界を越えることはできない。もっとも、「自然」でない解釈学にも限界はある。解釈学は一般に「意味」を扱うわけだが、それを主観的に理解するという観点で捉えるのであり、意味が生活世界において分節化される過程を客観的に分析するということはしない（それに対して、この客観的分析に集中するのが社会科学だ）。意味が個人の思いなしを離れて、社会的状況や制度のうちで形成されたり、変質したりする「物象化」の契機を、ふつうの解釈学は追跡することができない。解釈学は、自己を社会的過程のうちで相対化することを忘れ、自己の目に映ることだけを絶対視する、ひとつのイデオロギーと化する危険がある。これが解釈学に対するハーバーマスの留保であり、解釈学の強みを生かしつつ、解釈学にかわって「客観的に意味を理解する理論」を打ち立てることを、かれが提案する理由だ。

意味を歪曲するもの

実証主義論争の渦中においてはその語の使用をためらった「イデオロギー批判」に、その後ハーバーマスは乗り出していくことになった。それはガダマー的解釈学との論争という形をとり、他の論者（とりわけハーバーマスの盟友アーペル）の寄稿とともに、『解釈学とイデオロギー批判』（一九七一年）という論集にまとめられた。ハーバーマスの批判はフロイトの精神分析（「深層心理学」とも呼ばれる）の助けを借りている。

もういちどガダマーの理論に立ち返ると、かれの解釈学は「人間の世界経験と生活実践の全体」を問うものであり、その問いは言語によって媒介されている。しかも、かれのいう言語は、科学的に精確であるべく構想された形式言語ではなく、われわれが日常話している自然言語だ。日常言語はたしかにすみずみまできっちりと規定されているわけではなく、曖昧《あいまい》さを残すが、そのほうが解釈学的普遍性のためには有利だという。「理解されうる存在は、言語である」という基本テーゼを、うむことなくガダマーは繰り返す。

この立場は、ハーバーマスによって「言語性の観念論」と批判されるのだが、それはどの点で問題なのだろうか。ハーバーマスによれば、言語は社会の下位構造にすぎない。言語が記号によって媒介され、ある程度固有の法則をもっているのはたしかだが、だからといって自律的な領域を形成しているのではない。言語は社会の事実的諸関係に依存しており、「実在からの強制」を免《まぬが》れていない。

実在からの強制には、政治社会的要因と、権力システムの内面化による心的抑圧との二種類がある。これらの強制が人間のコミュニケーションを組織的に歪曲しているとハーバーマスは見る。このような歪曲が起こっていると、どのような意図である行為を行っているかをその当人が再認できない。この場合、主体の理解をもとにするふつうの解釈学的手法は通用せず、組織的歪曲に対応する説明能力を備えた二つの科学、すなわちイデオロギー批判と精神分析（深層解釈学）とが必要とされる。

このようなハーバーマスの攻勢に対して、老練で懐《ふところ》の深いガダマーは容易に屈しない。かれは、労働や支配などの実在的な諸要因は、そもそもの初めから解釈学的問題設定の中に含まれているとやり返す。かれはまた、精神分析の提起した問題の意義を認めないわけでもない。しかし、批判的科学の言語ゲームとて、広い意味での言語(日常言語)の遊動の一環でしかない。コミュニケーションの阻害は日常言語の地平から発し、遅かれ早かれその地平で解決される。わたしたち人間は、自分たちが交わす対話そのものである。ときどきはギクシャクしながらも、対話を通して意味のタペストリーが紡《つむ》ぎ出されていく。そのような対話の背後に回るもの、意表をつくものは何一つ存在しないし、対話を取り扱う哲学的解釈学を出し抜くいかなる学問も存在しない。こうして、ガダマーはあくまで解釈学の「普遍妥当性」を主張するのだ。

3 偽りのコミュニケーションをえぐる

ハーバーマスと精神分析

一見正常なコミュニケーションが、実は阻害を内包した、しかも参加者自身にもどこに阻害があるのか見抜けない、「疑似コミュニケーション」である可能性がある。日常生活でも、法的にも、ふつうの個人同士が合意に達したならば、その合意を覆《くつがえ》すより上位の審級はあまり考えられない。けれど、いつの時代でも、抑圧されたものが自己の欲求を正しく知ることはまれだ。コミュニケーションが内から組織的に歪曲されており、合意が疑似コミュニケーションの一形態でありうるとすれば、意味をあくまで批判的に理解する「メタ解釈学」が要請されることになる。ここに、ガダマーともたもとを分かって、歪曲されていない、理想的なコミュニケーションへのハーバーマスの探究が始まる。

もっとも、ちょっと皮肉な見方をすれば、ガダマーが最初ハーバーマスのうちに同類を認めたのも、必ずしも眼鏡違いとは言えないかもしれない。というのは、自分の理論が形式的で普遍的な妥当性をもち、その際自己反省が決定的に重要な役割を果たすという主張において、後年のハーバーマスは、かつて自分が批判したガダマーの普遍性の要求を後追いしているようにさえ見えるからだ。

精神分析の受容という点では、次のことに注意しておきたい。フランクフルト学派第一世代は、新フロイト派に属するフロムの先導のもと、精神分析の手法をマルクス主義的社会批判と結びつけ、資本主義社会における「権威と家族」のあり方を分析してみせた。ハーバーマスはこの成果を受け継いだうえ、ハイデルベルク時代に出会ったアレクサンダー・ミッチャーリッヒの自我心理学にも関心を示した。ミッチャーリッヒは、ベストセラーとなった『父親なき社会』（一九六三年）で、現代社会では、父親の具体的な働く姿が子どもの目に触れなくなり、それとともに子どもの世代が生き方のお手本、規範と伝統を喪失してしまったことを指摘する。その結果、この世代は、人格の同一性が不安定となり、退行や無関心、攻撃性といった反応を示すといわれる。ミッチャーリッヒはフランクフルトに移り、六〇年には同地でフロイト研究所を設立した。ハーバーマスは『認識と関心』（一九六八年）の前書きで、この研究所の討論会に定期的に参加して、フロイトの著作を読むだけでは得られない、精神分析治療の実際についての多くの知識を与えられたと述べている。

ハーバーマスは、第4章3で見るとおり、後期資本主義社会の経済的・政治的現実が子どもの成長過程に悪影響を及ぼし、合理的な自我形成を妨げることに、強い危機感をもっている。この悪しきメカニズムを社会心理学的に洞察し、文化的伝統を批判的に継承する自立した個人が育つような社会状況、合理的なコミュニケーション環境を守りたい――ハーバーマスが精神分析に抱く関心は、けっきょくこの点に収斂《しゅうれん》するように思われる。フランスのポスト構造主義は、自我やロゴスを脱構築するためのてことして精神分析を利用するが、ハーバーマスの態度は、それとは対照的といっていい。

ハーバーマスは、ガダマー批判ないしイデオロギー批判の核心に精神分析の知見を取り込んだが、それはコミュニケーションの歪曲を解消し、行為の合理性を回復するためだった。精神分析が浮彫りにした「無意識」の問題を、ハーバーマスは「自己欺瞞《ぎまん》」として解釈し、それは論証的手段によって解決できると考えた。後述するように、こうした解釈はハーバーマスだけのものではないが、ラカンのような気難しいフロイト派には気にいらないだろう。「無意識」と言語とのこみいった関係は、そう簡単に表現したり、まして解消したりできるものではないからだ。形式的で包括的な理論の構築を急ぐハーバーマスは、「合理性」の概念で一定の歯止めをかけている点を除けば、すべてを自己の「対話」の網の中に取り込んだガダマーの戦略ときわめて類似したことをやっているのではないのか。かれらはそういうだろう。

そのような批判に耳を傾けるにしても、べつにベーメ兄弟のいう「理性の他者」へと一気に飛躍する必要はない。人間の理性や言語やコミュニケーションが従う複雑な光学を、その乱反射の様子をも含めて、ていねいに考察すればよいのだ。ハーバーマスがこの課題をどのような手腕でこなしているかは、注目に値するが、わたしたち自身もコミュニケーションのこういう一面には十分に気を配っておきたい。具体例をまじえて、次に考察してみよう。

何のためのコミュニケーション？——具体例で考える

コミュニケーションに関するハーバーマスの基本的思想をここでちょっと確認しておこう。すべての発言は、三種類の「妥当要求」すなわち、(1)自分は真理を表明している、(2)自分は正しい規範に従っている、(3)自分は意図どおりのことを誠実に述べている、の三つを掲げてこそ、発言として有意味であり、またその妥当要求を認めるかどうか「実践的討議」（後述する討議倫理学の用語）にかけられる資格をもつ。

コミュニケーションを合理性の枠内に留めておこうとするハーバーマスの態度は、わたしたちが世界において出会う問題を実践的に解決するという、「問題解決」の関心を優先している。ただ、わたしたちの言語には、ハーバーマス自身も認めているとおり、世界の新しい姿を表現するという、「世界開示」的役割も備わっている。その最たるものは芸術作品だろうが、一般の人間でもユーモアやギャグを介して「世界の別な見方」を発見することはできるのだ。

この問題は文化のタイプの違いとも関係する。口ではコミュニケーションを唱えながら、実際にはヨーロッパ的世界観を他の文化にもおしつけているだけではないか、その意味で自文化中心主義ないし「文化帝国主義」を実践しているのではないかという批判に、ハーバーマスはしばしば直面した。かれの答えは、西洋近代の「脱中心主義的世界了解」は他の世界了解に比べ、「問題解決」の能力にまさるが、だからといって非西洋文化が価値の点で劣るわけではない、というものだった。つまり、人間の幸福は別のところにある可能性もある、と認めているわけだ。そうはいっても、全体として、「問題解決」への関心にかれがコミットしていることは明らかだと思われる。

ところですべての発言は妥当要求を掲げるべきだというハーバーマスの主張は、わたしたちが出会う現実の複雑さに十分対応できるだろうか。具体例をあげて考えてみよう。太平洋戦争末期、沖縄のある島で、多くの島民が集団自決した。沖縄県史では、「老人子供は村の忠魂碑前に集合、玉砕《ぎょくさい》すべし」という軍命に従ったことになっており、このまま定説化していた。しかし、村の幹部とともに、自決用の弾薬を日本軍の部隊長に要求しにいった女子青年団長がノートを残していた。それによると、部隊長は熟慮した後、要求をとりあえず退けて、かれらを帰したという。軍命があったというのは「うそ」で、村の人々は村の幹部たちの指示で自殺したことになる。女子青年団長が「うそ」の証言をしたのは、軍命だということにして、自決した人たちの遺族に遺族年金が支給されることを狙った、島の長老に説得されたためだという。後に真実を明らかにしたこの女性は、島の住人からさまざまな嫌がらせや脅迫を受ける(『朝日新聞』九五年八月八日付け朝刊、社会欄「学級革命8」による)。

さて、以上の経緯が事実だとして、「島民たちは軍命により集団自決した」という言明について、わたしたちはどう判断したらよいのだろう。ハーバーマスの基準に照らして考えれば、この発言が真理性を主張しえないのは明らかだ。なにより、遺族年金給付を狙った島の長老からの圧力にこの発言は屈しており、イデオロギー批判でいえば「外からの強制」の犠牲となっている。しかし、外からの強制という場合、ハーバーマスはもっぱら階級社会に特有の権力関係を想定しているだろうが、わたしたちの例では、人口わずか四百五十人の小さな島の共同体的規制が問題となる。「歴史の真実」を告げることは、つまり真理性を堂々と主張しうる発言をすることは、当人の良心には心地よいかもしれないが、島の人々の平和と幸福をそこなうことにならないのか。「うそ」を言うことは、島で支配的な「正義」にかなっていたとはいえないか。この問いにどう答えるにせよ、この問題にイデオロギー批判を直接に適用することは考えものだろう。

さらにいえば、歴史の真実も一義的ではない。たとえ軍からの直接の命令はなかったにせよ、敵に捕まったら女性はレイプされるとして、島民は玉砕を選ぶ教育を受けてきたのだ。その意味では、集団自決は洗脳の結果で、島民の真の自発的行為だとは言いきれないのだ。

これらのことに対して、ハーバーマスのコミュニケーション理論やイデオロギー批判はどのような光を与えてくれるのだろうか。もちろん、かれは現実社会のコミュニケーション状況が理想に程遠いことは熟知しており、だからこそコミュニケーションの「反事実」的基礎をなりと現実の出来事の断片のうちに見出して、変革の糸口にしようと努めるのだ。

それにしても、かれの普遍主義が、やはりあまりにも単線的な、西洋近代を基準とした社会進化説を前提にしているという批判は、残るかもしれない。もっとも、上の例で、証人が悩んだ末「うそ」を告白したということは、ハーバーマスの考えているとおり、人間の真理への要求の根強さを物語るだろう。また、これ以外にも、小手先の目的・戦略が局地的・一時的に妥当しているのを、真理や正義への欲求が覆すという例は、非ヨーロッパ的文化でもしだいに増えているといえるのかもしれない。かりにそのような「進化」がこれまでの趨勢《すうせい》であるとしても、それがこれから先も続く普遍的傾向であること、またそもそもそれが正当な人類の歩みであることは、証明されたわけではない。ハーバーマスの理論的モデルは、歴史的現実の前でどこまで説得力を保ち、現実に「適用」可能だろうか。

公共的コミュニケーションへの解放

前述のとおり、ハーバーマスの精神分析理論の受け止め方は、フランスで支配的なそれとはかなり異質である。フランスでは、構造主義革命の一環としてラカンが「フロイトの大義」を生かそうと試みたわけだが、そのような土壌はドイツにはほとんど存在しなかった。構造主義の登場とそれ以降の流れのうちで、伝統的な意味でのヒューマニズムは疑問に付され、人間の行動において無意識の果たす役割に目が向けられ、「主体の死」というスローガンにさえ導いた。ドイツではどうか。ガダマーの解釈学はデカルト的な孤立した主体の概念は批判したが、対話と反省という人文主義的知識人の理想に依拠している。六〇年代後半におけるハーバーマスのフロイト理論の受容は、前述のミッチャーリッヒの自我心理学的解釈に支えられている以外に、抑圧された衝動が言語をどのように変形せしめるかを分析したアルフレート・ロレンツァーの言語病理学に多くを負っている。ロレンツァーは、精神分析の鍵となる「抑圧」や「検閲」のメカニズムを次のように理解している。愛情を向けることを禁止された対象については、公共的なコミュニケーションの場では表現できなくなり、表現はそこから排除されて、発生的により古い、原初的で前言語的なシンボルの段階へと追い出される。原初的シンボルと結合した意味論的内容は、日常言語の中にいわば異物として紛《まぎ》れ込み、神経症などの症状を引き起こす。いいかえると、精神の病においては、公共的コミュニケーションが私的言語へと「脱シンボル化」されている。言語分析の仕事は、二つの言語層（原初的シンボルと日常言語）の錯綜をうまくよりわけ、歪曲されてしまった内容を再び公共的コミュニケーションへと導入して、「再シンボル化」を果たすことだ。そうすれば症状は解消する。

人間の心の中に「無意識」という独自の場もしくはメカニズムを発見したのが、精神分析の功績として特記されるのだが、ロレンツァーの理解では、あるいはそれをもとにしたハーバーマスの解釈では、無意識はコミュニケーションの阻害を引き起こす要因として、否定的な役割しか果たしていないように見える。言語的分節化をこうむる以前の原初的シンボルは、その意味内容を首尾よく言語的表現に翻訳することができてこそ、言語を豊かにする本来の意義を発揮する。創造的な言語使用は、このような意味で、前言語的なものの「解放」と位置づけられる。ハーバーマスはガダマーにおける「言語性の観念論」を指摘し、批判したが、かれ自身はいわば「言語性の目的論」に従っている。そしてそれは、言語を「偶有的な絶対者」と捉える両義的な見解、さらには個人の反省に「超越する力」

を認める実践への志向と結びついている。

ウィット——自然への退行?

フロイトは、神経症や精神病などの現象以外に、夢や言い間違いなど日常生活の精神「病理」に鋭い分析を加えた。ハーバーマスが精神分析の文脈で、ウィット(機知)という現象に注意を払っていることは、興味をそそる。というのも、かれはのちにオースティンらの言語行為論に刺激され、「まじめ」でない言語の使い方(冗談や芝居の台詞など)をまじめには相手にしない立場に立っており、また一般に前言語的なカオスに対してきわめて冷淡だからだ。

ハーバーマスによると、ウィットはある両義性をあらわにするがゆえに、笑いを誘う。ウィットを口にするということは、言語以前のシンボルへの退行を唆《そそのか》すと同時に、その退行の誤りを証明することだ。わたしたち人類は、前言語的コミュニケーションと言語的コミュニケーションとを分かつ太古の境界線を通過して、動物から人間になった。ウィットというものは、その危険な通過をいわば潜在的に反復してみることだ。ウィットを聞いて笑うとき、わたしたちは自分がこの危険を制御できていること、前言語性を言語の側から楽しんでいることを確認している。

以上のようなハーバーマスの議論について、三つの点を指摘できる。第一点は今述べたことだが、オースティンの言語行為論が典型的に「非ｰまじめ」な言語行為に分類する機知に、ハーバーマスがここで関説しているということだ。わたしたちが第5章でも見ることになるデリダとサールとの間の論争で、ハーバーマスは明らかにサールに肩入れする。デリダとこの両者との基本的な対立点は、まじめで通常の言語使用なるものをそれ以外の用法（引用、冗談、芝居の台詞など）から切り離して、一義的で自明なものとして取り扱えるかどうかだ。言語表現の基本的同一性、コミュニケーションの自明性といったものを、デリダの「散種（ディセミナシオン）」の概念は動揺させる。ハーバーマスはここで、前言語的・前人格的な領域、ひとことでいえば自然的領域へ接近することにより、かれには珍しく、社会的次元では直接には現前しない「非同一性」に目を向けており、精神分析を介して、かれとしてはもっともデリダに近い地点に立っている。

第二にしかし、すぐに付け加えねばならないのだが、ハーバーマスは公共的コミュニケーションを、それ以外の表現形態が「解放」されて到り着くべき目的地として特権化している。前言語的なものが言語的なものに翻訳され、拡張されるとき、無意識の動機は犠牲になるが、言語性の目的論に立つハーバーマスにとって、それはたんに私的なこととして、何ら嘆きに値しない。フロイトの、そしてデリダの表現意欲を駆り立てた、容易に言葉にならぬもの、公共性の光を嫌うものは、このような仕方では取り逃がされるのではあるまいか。ハーバーマスは基本的に、「妥当要求」を掲げて他の妥当要求と競合する発話のみを認め、それ以外の発話は問題にしないが、言語の扱いとして十分だろうか。

第三に明らかなのは、『啓蒙の弁証法』を著したホルクハイマーおよびアドルノの両人と、ここでのハーバーマスとの間の懸隔だ。ウィットが反復しているとされた言語的コミュニケーションへの人類史的移行、あるいはウィットが唆しているという前言語的シンボルへの退行は、『啓蒙の弁証法』がギリシア神話の英雄オデュッセウスの冒険に託して語った、西洋文明の野蛮からの脱出と基本的に重なり合う。ホルクハイマーとアドルノはこの脱出が野蛮へ逆行するという暗い予感をもったが、かれらの弟子ハーバーマスは自然性からの解放をあっさりと肯定している。ハーバーマスにとって、物質的次元から意味やイデオロギーの次元への突き上げがあるとするなら、それは言語と間主観性を前提した「新たな実践」という形をとる以外にはない。先輩たちの悲観主義や否定主義に巻き込まれず、行動の肯定性を貫きたいというハーバーマスの意志が、よく見てとれる。

4　後期資本主義のゆらぎ

階級社会という前提

政治社会的要因や権力関係によってコミュニケーションの歪曲が起こるという発想は、

いうまでもなく、近くはルカーチの『歴史と階級意識』において展開された「虚偽意識」の問題など、マルクス主義的なイデオロギー論の系譜に属している。文化的伝統をめぐってかわされた解釈学論争が、ハーバーマスにおいてどのような（広い意味での）歴史哲学的展望や同時代診断と結びついているかを検討してみよう。

一九七〇年代初頭のハーバーマスは、マルクス主義に対していくつかの重要な留保を付けながらも、その階級社会という分析視座を基本的に維持して、同時代の状況を「後期資本主義」と特徴づけた。『後期資本主義における正当化の諸問題』（一九七三年）は、かれがシュタルンベルクの「科学技術的世界の生活条件研究のためのマックス・プランク研究所」の所長として率いた共同研究を基盤としてできあがった著作だ。ハーバーマスがフランクフルトを去ってこの研究所に移ることになった経緯は、次章で述べよう。

さて、ハーバーマスはここで、社会進化の理論を構築することを展望しつつ、これまでの歴史に現れた四つの社会編成形態をあげている。それらは、前高等文化的、伝統的、資本主義的、ポスト資本主義的という四つの形態だ。あとの三つが階級社会に属するのに対し、親族体系を制度的中核とする前高等文化的形態はそこまでの社会的複雑さに達していない。ソ連型の社会主義体制が、政治エリートによる生産手段の支配のゆえに、第四のポスト資本主義的な形態（つまり階級社会の一つ）に分類されていることは重要だろう。真に階級社会を越えた社会形態は「ポストモダン」と命名され、このような社会の可能性を探究する関心こそが、社会進化的図式の背後にあると述べられている。後期資本主義社会において噴出し、あるいは潜在するさまざまな「危機」が、あるユートピア的で実践的な解決方向を期待して、分析されているわけだ。いずれにせよ、ポストモダンとはいっても、これがその後フランスを中心に流行した同名の思想流儀と異なった内実をもつことは、わざわざ断るまでもあるまい。

後期資本主義とは、競争を原則とするリベラルな資本主義と対立する概念で、組織された、あるいは国家によって規制された資本主義とも言い換えられている。資本の蓄積過程が進んだ結果成立した後期資本主義は、二つの基本的特徴をもつ。第一に、企業の集中が進み、全国規模の企業体や多国籍企業が生まれ、商品・資本・労働の各市場が組織化される。第二に、増大する市場の機能的不備を「干渉主義的」な国家が補う。

システム論の視点と人間の問題

ハーバーマスはさかのぼって、資本主義の組織原理の特徴を社会システム論の道具立てをも取り入れて描き出している。そこには、このころ生じた社会システム論者ルーマンとの論争が明瞭な影を落としているが、ハーバーマスはルーマンの機能主義を全面的に受け入れているわけではない。むしろ、言語および行為能力のある主体（ないしそのような主体からなる集団）の間のコミュニケーション的関係を指摘することにより、システムの統御と維持を至上命令とするシステム論的思考との対決をめざしている。これに関連して、この時期、なお「弁証法的矛盾」という用語にハーバーマスが頼っていることは興味深い。ただ、これを実証主義論争の初期にハーバーマスが示していたヘーゲル主義的傾向の残滓《ざんし》と見るべきではないだろう。

ルーマンの考えるシステム論は、システムと環境という対概念から出発する。環境はシステムの「外」であるが、どのようなものをその「外」とみなすかは当のシステム次第である。その環境の中に別種のシステムが含まれていてもよい。逆に、この別種のシステムから見ると最初のシステムは自らの環境に属する。こうして、複数のシステムが相互に作用しあう。社会システム論においては、全体社会（ゲゼルシャフト）がいちばん範囲の広いシステムであり、その中にさまざまな部分システム（政治システム、経済システムなど）が含まれている。部分システムはサブシステムとも呼ばれる。

システムは環境の複雑性に対応し、それを自らにとって制御可能な程度に「縮減」（全能の神が自分を限定する意味でのシェリングにおける「縮限」とは別）しなければならない。複雑性の縮減は、ルーマンの機能主義的な社会システム論の中心概念であると同時に、ハーバーマスの厳しい批判の的ともなる。さらに、ルーマンによれば、生身の人間は社会システムそのものの一部ではなく、その環境に属する。たとえば、個人が営業活動をしているとき、その行為は経済システムの一部だが、かれが商談の最中にひそかに空腹を感じても、それは経済システムにとってとりあえずはなんの意味もない、「外」の環境に属する事実なのだ。

「弁証法」という用語を再び持ち出したハーバーマスの意図は、次のところにある。環境の複雑性の縮減を基本命題とし、しかも人間の外なる自然のみならず、内なる自然（性格や情念といったもの）をも社会システムの環境にすぎないと判断するシステム論の立場は、社会進化の歩みを踏まえたものであり、とりわけ近代社会の機能分化の趨勢をよく説明する。そのことは認めつつも、ハーバーマスはルーマンの人間把握に大きな危惧《きぐ》をもっている。人間の内的自然はけっして外的自然と同じ仕方では社会システムの「環境」に退いてしまわない。個人が十分社会に順応しきれず、心身症を病むことがあるのは、システムと人間との微妙な関係を暗示している。社会が内的自然を取り込むこと（個人を「社会化」し、社会の一員とすること）を、社会が外的自然を取り込むこと（つまり生産）と同レベルの環境の複雑性の縮減とみなすことは、ハーバーマスによれば不可能だ。ルーマン的なシステム論は、かつてのシステム論より拡張され、社会を説明する一般理論（グランド・セオリー）として名乗りをあげたが、いま見たような基本的なパラドックスをかかえこんでいる。それで、システムや自己制御というキーワードのかわりに、生活世界と間主観性を上位の観点とすることをハーバーマスは提案し、このような形でシステム論に対抗しようと努めるのだ。

行政と経済——システムの命令

マルクスの危機理論をマルクス当時とは変化した後期資本主義の現実に適用するというもくろみのために、ハーバーマスは「システム統合と社会統合との関連」を探ろうとする。今日の社会科学において有力なシステム論的危機概念によれば、危機とは「システム統合の長期的障害」、つまり社会システムが混乱してまとまりを欠き、しかもそれが長く続くことを意味する。しかし、どのような基準によって、システムの同一性が損なわれているとみなすのか。結局は、構造変動が社会の存立を脅かすに至っていると社会の成員が受け取っているということ、つまり社会統合の問題に置き換えざるをえないのではないか。システム統合の見地からすると、システムが環境の複雑性をうまく縮減し、制御しえているかが問題であるのに対し、社会統合は、諸制度を、言語および行為能力のある主体が社会化されて形造っているものと考え、どれほど複雑になろうと、基本的には「言語表現（シンボル）の構造をもつ生活世界」の観点から社会を見るのだ。

さて、資本主義が他の社会編成形態と比べて特異なのは、経済システムが政治システムから切り離され、社会統合を事とする諸部分システム（サブシステム）の制約から解き放たれたのみではなく、経済システムが全体社会のシステム統合という使命を果たすまさにその点において社会統合へも寄与するという、その仕組みにある。しかし、これだとシステム制御上で生じた問題が、直ちに全体社会の同一性と存立を脅かす方向に作用する。資本主義社会の全体システムは、経済危機という名のシステム危機に対して、従来の社会のような安全弁をもたず、抵抗するすべがない。不況や恐慌によって経済成長に終止符が打たれると、その危機は、個人の規範意識や価値観、やる気といった他の分野での危機にストレートに波及するのだ。

後期資本主義国家の行政・政治システムは経済システムから出される数多くの要求をみたすが、とりわけ次の二点において決定的に重要な役割を果たす。すなわち、経済的流通を規制する総合計画を立案すること、および市場にかわって、過剰に蓄積された資本のための利用条件を創出・改善することだ。第一の手法は、財政・金融政策一般、ならびに投資や総需要を制御する個別措置(所得再分配、景気政策の一環としての公共事業、労働市場への間接的介入)などを含む。第二の手法は、国際競争力の強化、超国家的経済ブロックの形成、帝国主義的な国際分業の保全、社会資本の整備などを含む。現在の日本社会では、これらはみな、当然のこととして国家に任され、その手腕に期待される施策であって、それらがじつは資本主義の歴史的一形態に特有の問題であり、その体制下に暮らす諸個人の規範意識ややる気とからむことに気づかれることはほとんどない。

社会の部分システムはすべて固有の「制御メディア」をもっている。政治システムにとっての権力(ないし信頼、影響)、経済システムにとっての貨幣は、その典型的な例だ。ところで、わたしたちの社会は、他のすべての社会と同様に、文化的伝統の再生産を必要としている。文化の基準となる妥当要求は、真理を表現していること、正当な規範に従っていることなどだ。ここでハーバーマスにとって決定的に重要なのは、これらの妥当要求が論議（討論）によって取り上げられ、その主張が当たっているかどうかを関係者が確認できるという性質だ。そのように人間同士の主張と討論によって運営されるべき文化的・価値的領域を、そもそも討論の対象にはなじまない権力や貨幣などの制御メディアによって支配される政治・経済システムと同列に論じることは、ハーバーマスにいわせればとうてい許されないことであり、システム論的傾向の越境行為である。

「意味」は希少資源である

階級社会における根本的矛盾とは、その社会の組織原理からして必然的に、さまざまな個人や集団が互いに両立不可能な要求や意図をぶつけあうために生じる。要求や意図が相互に両立不可能であることが当事者たちに自覚されないまま、その行為システムが強制的に統合されている場合、階級的葛藤（コンフリクト）は潜伏したままだ。しかし、そのためには、欲求充足の機会が不平等に分配されており、欲求を抑圧される人々がいるという事実から目を逸《そ》らせる、イデオロギーによる正当化が不可欠だ。統合を強制的に維持するため、敵対する党派は意図を明言してそれを互いに戦わせることが許されない。抑圧された意図は無意識の動機へと変質し、人々が意識のうえでは従っているつもりの「意図」と真の動機との間にギャップが生じる。このギャップのために、当事者たちのコミュニケーションは組織的に歪曲され、封鎖される。ガダマー解釈学の楽天的な「対話」主義に反対して、ハーバーマスがイデオロギー批判の必要性を訴えた理由が、ここにある。

利害対立をこのようにイデオロギーで偽装し、隠蔽すること以外に、もうひとつ重要な「意味」の歪曲が告発の対象となる。行政・政治システムは、先に見たとおり、経済システムのための総合計画に精を出すのだが、他方でイデオロギーを企画・産出することをもくろむ。けれども、ハーバーマスによれば、文化システムは行政による管理に対しては特有の抵抗力をもっていて、政治的に操作できる余地は狭い。シンボルを商業的に生産したり、行政的に企画したりすると、反事実的な妥当要求がもっている規範的な力が失われてしまう。こうして、既成の体制を行政的に管理された「意味の創出」によってイデオロギー的に正当化する試みは、「自己破壊」に終わるのだ。

しかし、行政の試みを茶化すだけでは、事はすまない。文化的伝統の意義を見直そうとすると、多かれ少なかれ同種の隘路《あいろ》に導かれるのだ。

すでに解釈学がそうだったように、メタ解釈学とも性格づけられるイデオロギー批判（あるいはたんに「批判」）は、反省や論議を介して伝統に接近し、伝統を「獲得」しようとするが、そのさい伝統の自生性（無媒介・無反省に価値あるものと認められていること）を破壊せざるをえない。批判は二重の機能を果たす。すなわち、一方において批判は、伝統に属するもののうち、論議によって裏づけできない（合理的な理由のない）妥当要求を解体するが、他方ではそれによって、伝承から疑問のある意味内容を分離して、伝承を再確認するのだ。獲得された文化的内容は、政治・経済システムの命令とは異質で、かつそれに匹敵《ひってき》する命令的な力を保持する。歴史的蓄積に支えられたこの力を行政管理的に模倣し操作する愚は、いましがた見たとおりだ。しかし、伝統を無反省・没基準的に受け入れるのではなく、あくまで批判的にそれと対峙《たいじ》しながら、しかも人間の恣意《しい》を超えて形づくられてきたその豊かな生命力の祝福を伝え、その社会に生きることの正当化のエネルギーを汲《く》み出すことは、言葉でいうほどやさしいことではない。むしろ、現実の場面ではその努力はディレンマに追い込まれることの方が多く、それを解決するのはただ創造的な飛躍だけであるように思われる。

ハーバーマスはおもしろい言い方をしている。「意味」は希少な、そしてより希少になりつつある資源だ――だから人は「価値」という名の資源を国庫に吸い上げて、その代わりをさせようとする、と。この言葉の背後には、もちろん、近代社会における「意味の喪失」というウェーバーの命題があり、そのうえで、マックス・シェーラー流の実質的価値倫理学でその隙間《すきま》を埋めることもしたくないという、ハーバーマスの態度表明がある。ともあれ、現代社会の最大の苦渋と滑稽《こっけい》さを、この評言はみごとに言い当てている。しかし、だからといってそれを解決したわけではない。

第3章 システムと生活世界

1　ルーマンとの論争（1）——人物と背景

社会システム論とのつきあい方

前章では、後期資本主義の分析にかかわる限りで、ルーマンの社会システム論的見解と、それに対するハーバーマスの応接を紹介した。しかし、ルーマンとの対決はハーバーマスの理論的成長にとって重要な里程標であり、批判的社会理論の基礎と応用にわたる幅広い文脈でもう一度顧みる価値がある。

『後期資本主義における正当化の諸問題』に時間的には先立って、ハーバーマスとルーマンとの論争が起こっている。それはハーバーマスにとって、六〇年代末から七〇年代冒頭の活動史を彩《いろど》る出来事だ。この時期、ハーバーマスの身辺も揺れ動いた。「異議申し立て」をするドイツの学生運動に対し、ハーバーマスは基本的には理解を示したが、六七―六八年の高揚期にドゥチュケら急進派が暴力の行使をちらつかせると、これを「左翼ファシズム」と決めつけて非難した。そのため、ハーバーマスを味方だと信じていた学生たちとの間に溝ができ、大学に失望感をもったかれは、物理学者カール・フリードリッヒ・ヴァイツゼッカー（元大統領リヒャルト・フォン・ヴァイツゼッカーの兄）から要請があった、シュタルンベルクのマックス・プランク研究所の所長への就任を受け入れたといわれる。このような起伏に富んだ状況の中で、ハーバーマスはルーマンのシステム論と取り組み、自分の理論的立場を一歩進める。

発端となったのは、一九六八年フランクフルトで開かれたドイツ社会学会で、ルーマンが「全体社会の分析の形式としての現代システム論」と題する報告を行ったことだ。この報告およびそれに対するハーバーマスの批判をもとに構成された論争の中心的記録は、ハーバーマスとルーマンの共著『社会理論か社会テクノロジーか――システム研究は何をなすか』(一九七一年)として発表された。社会理論をハーバーマスが、社会テクノロジー(社会工学)をルーマンが代表する格好になっているのは、ルーマンの本意ではない。かれはそもそもこのような二者択一の形式を好まないし、自分の社会システム論が「社会テクノロジー」であるとも思っていない。他方、著作の形式を見ると、ルーマン(前述の学会報告)、そしてハーバーマスの基本的立場を各々明らかにする諸論文を前置きとして、ハーバーマスの長大なルーマン批判が展開され、ついでルーマンがそれに応答して結ばれている。ルーマンで始まり、ルーマンで終わるという配列は、ルーマンにとって有利だ。論争の場合、どちらが後に答えるかで、優劣の印象はずいぶん違ってくる。

社会システム論との接触はすでに以前から始まっていた。ハーバーマスの『社会科学の論理』の中には「実証主義論争」に連なる論考が含まれているが、そのひとつに、一九六四年のドイツ社会学会でパーソンズが行った報告に対する、同学会席上でのハーバーマスのコメント「価値自由と客観性」も見出せる。もっとも、このコメントではウェーバーの価値自由論への対応の仕方が主な論点であり、パーソンズの機能主義的なシステム論をハーバーマスが主題的に取り上げているわけではない。また、ハーバーマスは、上述の『社会理論か社会テクノロジーか』で「公衆の脱政治化」という傾向に触れて、自分はこれを以前から、システムの複雑性の増大という観点から把握していたと主張している。しかし、かれがあげている論考「科学化された政治と世論」（『〈イデオロギー〉としての技術と科学』一九六八年に所収、論考の初出は六四年）では、システム論関係の用語はほとんど見られず、ハイデルベルクのシステム研究グループが出した研究報告への言及も、重要な意味をもたされていない。この論文が収められた論集の他の部分を見ても、システムという言葉は使っていてもたんに（政治）機構などの意味にすぎないし、システム論に触れている所では「サイバネティックスの夢」を揶揄《やゆ》しているだけと見える。また、ハーバーマスは、実証主義論争の第一論文「分析的科学論と弁証法」でも、分析的科学論の機能主義的システムの捉《とら》え方を弁証法的全体性と対置して批判してはいるが、さしてつっこんだコメントにはなっていない。要するに、たしかにこの論争の前から、ハーバーマスの理論的即応装置の中に社会システム論に関係したものも備えられていたのではあるが、ルーマンの独特なシステム論に出会わなければ、ハーバーマスがシステムの思想に本格的に刺激されることもなかったと思われる。

論争への召喚状

ルーマンの社会システム論の基本思想については、前章で理解に必要と思われる範囲で触れたが、ハーバーマスとの論争に関連して、後に改めて解説を交えることになるだろう。すでに述べたように、ハーバーマスは、実証主義論争のからみでシステム論に遭遇した面があるのだが、実証主義とか、分析的科学論とか、行動主義的社会学に反対するという点でルーマンとは共同戦線が組めると考えている。それは、この社会理論家の思想が社会サイバネティックス派のそれと違い、現象を単純に図式化する還元主義のやり方をとらないからだ。社会（ゲゼルシャフト）全体を視野に収めたトータルな分析を志向し、そのために社会の発展（進化）や基本構造を理論化しなければならないという戦略において、ルーマンはマルクスや批判理論とも一脈通じる。

もちろん、ほめあげてばかりでは論争にならない。人間の活動を実践（プラクシス）と技術（テクネー）に区別するのは古代ギリシア哲学以来の伝統だが、ハーバーマスの目から見ると、ルーマンの発想は、社会「実践」の問題を統治やその他の「技術」の問題（社会テクノロジー）にすりかえる、現代の典型的なテクノクラートのそれなのだ。ハーバーマスにとって、それがなおさら許しがたいのは、この論争の頃からかれが明確に定式化するようになった「人格間のコミュニケーション」を重視する社会理論に、まっこうから対立する面をもつからだ。システム合理性を高めるというルーマンの観点からすると、重要な問題について関係者が集まって討論する、しかも時間的・空間的な制約のない、またいかなる強制によっても左右されない討論をするなどというハーバーマスの構想は、非現実的なだけでなく、社会問題を解決するのに基本的に役に立たない。逆にハーバーマスからすると、ルーマンの論法は「支配の正当化」につながる新しいイデオロギーの形態だということになる。

好敵手ルーマンとの対決をとおして、ハーバーマスはルーマンの理論から多くを吸収した。じっさい、論争におけるハーバーマス側の中心文書「社会理論か社会テクノロジーか――ニクラス・ルーマンとの対決」（上述の論集に所収）では、最終節で、ルーマンのシステム論的提案が「啓発的」である理由を列挙している。まっさきにあげられているのは、従来の社会学で主流であった、個人の主観的意図を重んずる「行為論」では説明できない社会現象を、システム論は説明できるという点だ。ハーバーマスの人間主義（ヒューマニズム）が、この時点を含めていかなる時期でも基本的には揺らいでいないだけに、超個人的メカニズムにこれほどかれが理解を示したというのは、ルーマンの理論の説得力のたまものだろう。

ハーバーマスとルーマンとの「対決」はこの論争で終わったわけではない。二人ともその後も相手の仕事に注意を払い、折りに触れて言及している。国境を超えて注目を集める思想家に二人が成長する過程とも、それは重なる。

哲学する機能主義者ルーマン

どちらかといえばハーバーマスから仕掛けたこの論争で、ルーマンの論調はときによって拍子抜けするほど穏やかで、まなじりを決した風はない。前述のとおり、ルーマン自身はこの手合わせを「社会理論」対「社会テクノロジー」の二分法では捉えていなかった。かれは社会学の伝統的な二項図式にはおよそ頓着《とんちゃく》せず、「支配秩序の批判か弁護か」の二者択一をも受け流す。この「システム論の光学」をハーバーマスとの論争にも活用することをルーマンは宣言し、かれへの反批判の一文（上述の論集に所収）を「システム論的な論証」と題している。

このような態度は、ルーマンの思想がいまだ生成の途上にあったこととも関連していよう。『社会学的啓蒙』という綱領的な題名をもち、ハーバーマスが擁護する近代の理性啓蒙の立場とその根幹において厳しく切り結ぶルーマンの論集は、ようやく一九七〇年に第一巻が出版された。その二十年後には、『社会学的啓蒙』のシリーズはすでに五巻を数え、初期とはかなり相貌の異なるシステム論が提示されている。

ニクラス・ルーマンは一九二七年生まれ。二九年生まれのハーバーマスとは同じ世代に

ニクラス・ルーマン（1927－1998）
（Teutopress/ullsteinbild/時事通信フォト）

属するといってよい。最初は行政職に就いていたが、六〇年代初頭ハーバード大学での研修休暇で社会システム論の先達タルコット・パーソンズと知り合った。しかし、パーソンズの構造機能主義に満足できず、独自の機能構造主義にたどりつく。すなわち、システム論が従うべき機能的方法とは、社会システムの構造を与えられたものとして固定的に捉え、システムの維持と安定化を至上命令とするのではなく、むしろ環境の変化に対応してシステムも柔軟に変動し、いわばそのつど相対的に安定した構造を作り出す、そのダイナミズムを敏感に察知するものだと信じたのである。

一九六八年にルーマンは、新設のビーレフェルト大学（ドイツのノルトライン＝ヴェストファーレン州）の社会学教授の地位に就く。このさいに、ハーバーマスの論敵である保守派の社会学者ヘルムート・シェルスキーの引きがあったと指摘し、さらに思想的にもルーマンは「実証主義的保守主義」の新しい形態を代表しているとみなす向きもある。前述のとおり、ルーマンは二項図式を基準にしたレッテル貼りを拒否しているが、もちろんそれだけではルーマンが「保守主義」的でないとはいえない。ずっと後のことになるが、ルーマンは『社会の経済』（一九八八年）という著書で、「批判や危機について語りうるのは、他のやり方も可能だという目立たぬ信頼に基づいてこそ」だと指摘している。潜在的な社会秩序に基づいてこそ体制批判も可能だというこのような考え方を保守主義的と呼ぶのなら、たしかにルーマンは筋金入りの保守だ。

　思想家としてのルーマンの本領は、しかし、多面的な教養を身につけ、人の意表を突くところにある。かれのシステム研究は、近年の「オートポイエーシス」（自己創出）論に代表されるような、元来自然科学の領域に属する知見を積極的に採り入れるばかりでなく、古代ギリシアや中世フランスなどさまざまな時代と地域の、哲学・文学・社会史全般にわたる膨大《ぼうだい》な文献からの引証によって裏づけられ、構築されている。ルーマンが人の意表を突くのは、たとえばその二面的な人間論によってだ。つまり、かれは一方では個人の能力を低く見積もるアーノルト・ゲーレンと肩を並べるような制度主義者の顔をもちながら、他方では「何でもやってみればいい」と自己を世界へ向けて投企するサルトルばりの実存主義者だということになっている。

　ルーマンはまた、哲学的思索にも非常に長《た》けている。「意味」を基本要素とする独特なシステム論を練り上げるについては、フッサールの超越論的現象学から多くを学んでいる。意味の階層と陰影を「否定」という一見きわめて抽象的な概念に頼って、動的かつ包括的に把握する点は、ヘーゲルの弁証法を連想させる。このような哲学的素養がルーマンのシステム論を底の浅い還元主義から救っている反面、システム論や機能主義に通常期待される種類の明快さを欠くことにもつながっている。後で見ることになるが、「複雑性の縮減による（複雑性の）増大」というルーマンの主張は、テーマ自体がもともと一筋縄では行かないためとはいえ、普通の論理からいうとかなり苦しい。

2 ルーマンとの論争（2）――「意味」の意味

複雑な社会における選択

ハーバーマスとルーマンとの論争の具体的な争点は、キーワードで「コミュニケーションか意味か」と表現できる。この時期、ハーバーマスのコミュニケーション論的転回はより明確な形を取り始めており、論争のドキュメント『社会理論か社会テクノロジーか』にも「コミュニケーション能力の理論への予備的所見」と題する論文が収録されている。他方、ルーマンは、行為を基本単位とするパーソンズ流のシステム論から離れて、自前のシステム論を形成するさいに、意味というキーワードを用いる。そして、ハーバーマスが重視する言語的コミュニケーションや間主観性は、それに比べると派生的現象にすぎないとみなす。二人の理論家は、政治的・イデオロギー的に衝突する以前に、このようなより原理的な次元で食い違いを見せているので、まずこの点を調べてみよう。

ルーマンは「意味」を次のように考えている。社会システムはたとえば生物システムとは異なり、「意味によって同定されるシステム」である。そして意味とは、「複雑性が大であるという条件下での選択的行動の一定の戦略」と定義される。人間の発展とともに社会の「複雑性」は増大する。いいかえると、その社会で可能な経験や行為の数や種類が増大する。

ルーマンによる定義は抽象的なので、次のような具体例に翻訳してみよう。生きていくのに必要な最低限の食料を自然から獲得するしかない社会と比べると、生産力や技術の進歩した社会は、食に関してより多くの選択肢を有する。ぜいたくな食生活を享受することもできれば、逆に何らかの理由で節食（ダイエット）することもできる。摂食障害（拒食症や過食症）は、一定の複雑性に達した社会でのみ、「意味」として浮上してくる。飢餓《きが》線上で苦しんでいる人にとって、摂食障害という選択肢は存在しない。

食の例をもう少し続けてみよう。動物の行動は基本的に本能に左右されている。食欲が起これば食物を探し、見つかれば食べる。食欲がなければ、食物が目の前にあっても食べない。人間は何らかの理由で食欲を制することもできるし、逆に食欲がないのにあえて食べることもできる。

ここで、意味を構成するのに不可欠な「否定」という概念を説明できるだろう。ルーマンのいう否定は文法的な意味ではなく、古典的な論理でいうそれとも違い、おおよそ次のようなことを意味している。多大の複雑性をもつ状況の中で、わたしたちは一定の行動をとる。ある可能性を実現するということは、他の可能性をとりあえずは捨てる（否定する）ことを意味する。このようにして、わたしたちは世界の複雑性に対処し、それを自分の身の丈《たけ》に合った形に切り詰める（すなわち、複雑性は縮減される）。しかし、選択されなかった可能性は消え去ってしまったわけではない。ある可能性を選択したとき、他の可能性は背後に退きはするものの、潜在化した形で依然としてわたしにとって存在している。だから、複雑性は維持されてもいる。わたしが食事制限を選んだとしても、それはわたしの唯一の可能性になってしまったわけではない。一定の体重になれば、また好きなものを食べようとわたしは思っている。「否定」はこのように潜在化の契機をもっていて、意味の多重なひだとして、人間の生活と文化を形造る。

言語以前の否定?

ルーマンは「否定」を、文法的な意味での打ち消しや対人的な拒否よりも根底的な現象であると主張しており、この発想はヘーゲル弁証法にも見られるのだが、ヘーゲル哲学にも精通しているはずのハーバーマスによっては、ほとんど理解された形跡がない。ハーバーマスにいわせれば、言語および行為能力のある二人以上の主体がある表現に同一の意味を結びつけるとき、意味の同一性が成立しているのであり、これこそ意味のいちばんの根本だ。他方でハーバーマスは、意味の機能とは「他の可能性」へのかかわりを示し、制御することだというルーマンの規定に、いわば我田引水の反応を見せる。そのような意味をしっかりと「保ち留める」ためには、わたしたちは「根拠（理由）」をあげられるコミュニケーション的行為」に頼る必要があるのだと論じているのだ。およそ人間的なものすべてを、言語と対人的コミュニケーションの埒内《らちない》に囲い込むのがハーバーマスの戦略だ。

それに対してルーマンは、反批判の中で、否定の前言語性を次のように説明している。意味はハーバーマスのいうとおり間主観的に構成されているが、それは必ずしも言語的に構成されているということではない。意味には、言語的過程には解消できない知覚過程（他人の知覚を知覚するということを含め）が組み込まれている。知覚は、言語作用や思考作用と比べて高速で推移するなどの固有性質をもっている。このような前言語的領域に根ざした「否定」や「潜在化」の能力に基づいて、われわれは意味的な経験や行為をすることができるし、またすべての記号形成もその能力を前提している。「パン」や「木」という言葉を使うとき、ひとはそれをパンそのもの、木そのものから区別できなければならない。「パン」という言葉は食べることができず、「木」という言葉には登ることができないということを、言語以前に知っていなければならない（食べられ「ない」、登れ「ない」、という否定の認識)。

言語的分節化を受ける以前のこのような区別にまでさかのぼって「否定」という用語を使うのはおかしい、という反論もあるだろう。ルーマン自身、もっと後になると、この区別をずばり「区別」と呼ぶようになり、言語以前をも以後をも一貫する「差異の論理」について語るようになるだろう。あるいは、観察という言葉を人間主体に限定せずに使うようになる。胃に食物が入ってきたとき消化液が分泌《ぶんぴつ》される。これは胃が「観察」し、消化すべきものをそれ以外のものから「区別」したのだと、ルーマンは考える。

ハーバーマスはある意味で常識人で、実践哲学のテーマに引きつけられているので、このような言語以前の暗がりに立ち入ることは拒否する。言語以前のもので価値あるものは、当然言語に変換できるだろうし、言語に写せないものがあるとすれば、それはもともと人間にふさわしくない性質のもの、人間の社会的「進化」の過程でしかるべく忘却されていくものだ。このように、ハーバーマスの言語観・人間観は明瞭な目的論的傾向に貫かれている。

進化の憂《うれ》い

しかし、ルーマンにしても、社会における複雑性の増大という歴史の方向性を前提している。この方向性を認めるかどうかは、わたしたちの重大な分岐点となるのだが、糸口を探るために、ひとまず前言語的区別というテーマにもどってみる。「パン」という言葉とパンそのものを混同してはならない、それが言語使用の基本条件だ、とルーマンはいった。この区別、ルーマンのこの時期の用語では「否定」は、進化による識別能力の獲得・精緻《せいち》化の所産だ。動物にも区別ないし否定はできる。幼い獣が「けんか」をするのに、死には至らない。これは本気では「ない」というシグナルを（もちろん言語によってではなく）互いに出しているからだ。人間はより精緻な区別ないし否定を言語によって操《あやつ》る。より多くの意味のひだ、より多くの「否」を内包することにより、人間のコミュニケーションはより高度になり、行為はより多くの選択性をもつと考えられている。

しかし、このような複雑化の方向性は事実あるとしても、それは部分的には逆戻りを含むかもしれないし、またこの方向性が人間にとって望ましいかどうかもわからない、とわたしたちは考えないだろうか。ことばに「言霊《ことだま》」などの呪術的機能が備わっているという信念の持ち主であれば、言葉とその指示対象とをルーマンのように区別することを認めないだろう。また、そこまで迷信（？）深くないわたしたちでも、「えんぎでもない」とはいう。仮定としてでも、ある良くない事態を口に出すと、それが実現してしまうような気がするからだ。これは社会の不均衡な文化的発展（社会全体の進化についていけない一部の人が取り残されてしまう）ということではない。言葉と対象との区別、あるいは言語体系の内部での分化が進んだとしても、区別されたものがもう一度同一化してしまう、あるいは癒着《ゆちやく》してしまうという現象は、多少ともノーマルに起こるのではないだろうか。冗談とは、区別された次元を意図的に一時的に混同することだろう。ウィットは、前に見たように（第2章3）、言語以前のシンボルへの退行を唆《そそのか》すと同時に、その退行の誤りを証明するという両義的行為であり、一定の言語的区別の成立と同時にその抹消への誘惑を前提している。

いま暗示した「区別」（あるいはその抹消）へのこだわりは、言語体系の内部だけではなく、他の社会システムに関連しても生じるのではなかろうか。ルーマンは「否定」の分化・精緻化に基づくよりエレガントな選択を是認しているようだが、複雑性の増大という客観的な傾向を自覚しつつ、あえて否定のより単純な段階に固執する、泥臭い選択もあると思われる。たとえば、政治家としてどんな場合にも嘘をつかないというのは、選択肢の範囲を狭め、非常に重要な問題に関して、自分にとっても選挙民にとっても不都合な帰結を招く恐れがある。政治システムは独自のコードや評価法をもっており、道徳的観点で、あるいはその観点でのみ政治を判断することは不適切だ。にもかかわらず、嘘をつかない政治にこだわるという、現実にも困難な方針を（愚直に、あるいはそれなりの計算に基づいて）採用する人もあっておかしくない。

わたしたちがいま述べた疑問は、複雑性の増大というルーマンの機能主義的進化論に向けられており、その点ではハーバーマスのルーマン批判とも重なるだろう。ただし、ハーバーマス自身も、わたしたち自身も、自問してみなければならない。いったい人間社会の進化は単線的で逆戻りしないのだろうか。そして、わたしたちは進化の方向性を受け入れて、幸せになれるのだろうか。キリスト教やイスラム教の原理主義のように、文化的多様性を否定し、狭い価値観に固執することは、「反動」的といいきれるのだろうか。これは文明の根本的な選択に関する問いなのだ。

3　ルーマンとの論争（3）——システム合理性と理性啓蒙

複雑性とは何か

システムの操作性・制御性を増すためにスムースに、スマートに「経験処理」（情報処理という言葉があるように）しよう、協同か葛藤《かっとう》かなどという従来の対立図式には囚われまいというルーマンの呼びかけは、そうでなくともハーバーマスにとって不信の源なのだが、ルーマンが民主的な討議による意思決定プロセスを相対化するような口調で語るに及んで、かれは厳しく異論を唱え始める。民衆の「脱政治化」の傾向を歓迎する支配的政治秩序を後押しする、新たなイデオロギーにのしあがるのではないか——このような警戒感をハーバーマスはルーマンのシステム論に対して表明する。

複雑性の高い政治システムでは、「拘束力のある諸決定を質問なしに、いやほとんど動機もなしに受け入れる」必要があると、ルーマンは述べている。これに対して、権力の作動を大衆が黙って受け入れれば、話は早いかもしれないが、それでは民主主義とはいえないではないか、という反発が予想されるし、ハーバーマスも基本的に同じところから出発していると思われる。しかし、社会サイバネティックス、決定理論、学習理論、その他の社会心理学的知見で武装した相手に対して、ハーバーマスはむしろ、理論的根幹に当たるところを直接に攻撃する戦術に出た。システムの存立を語らねばシステム論の存在理由はないが、ルーマンのシステム論は、サイバネティックスよりも洗練されている分だけ、皮肉にも「存立」を語りえないというのである。

生物システムならば存立の限界（つまり生きているかどうか）は明瞭だ。生命を維持するための条件は数量的に表現できることが多い。それに対して、ルーマンのいう「意味システム」は、したがってまた社会システムも、これを越えたらシステムが立ち行かないというギリギリの線を明示することができない。環境が提示する複雑性をどの程度「縮減」できれば、システム内の複雑性と選択性を十分に高め、システムのまとまりを保持できるのか。加えて、意味システムの場合、環境を定義するのはシステム自身であるので、いったい何を複雑性と受け取るかも流動的である。騒音の大きさは数量的に表せるし、どの程度の騒音をどれだけの時間聞き続けたら難聴になるかということも、数字で表現できるかもしれない。それは生物システムとしての人間にかかわる、多少とも客観的な数字だ。ところが、日常生活の中で何を騒音と感じるかには個人差がある。静寂の中でしか集中できない人もいれば、大音量の音楽をかけて勉強する人もいる。後者にとって居心地のよい環境に前者をおけば、発狂しかねない。つまり、その人は「システム」としての存立を脅かされる。

皮肉なことに、意味システムという概念を開拓し、それまでのサイバネティックスのような機械的ないし生物的システムの枠を超えたからこそ、ルーマンのシステム論はディレンマに悩むとハーバーマスは見る。意味システムでは存立の問題をぼかさざるをえないが、システム論の枠内に留まるかぎり、それは許されない。ルーマン理論のキーワードである「複雑性の縮減」も、複雑性の概念自体が(前の段落で例示したとおり)多義的であるため、学問的に厳密な使用に耐えない。

人間学の伝統と反啓蒙

ハーバーマスは以上のような批判から、一方では、意味システムの存立を語るための前提として、「世界像や文化的伝承の成立および構造的変化」を説明する理論や、日常言語によるコミュニケーションの一般理論の必要を説き、他方では、ルーマンのシステム研究が結局は既成秩序の存立維持という「命令」に従っていると難ずる。ハーバーマスとルーマンの論争が行われていた時代背景の一端として興味深いのだが、この時期、革命を志向するドイツの反体制派の中にルーマンの理論に注目するものたち（ハーバーマスは「道具主義的革命家」と呼んでいる）がいたらしい。機能主義を逆手に取って、社会の危機やコンフリクトをあおりたて、革命を醸成《じょうせい》するという「反対制御」のシナリオをもくろんでいたのだ。

ルーマン理論がこのように原理的には体制派のみならず、反体制派によっても利用される余地をもっているにもかかわらず、この理論の体質として体制的であることを、ハーバーマスはドイツの保守主義的な人間学の伝統と結びつけている。ハーバーマスの目から見ると、複雑性（およびその縮減）についてのルーマンの所説は、シェーラーやゲーレンを代表者とする「哲学的人間学」が人間固有の「世界開放性」と呼んだものに近い。これは環境世界理論という構想の中に含まれる概念で、動物はその環境世界に閉鎖的に適合しているのに対し、人間は環境世界から独自の仕方で距離を取り、もっと広大な「世界」へと開かれているとする。しかし、世界開放的な人間は、動物には得られないその自由の代償を払わねばならない。それは慢性的に「決断への圧力」にさらされていることだ。個人がいちいちエネルギーを使って判断し、決断するというこの負担を逃れるためには、その圧力を「制度」という大きなものに委託し、行為を「制度化」せざるをえないと考えたのは、ゲーレンだった。ルーマンの「複雑性の縮減」の概念が、ゲーレンの中心的コンセプトである「負担軽減」と基本的に一致することを指摘したのは、ほかでもない、ハーバーマスにいわせればこれもまた保守主義に属するシェルスキーだった。

行為の可能性があまりに多く存在すると、人間は目移りして決定が不可能になったり遅滞したりしてしまうので、行為システム全体の安定性を維持するには、かえってある種の選択肢は見えないほうがよい。そこから、「構造決定自身を洞察と変異から保護する」ようにというルーマンの勧めが生じてくる。これはハーバーマスには、人間の行為可能性の拡大をめざした近代の理性啓蒙にまっこうから対立する、反啓蒙の立場の表明であり、「ドグマ化」としか映らない。物事を内省し、明らかにすることを使命とする科学システムにおいてさえ、構造決定にかかわるある種のことは暴《あば》きたててはならないとすれば、科学をやりたいという動機はどこからも生じえないではないか。ハーバーマスはこういって、物事を、そして主体であるわたしたち自身を完全な透明さにもたらすという、啓蒙的な認識理想を擁護する。

討議は「まったくの反制度」

知の透明さをめざす主体（主観）が、近代の意識哲学におけるように世界や他者を向こうに回し、自己完結してしまうと、それは独話（モノローグ）的としてハーバーマスに退けられる。かれは、人間が本質的にコミュニケーションに依存する間主観的な存在であることを強調する。

コミュニケーションを大切にするのはルーマンも同様で、その傾向はこの論争の後でさらに明瞭になるのだが、コミュニケーションの意味がハーバーマスの場合とは相当に違う。ルーマンにいわせれば、社会システムは基本的にコミュニケーションから成り立っているが、ただしそれはふつうの言語的なものとは限らない。サブシステムのそれぞれに固有のコミュニケーション・メディアがあり、たとえば政治システムは権力によって動き、経済システムは貨幣によって動く。サブシステムごとに機能の仕方は異なっていても、結果的に等しい目標を達成できれば、どれかひとつの機能に固執する必要はない。この「等目的性」の原則に従うならば、政治・社会的秩序を民主主義的な意思決定過程と同じくらい、あるいはさらに手際よく創出し、維持することのできるシステムがあれば、民主主義の公理にこだわるのは賢明でないことになる。しかし、「意味」とは間主観的にのみ確定できるものであり、間主観性は権力や貨幣などとは別の次元に属するという信念をもつハーバーマスにとって、ルーマンの機能主義的方程式は問題の危険なすりかえでしかない。

民主主義的な討論といっても、真の対話的な精神には無縁な、戦略的な言葉の応酬《おうしゅう》は、たんに論争と呼ばれる。それに対して、日常的な行為やコミュニケーションの流れがいったん中断され、それまでさして意識もせずに口にされていたことが、命題として公式に取り上げられ、その妥当性を議論されることがある。ハーバーマスはこれを「討議《ディスクルス》」と呼んで、人間の言語的コミュニケーションの中でも特別な位置を与え、いわばコミュニケーションの究極理念を体現するあり方とみなす。

討議においては、日常世界で支配している権力関係や時間的・空間的制約はすべてカッコに入れられ、相互に意思を通じ合わせ、共同で真理を求めることが唯一の動機となり、各発言の妥当要求が平等で純粋な吟味の対象となる。時間的・空間的制約を超えるとはどういうことか。討議においては、「かつて生きていた、あるいはこれから生きるであろうすべての理性的主体が、潜在的な同時代人としてコミュニケーションにアクセスできる。また、アクセスできるものはすべて理性的主体である」。討議はしたがって「反事実的」、つまり実現しがたいが、実現していないからといってその価値を減じない性質をもっている。そこでハーバーマスは、討議について、「まったくの反制度」であり、システムとは無縁のものという申し立てをする。というのも、システムとは機能の命令に従うものであるが、討議は本質的にそのような強制を停止するという条件下でのみ「機能」するからだ。

ルーマンの反論——討論だってシステムだ

ハーバーマスのきわめて理念的色彩の強い討議概念——それはルーマンとの論争以降、「討議倫理学」の構想などでさらに形を整えていく——を、ルーマンはかれへの反批判の中で、特別に一節を割いて検討し、システム論的に掘り崩そうと試みている。同じくコミュニケーションを中心概念に据《す》えていても、両者の決定的な相違が明らかになる。

対話的合理性へのハーバーマスの志向は、ルーマンにいわせると、対話(コミュニケーション)のもつ事実的制約を軽視している点、および合理性の概念を誤解している点で問題がある。

第一に対話や討議の事実的制約について。ハーバーマスがあらゆる時間的・空間的制約を超えた「反事実的」次元を追求しているのであるかぎり、ルーマンの批判はお門違いであるように見える。現実の対話や討議が真理の共同での追究にほとんどなっていないのは百も承知の上で、ハーバーマスは理念の輝きと可能性に人間の尊厳を賭けようとしているのだ。ところが、事実と理念という次元の区別にはルーマンは関心を示さない。かれにいわせれば、討論もまた広い意味でのシステムであり、このシステムは高度に複雑な社会では問題の解決に(ルーマンの用語では「複雑性の縮減」に)役立たないのだ。

まず、討論もシステムだという点だが、ルーマンの理解では、たとえば信号待ちをしている一群の人々、あるいは同じ電車に乗り合わせた人々も、きわめて単純で一過的なものではあれ、一種の社会システムを形成するのだ。もちろん、システム概念をそのように広くとることにどのようなメリットがあるのかは問われるべきだろうし、ルーマンのシステム論が華やかなその展開のかげで根本的なカテゴリーの多義性をかかえこんでいるのも事実だ。しかし他方で、ハーバーマスが討議は「まったくの反制度」、非システムだと主張して力んでいるのは、多分に当時の反体制運動の存在に刺激された発言だろう。後には、かれ自身システムにそれなりの位置価を認め、生活世界とのいわば棲《す》み分けを提案するにいたる。ただし、システムへの過敏な反発が薄らいでも、「対話はシステムとは異質な人格間のやりとりだ」というハーバーマスの基本見解は変わらない。

討論をシステムだとみなすことがかりに不適当であるにせよ、また討論を通して既成の制度（ハーバーマスがいうところのシステム）を変革するうねりが生じるにせよ、討論というものが一定のきまりに従った催しであることにはかわりない。たしかに、社会の固定的なきまりを変えられるかもしれないが、討論自身はとりあえず固定したきまりに従っていかないと混乱を生み出す。つまり討論は、一定の議題について、参加者が交互に発言すべく、一定の形で開始し、終了するものだ。議題から離れたり、他人の発言をさえぎったりしてはならないという規範が通用しており、それに逆らうと制裁が科せられる。これは議論を整然と進めていくための規則であり、ハーバーマスが警戒している社会的支配や権力的・暴力的強制とは性格が違うのはもちろんであるが、この規則の解釈や適用をめぐって一部の人が力をもつことになるのは避けがたい。また、複数の人が同時に発言することはできないので、発言の機会を獲得する競争が生じ、議題や先行する発言にうまくマッチした発言をすばやくする者たちが、流れをリードすることになる。こうして、討論はその運営上、本質的にある種の権力や支配、つまり完全に対等ではない関係を参加者の中に生み出すことになり、これはハーバーマスの夢見るような理想的な対話でも同じだと、ルーマンはいう。

ルーマンはさらに付け加えて、討論が（迅速な決定が待たれているときでも）多大の時間を必要とすること、また時系列的に進行しなければならないので、討論が長くなれば最初の方の発言は忘れられてしまって不利をこうむることを指摘し、これら「絶対的な限界」を免れぬ討論というやり方は、高度に複雑な社会における問題解決には適さないと結論づけるのだ。

個人の合理性、社会の合理性

ルーマンは、以上のように討論の事実的・本質的制約を列挙して、ハーバーマスを攻撃するのと並んで、第二の批判点として、ハーバーマスの社会理論の基盤となる「合理性」の捉え方に疑問を呈している。

かりに理想的な討議が成立し、参加者がこぞって従うべき真理が明らかになったとしよう。いったい、その結論はどうやって実社会に持ち帰り、どうやってそこでの実現に結びつければいいのか。これがルーマンの疑問だ。それにだいいち、実社会の中でどのような経過で理想的な討議が成立しうるのかもやはり大きな疑問で、入念な説明を要求する。ハーバーマスは討議という純粋な共同の真理追究の場を思い描くのに急で、その場と、打算と利害の渦巻く現実の相互行為の場との関係や、ふたつの場の相互移行の仕組みについては、少なくともこの時点では組織的な考察を避けている。かれはただ、討議が行動強制の下でたまたま開始されることもあれば、討議を開始するかいなかの決定がまた別の討議に委《ゆだ》ねられることもあると示唆するだけだ。

しかし、前の場合には、理想的な討議の開始はいわば奇跡的な出来事として待ち望まれるのみだし、後の場合には、開始決定を論ずる討議自体をどうやって開始するかが問題になり、それをさらに別の討議で論ずるというぐあいに、悪無限が生ずる恐れが強い。それ自体は完璧に合理的と想定されている討議は、いかにして非合理性に満ちた社会的現実の中から発生し、いかにしてその非合理性を修正できるのだろうか。

ルーマンの見るところでは、ハーバーマスの合理性概念の欠陥は、社会集団における合理性(ルーマンの用語ではシステムの複雑性)の特殊性を洞察しておらず、個人もしくは少人数単位での対話的合理性の素晴らしさを、そのまま複雑なシステムに投影して考えているところにある。かりに、わたしたち全員が従うべき規範が討議においてこのうえなく理性的に決定され、さらに(先ほどは欠けていた条件だが)社会生活を営むわれわれ一人一人がこのうえなく理性的だとしよう。そのときはたしてこのうえなく理性的な社会秩序がこの世に実現するだろうか。否、とルーマンはいう。理性的な者たちが集まって成立した合意（コンセンサス）がそのまま理性的な合意だとは限らない――それが複雑性の問題がもつ怖《こわ》さなのだ。

そもそも間主観性の規定の仕方についても、ルーマンはハーバーマスに同意しない。フッサールの現象学を意味システムの理論に応用したルーマンは、わたしたちの共同の経験や行為を愛や抗争まで含む広いスペクトルで考えようとする。そのかれにとって、戦略的行動をコミュニケーション的行為から切り離すハーバーマスの理論は、基本的に誤っていると映る。相手の行為を予期しつつ、あるいは相手がこちらの行為をどう予期しているかを予期しつつ（予期の予期）、自分の行為を方向づけることは、戦略的と呼ばれるタイプの行動でも同じだからだ。ハーバーマスがとりわけ討議という形式と、そこにおける各自の妥当要求の「根拠づけ」（理由を述べること）に優位を与えるのも、ルーマンには偏狭で奇異に見える。根拠づけへの関心も、なるほどわたしたちの間主観的ふるまいの不可欠な一部をなすかもしれないが、相手の根拠づけが間違っていることがはっきりしたとしても、人格的関係が直ちに終わりを告げるわけではない。ルーマンのシステム合理性の思想からすると、自分の行為を根拠づけることも、ましてそれを討議というコミュニケーション形式の中に組み込むことも、数ある選択のうちのひとつにすぎない。しかもその選択は、諸要因が構造的に複雑にからみあっていて、個人による洞察や裁断を困難にする社会では、多くの場合は最良とはいえないというのだ。

4　異議申し立ての季節

資本主義システムと「新左翼」

ルーマンとの論争の中で、ときおりハーバーマスがかなり厳しい言葉をシステム論に投げかけており、またその後も、システムによる「生活世界の植民地化」という概念に象徴されるような、システムに対決し告発する姿勢をハーバーマスが取っている背景には、いうまでもなく、近代の資本主義システムに対する広範な異議申し立ての潮流がある。本節では、まず六〇年代末から七〇年代初頭にかけてのドイツの政治的雰囲気を振り返り、ついで一貫した「システム」の断罪者であるフランスのジャン゠フランソワ・リオタールの所論を引き合いに出して、ハーバーマスのシステム観をより広い歴史的文脈から理解するよう努めたい。

本章の冒頭にも触れたように、六〇年代後半の学生たちの「異議申し立て」運動は、ドイツの体制批判派の知識人たちに複雑な対応を強いた。晩年のアドルノは、社会研究所における教授活動を学生に妨害される羽目に陥り、その打撃もあってか、一九六九年八月に静養先で没した。ハーバーマスは、年長のアドルノよりも学生たちの「反乱」ぶりに理解を示したが、急進派が「革命」を呼号するにつれて、かれらから一線を画し始めた。現状は「革命前夜」からは程遠く、暴力による体制転覆《てんぷく》よりもむしろ地道な「啓蒙」の浸透が先決だ——これがハーバーマスの見解だった。

学生たちとの目に見える対立は、やがて訪れた。一九六七年六月二日、ベルリンの反イラン国王のデモで、オーネゾルクという学生が警官に射殺された。一週間後、オーネゾルクの故郷ハノーヴァーで葬儀が営まれ、引き続き「抵抗の条件と組織」をテーマとする学生集会が開かれた。ハーバーマスも登壇して、急進派の指導者ルディ・ドゥチュケの行動主義的な戦術は、体制の側の暴力を挑発する危険な「左翼ファシズム」だと、語気鋭く批判した。このようにして、学生とハーバーマスの関係はぎくしゃくし、ハーバーマスが大学を去る誘因となったといわれている。この軋轢《あつれき》は、一九七七年の「ドイツの秋」、つまりドイツ赤軍のテロ続発を契機とする反左翼キャンペーンの中で、左翼知識人たち全体が守勢に立たされた頃まで続く。

学生との対立が始まってから六年後の一九七三年、硬派で鳴るドイツの週刊誌『シュピーゲル』はこの年の五月二十八日号で、国内面でソ連共産党書記長ブレジネフがボンを訪問し、連邦首相ブラントと会談したありさま、また国際面ではニクソン大統領がウォーターゲート事件で反撃に出ていることなどを報じたあと、文化面の「哲学」のコラムでハーバーマスの近況を伝えている。ハーバーマスが学生たちと討論している写真を付したこの記事は、「新左翼の理論家」ハーバーマスがマルクス主義から距離を取っていると強調している。『シュピーゲル』に材料を与えているのは、先に述べた『後期資本主義における正当化の諸問題』、そしてちょうど五月に出たばかりの『認識と関心』の新版（ズーアカンプ社学術文庫の第一巻となっている）の二著作だった。

『シュピーゲル』はとくに、『認識と関心』の初版（六八年）以来のハーバーマスの社会運動に対しての論調に変化があったと論じている。この記事によれば、いわゆるパリ五月革命の年に出た初版では、哲学者は革命的社会理論家として、さまざまな文化・社会的現象のラディカルな批判を引き受けるとされていた。ところが、五年後の文庫版（本文は初版と変わらない）に付加された後書きからは、いまやシュタルンベルクのマックス・プランク研究所の所長となったハーバーマスの次の一節が引用される。「（社会哲学の）批判的な仕事は、コミュニケーション的行為の理論……［引用における省略］という構築的な仕事の背後に退くべきである」。この引用を読めば、ハーバーマスが反体制的な批判者としてコミットすることをしばらく休んで、理論構築の仕事に精を出すと宣言しているかのような印象を受ける。

しかしじっさいには、これはジャーナリストが思想をいかに短絡的に、雑に紹介しているかの好例でしかない。晩年のハイデガーに自らのナチ疑惑について語らせた重要なインタビューなどで知られ、知識人の間でかなりの信頼を得ている『シュピーゲル』誌だが、先の引用は（細かい誤りは別にしても）まったくミスリーディングだといわねばならない。『認識と関心』の主題のひとつが、実証主義論争の後を受けて、分析哲学において支配的な「科学主義」を批判することであったように、文庫版の後書きでもハーバーマスは同じ文脈の中で語っている。この間、英米やドイツで科学主義への批判や科学主義内部の自己批判が「いずれにせよ」盛んになっているので、自分としては科学主義への追撃に参加して「批判的な仕事」を継続するよりは、科学主義への代替案としてより包括的な合理性を唱道する「コミュニケーション的行為の理論」を完成するという「構築的な仕事」を、当面は優先したい——ハーバーマスはじっさいにはこう述べているだけなのだ。問題の一節は、政治的な方向転換とはまったく無関係だ。ともあれ、一般向けの週刊誌においてさえ、ハーバーマスの動向がこれほどの、とくに政治的な注目を浴びていたことを知る手がかりにはなるだろう。

「システムをやっつけろ」の叫び

一九七三年の『シュピーゲル』を続けてめくっていると、資本主義システムの打倒を要求して先鋭化の傾向をたどる、当時のドイツの青年層の姿が浮かび上がってくる。同年七月二日号には、ストライキ戦略を練る青年社民党（社会民主党左派）の理論的指導者がインタビューで登場し、ついで「より小さな悪」としての資本主義との妥協を訴える女性の社会学教授（「かつてのアドルノの教え子」）の講演の抜粋《ばっすい》が掲載されている。

青年社民党（略称JUSO）は、一時期、ハーバーマスが政治的姿勢の点でもっとも共感する組織ではないかと推測されていた。この青年組織を代表するヨハーノ・シュトラッサーは、階級闘争の激化を狙《ねら》っているのか、社会民主党を国民政党から以前の階級政党に戻そうとしているのかという『シュピーゲル』の挑発的質問に容易には乗らず、議会制民主主義システムの可能性も擁護するが、資本主義システムの改革可能性は否定している。それに対し、かつてフランクフルト社会研究所でハーバーマスの同僚だったギーセン大学社会学教授のヘルゲ・プロスは、資本主義が「民主主義の中の異物」であり、多くの欠陥をもち、とくに「反道徳的」であることを認めたうえで、貧困からの解放をはじめとする資本主義の功績にも目を向けることを主張している。反資本主義の学生デモの写真が記事の中にかなり大きくあしらわれている。学生たちが掲げる横断幕には、「悪の根源をたたけ、企業利益を粉砕せよ」と書かれている。

この二つの記事のそこここに、「システム打倒」の文句が躍っている。シュトラッサーへのインタビューで『シュピーゲル』の記者は、「システムを変革したり、打倒したり」しようとする青年社民党の志向は、せんじつめれば結局は議会制民主主義と衝突するのではないかと、疑問を突きつけている。プロスは、「いわゆるシステム打倒を志向する人々の側に正当さと真理はあるのだろうか」と問いかけている。

さて、同年七月十六日に掲載された別のインタビューでも、『シュピーゲル』は「システム打倒」というはやり言葉を出している。相手はフランクフルトの社会研究所のかつてのボスで、いまは引退したホルクハイマーである。ホルクハイマーは七月上旬にニュルンベルクで客死したばかりだったが、生前にインタビューを受け、公表の承諾を与えていたのだ。全体にホルクハイマーの精彩のなさが目立つ――あなた自身にも、あなたの哲学にも「子どもらしいところ」があると言われて、怒る様子もない――が、それは措《お》いておこう。記者は、今日期待できる「善」を何と呼んだらよいのか、青年たちは「階級なき社会」とか「システム打倒」とか多くの言い方をするが、それが今日の青年運動とあなたとの分岐点か、と質問する。ホルクハイマーの答えは漠然として、インパクトに欠ける。本当の討論さえできれば、自分と青年たちとの間に溝はないと信じたがっていることは、伝わってくる。「システム」という言葉への反応はない。

この批判理論の代表者の心意気がかろうじて窺《うかが》えるとすれば、先に触れた独ソ首脳会談の光景に対するかれの憤慨にであろうか。つまり、外交上の儀礼としてであれ、非民主的なソ連の政治家との「過度に友好的な」雰囲気が演出されるのは、「西欧の民主的で人間的な価値観」に反するとホルクハイマーは主張するのだ。見方によれば、これは国際政治システムに対する、政治道徳の名においての反システムの訴えといえなくもない。しかし、道徳についてのホルクハイマーの見解は両義的で、そこをさっそく記者に突かれると、かれは矛盾をとりつくろおうともしない。

「大きな物語」にハーバーマスはこだわっている

自分の思想の両義性を隠そうとしない点ではリオタールも同様だが、ただかれには、論理への反逆を積極的に自分の哲学の目玉に据えるという特技がある。

『ポストモダンの条件』(一九七九年)などによってフランスのポストモダン思想の旗手に躍り出たリオタールは、「大きな物語」による正当化を事としてきた近代的知が終わったことを告げた。同書で近代以後の知のあり方を提言するにあたって、かれはハーバーマスとルーマンとの論争をかなりの程度意識している。

現代社会の機能主義的傾向に対して、マルクス主義の活動家としての経歴のあるリオタールは、一面でははっきりと批判的だ。社会の制御機能や再生産機能は行政官の手を離れて、一種の自動装置に委ねられている。その結果、多くの情報を記憶する決定者(企業経営者、高級官僚、組合・政治団体・宗教団体の指導者など)が新たな支配階級にのしあがる。ただし、そのなかで社会的関係が崩壊し、個人の不規則なブラウン運動が生じるとみなすペシミズムにはリオタールは与《くみ》せず、そこにむしろ好機を見る。人間的「自己」はとるにたらぬものではあるが、まったく無力に孤立しているのではない。自己はコミュニケーション回路の結び目の位置にあり、さまざまなメッセージにかかわることができる。

ルートヴィッヒ・ウィトゲンシュタインは、言葉の本質を、特定の規則に従った対人行為、すなわち「言語ゲーム」に見た。しかし、ゲームの規則は参加者が変えることができる。言語ゲームの参加者は相手の予想していない手を打つ（新しい言表を行う）ことが大切だ。たしかに、制度は一定の言表を特権化することにより、言説の可能性を限定する。しかし、本来は制度そのものがゲームの対象となりうるのであり、安定化は一時的な結果にすぎない。だから、ひとはその気になれば、閣僚会議において物語を語ること、大学で言語の実験をする（詩作する）こと、兵営において異議申し立てをすることもできる。リオタールはそれをシステムの制御ないし再調整とみなし、またエントロピーと戦うこととともイメージしている。

同一性や安定性を突き崩す「逆理」（パラロジー）を追求するリオタールは、ハーバーマスにもルーマンにも満足していない。まず、ハーバーマスは、近代とともに終わりを告げた正当化の「大きな物語」（人間の解放という啓蒙的理想）に依然としてこだわっている。かれはまた、討論における合意を追求するが、それは言語ゲームの同型性をわたしたちに強制するテロルだ。他方、ルーマンは、現代の新たな正当化の物語ともいえる「システムの遂行性」の改良に理論的に貢献している。遂行性という判断基準は、形而上学的言説への固着を排除するなどの利点はもつが、それは安定性の強いシステムの理念を前提している。しかるに、ポストモダンの知（パラロジーという正当化のモデル）は最良の遂行性というモデルとはまったく異なり、決定不可能なもの、制御の正確さの限界などに興味を示す。

いずれにせよ、システムに対して純粋な二者択一（ハーバーマスの「生活世界」のような）を提起することが問題ではない、なぜなら純粋な二者択一はシステムそのものに似通ってしまうから、というのがリオタールの意見だった。

生活世界の残照？

近年の新聞インタビューから判断すると、リオタールのシステム観は、七〇年代末のころに比べ、よりペシミスティックな陰影を加えたようだ（『朝日新聞』九五年九月十二日付け夕刊）。二十世紀末の世界は確固とした「システム」の秩序に支配され、対抗するマルクス主義のユートピアが失われたため、このシステムはますます堅固になっていると、かれはいう。このシステムは生産や消費、モノや情報を支配するだけでなく、個人の私生活や文化、感情にまで浸透する点で、資本主義のさらに先を行く。このシステムから逃れようとする個人の努力や意思自体が、すでにシステムによって予測され組み込まれているほど、このシステムは複雑かつ柔軟な構造を誇《ほこ》る。政治的レジスタンスも当然、意味を失った。——このように語るリオタールからは、もともと両義的なシステム概念の制約下にあったとはいえ、パラロジーの生み出す未知のものへの希望は、もはや窺えない。

リオタールがシステム的な戯《たわむ》れ（ゲーム）を戯れるという形でシステム——それが何を

指しているのかは曖昧《あいまい》なまま——にかかわっていかざるをえなかったのは、システムの遍在性を信じているからだ。かれにとっては、システムとはっきり一線を画して、システムに対抗できるものは存在しない。システムの外部もないし、今となればシステム「以前」もない。リオタールはいう。データ・バンクが明日の百科事典であり、それはどの使用者の能力をも上回る。それはポストモダン時代の人間にとっての〈自然〉なのだ。教師の代わりに教育用コンピューターを導入することも、質問という言語ゲームのより洗練された取り扱いを要求するという点に注意すればよいだけで、何ら許しがたい越境と感じることはない。もしそのように感じるとすれば、それは「精神の生」とか、「人間の解放」とかいう大きな物語にいまだ囚われているせいだ。リオタールがこう論じるとき、学校を生活世界の典型的なモデルとして重視するハーバーマスのことが念頭に浮かんでいなかったとはいえない。

だいたい、生活世界という言葉を使うとき、それによって告発したい対象（多くはシステム）は多少とも明確であっても、批判の足場になっているその概念自体の意味するところは、あるいはどのような社会領域が生活世界にはいるのかは、必ずしも一貫して明瞭に規定されているわけではない。それでは、ハーバーマスが生活世界を擁護するとき、かれはどのような根本的な直観から出発しているのだろうか。

『〈イデオロギー〉としての技術と科学』（一九六八年）に収録された「技術の進歩と社会

的生活世界」という論考で、ハーバーマスは、科学と文学《がく》を「二つの文化」として対立させる当時のイギリスの論争に関説している。文学者のオールダス・ハックスリーは、文学がかかわるのは社会的生活世界、すなわち「人間たちがそこで生まれ、生活し、最後は死んでいく世界」だとし、科学の領域である「世界というもののない、事実でできた空間」から鋭く区別している。そのうえでハックスリーは、科学的命題を文学に直接採り入れ、科学に血と肉の形を与えるべきだと考える。それに対しハーバーマスも、やはり生活世界と科学技術の領域との峻別《しゅんべつ》から出発するが、科学技術はそれがもつ「実践的な帰結」を介してのみ、生活世界に関係できると論じる。たとえば核物理学の知見は、それだけでは生活世界の解釈に何の影響も及ぼさない。ヒロシマの惨状を目のあたりにしてこそ、詩はできるのであって、質量のエネルギーへの変換についての仮説をいくらいじくり回しても、文学的表現にはつながらない。技術知を生活世界の実践的意識にどうやって「翻訳」するかが肝心だと、ハーバーマスは考えている。これからわかるように、生活世界についてのハーバーマスのイメージは文学者や一般人の素朴なそれと、基本的には違わない。これは、かれのコミュニケーション観を理解するうえで見逃せないポイントだ。

第4章 近代合理主義と人間のコミュニケーション

1　コミュニケーション的行為の世界

シュタルンベルクの「崩壊」

「コミュニケーション的行為」の理論についての構想をハーバーマスは長年暖め、またその理論を展開する著作をかなり早くから予告していた。自他共に待ち望んだこの仕事は、実際には七七年頃から用意され、ついに八一年に二巻本の大著『コミュニケーション的行為の理論』として世に現れた。妻ウーテにあてた簡潔な献辞が巻頭を飾っている。

本書の構成を紹介する前に、ここにはハーバーマスが所長として勤めた、シュタルンベルクのマックス・プランク研究所の共同研究の雰囲気と成果が生かされていることを指摘しておきたい。ハーバーマス自身、そのことは、初版への序文の結びに触れている。それによれば、木曜日に開かれた研究所のコロキウムにおいて本書の原稿のさまざまな部分が取り上げられ、ハーバーマスの信頼する研究者グループの議論の対象となった。現代ドイツ有数の言語哲学者エルンスト・トゥーゲントハットがその一員として参加し、ハーバーマスのテクストに詳細なコメントを施《ほどこ》してくれたおかげで、この書の完成度はいっそう高まったと思われる。また、ハーバーマスの道徳論や合理性論に関しては、「自我が学習を通して社会化する」という発達心理学的側面が重要なのだが、このテーマについても、共同研究員たちの助言が有益だったようだ。

ただ、残念なことに、十年間本拠地となったこの研究所を、ハーバーマスは八一年に去らねばならなかった。かれをシュタルンベルクに招請したヴァイツゼッカーが八〇年にシュタルンベルクを退職する前後に、幾人かの研究所員の処遇をめぐって所内に、また上部機関であるマックス・プランク協会に意見の対立が浮上し、それやこれやでハーバーマスは留まる意欲を失ったようだ。ハーバーマスは、八一年五月八日付けの『ツァイト』紙に「シュタルンベルクの崩壊」と題する文章を寄せ、自分が研究所を去ってフランクフルト大学に戻る決心をした経緯を述べている。八一年八月の日付をもつ『コミュニケーション的行為の理論』初版の前書きは、それまでの「科学技術的世界の生活条件研究」から、「社会科学」に目的と名称を改めたシュタルンベルクの研究所で書かれている。しかし、この「社会科学研究所」も程なく閉鎖の運命にあった。

シュタルンベルクのマックス・プランク研究所に関しては、その歴史などを知るための文書が今のところほとんど公にされておらず、関係者にインタビューする手しかないようだ。オーラル・ヒストリー（口述歴史）というわけだ。

幸いわたしは、ヴァイツゼッカーのもとで博士号を取得し、六九年（正式開所前）から七七年までこの研究所の所員だった、ゲルノート・ベーメ氏（プロローグで触れた『理性の他者』の共著者のひとり）に話を聞く機会を得た。それによると、すでに所長だったヴァイツゼッカーが二人目の所長として七一年にハーバーマスを呼んだのであり、二人は完全に同等の権限を持つ所長だったという。ハーバーマスは着任して、所員集会などの決まりを定め、研究所の組織に「形」を与えた。ヴァイツゼッカーとハーバーマスのそれぞれを中心とする研究プロジェクトが推進され、かなり自由に共同研究者が呼び集められた。ベーメ氏も、「後期資本主義におけるコンフリクト」をテーマとするハーバーマスのプロジェクトに助言者（バイラート）として参加し、自由で学際的な意見交換から多くのことを学んだという。ヴァイツゼッカーとハーバーマスとは互いの学問的能力に敬意を払っていたが、自然科学の領域にあまりハーバーマスが立ち入りたがらなかったこともあって、ある種の緊張が二人の間にわだかまっていたことは否めない。このことは、ヴァイツゼッカー退職後の研究所の運命にも影響を与えただろう。

所長（ディレクター）とはいっても、ヴァイツゼッカーも同時に所長を務めていたから、研究所管理の権限や責任は分散されていたのだろうが、体制批判派であり、コミュニケーション的行為の唱道者であるハーバーマスが、こういった科学組織体の管理者（マネジャー）を務めるということには、やはりある種のやりにくさがつきまとったのかもしれない。所長在任中は、外部からの、またそれに関連したマックス・プランク協会上層部からの、さまざまな圧力があったと推察される。たとえば、一九七七年、体制批判派知識人の受難の季節となった「ドイツの秋」の直前であるが、ハーバーマスは研究所を代表して、「日常言語、教育言語、科学言語」と題する公開講演を行った。この講演は、リュッベやシェルスキーら新保守主義の論客に対する応答であった。かれらは、「新左翼」のエリート知識人どもが、こざかしい社会科学の用語を日常的な対話の場に持ち込み、社会の言語を混乱させたと、批判の攻勢をかけていたのだった。

代表作を生んだ現代史的動機

今述べた点は、本書の執筆を促した「現代史的動機」とも深く関連する。つまり、西洋合理主義の遺産が必ずしも通用しない思想的混迷の状況が、六〇年代末以降に生まれていたので、ハーバーマスはこの現象を解明するために、西洋の伝統を支えた「実質」とは何だったかを問う必要を感じたのだった。しかもそれは、資本主義を擁護する「新保守主義」と、これを批判する反・経済成長派とが対立する、当時の政治的緊張状態とも関連していた。

ハーバーマスの目から見ると、戦後ドイツのいわゆる「社会国家」(社会福祉国家とも訳される)は、後期資本主義体制の矛盾を「階級間の妥協」によって覆《おお》い隠しつつ、かろうじて存続してきたが、そのためには社会心理学的な、また文化的な代償が必要だった。新保守主義者とハーバーマスが名づける人々は、資本主義下の経済成長を維持することを最優先するが、経済成長の結果、社会をまとめ上げていた伝統的な絆《きずな》が解体することは、かれらにとっても望ましいことではない。かれらは、資本主義的近代化の過程でとっくに幻《まぼろし》となってしまった伝統を懐かしんでみせるが、ただしそれはレトリックでしかない。それに対して、経済成長を批判するグループは、経済や行政の組織（システム）が複雑になりすぎてしまったことや、軍拡競争が一人歩きしていることなどを糾弾《きゅうだん》するあまり、近代的な生活様式そのものが間違っているという、先鋭な「反近代」の姿勢を取りがちだ。

いいかえると、ハーバーマスが「生活世界の植民地化」と呼んだ現象に対して、この両者は対照的な態度を示しているものの、近代の諸側面（とくに資本主義的性格の強い近代とそれ以外の近代）を十分に区別していないという点では共通性がある。それに反して、ハーバーマスは、（資本主義と結びつく）道具的ないしシステム的合理性が近代のすべてではないことを示そうと試みる。たしかに、反・経済成長派がいうように、経済や行政のシステムが肥大化することはチェックしなければならない。しかし、生活世界の中には近代の成果として、コミュニケーション的理性も育っていることを認め、その力を支援しなければ、近代社会が生んだ病理現象たる「生活世界の植民地化」に対応することができない。このようにハーバーマスは考える。

三つの主題

以上のような狙いに基づいて、『コミュニケーション的行為の理論』は三つの相互に関連する主題群から成り立つことになる。

第一の主題は、当然のことながら、「コミュニケーション的合理性」の基本理念を提示することだ。長い準備期間を費《つい》やして到達したこのコンセプトを、しかしハーバーマスは、必ずしもためらいなく掲げているわけではない。かれは本書の序文で、コミュニケーション的理性の概念を「十分な懐疑を経て」作り出したと主張している。そのような概念を「顔を赤らめることなく使用する」と、おまえは究極の根源や真理を自分はつかまえたと自負しているのか、リチャード・ローティーの批判する「根本主義」（ファンダメンタリズム）に属しているのではないか、と疑いをかけられることを、かれはよく承知している。八五年のあるインタビューで、コミュニケーション的合理性とはかつての「神」や「歴史の目的論」と同じく虚構なのではないかと問われて、ハーバーマスはそれを必ずしも否定していない。肝心なのは、近代（モデルネ）の社会に、貨幣と権力のシステム以外のものが存在することを示すことだ。そのためにはコミュニケーション的理性のコンセプトがもっとも適切だと考えて、自分はとりあえずそれを支持する証拠を集めた。それを虚構だというなら、あなたの方でその理由を示してほしい。ハーバーマスはこのように、実務的といってもよいオープンな態度をとっているのであって、けっしてコミュニケーション的合理性を唯一万能の原理に祭り上げているわけではない。

さて、第二の主題は、社会を生活世界とシステムという二つの部分からなる全体として捉える、複眼的な社会理論を提示することだ。それによってハーバーマスは、主として行為論の立場からのみ、さもなければ主としてシステム論の立場からのみ、社会理論を作り上げてきた従来の歴史に、新しい一ページを記すことになる。七〇年代初頭のシステム論をめぐるルーマンとの論争の経験がここで活用されていることは、いうまでもないだろう。

最後に第三の主題は、近代につきまとう逆説（パラドックス）についての理論モデルを構築して、近代の資本主義や合理主義が生み出した陰の側面を説明することだ。この試みは、『プロテスタンティズムの倫理と資本主義の精神』におけるウェーバーの分析に学びつつ、西欧文明の将来に関するかれの悲観的見通しを乗り越えること、またマルクスとマルクス主義の系譜の中で鍛《きた》えられてきた疎外論ないし物象化論に、コミュニケーション論的な修正を加えることを含意している。この近代把握から、ハーバーマスの同時代診断と政治的実践とが出発する。

ことばは行為である

コミュニケーション的行為の概念の前提となる言語観に、まず注意を向ける必要があるだろう。それは、言語哲学に新生面を切り開いた後期のルートヴィッヒ・ウィトゲンシュタインの「言語ゲーム」の思想と、「言語行為論」を中心とする英米の言語分析哲学とをハーバーマスなりに吸収したもので、言葉と対象（もの）との関係を問う「意味論」よりも、言葉とそれを使用する人との関係を、ひいては言葉を操《あやつ》る人間の社会的（哲学の用語では「間主観的」）側面を問う「語用論」に焦点をしぼっている。ここでは、言語行為論の基本的な道具立てを手短に振り返っておきたい。

言葉がある対象（事物や事態）を表現し、記述しているというのは、とりあえずわかりやすい言語観だ。その場合、言葉が使われる文脈（コンテクスト）にはあまり注意が払われないことが多い。それに対して、命令文などは対象の記述としては理解できない。「窓を開けて下さい」という文は、他人に影響を与えて「窓が開いている」という事態を引き起こそうとして発せられるものであって、たんにその事態を記述しているわけではない。言語行為論の創始者オースティンの表現によれば、この場合には、われわれは「言葉で物事を為す」のである。

オースティンが発見したのは、ひとが「言葉で物事を為す」のは命令文などに限らず、文法的には叙述の形を取っている文のうちにも、同じ機能を持つものが存在するということだ。かれがあげている例を見てみよう。「私はこの船をエリザベス女王号と命名する」というとき、この文は私の行為を記述しているのではない。しかるべき状況において、しかるべき権利を持った人が、「私は……命名する」と発言するとき、その人は当の行為を実際に行っているのであり、その結果、その船は「エリザベス女王号」という名でそれ以後は呼ばれることになるのだ。ある出来事に当事者として参加するこのような発言をオースティンは「行為遂行的文」とか「遂行的発言」と呼ぶことにし、たんに事物や行為を記述している「事実確認的発言」（たとえば「かれはあの船をエリザベス女王号と命名する」）から区別することにした。

オースティンのもう一つの創見に触れておかねばならない。それは「発語内の力」の発見である。発言には、発語行為、発語内行為、発語媒介行為の三つの側面がある。

第一の発語行為は、ある「意味」と「指示対象」とを備えている。先に出した「私はこの船をエリザベス女王号と命名する」という発語行為の例で、その文字通りの意味（船に名前を付ける）と指示対象（その船）とは明瞭だろう。第二に、このように発言することによって、話者は、必ずしも文字面《づら》には現れていないある別の行為（発語内行為）をする。それはこの場合、この発言の結果、当の船がエリザベス女王号という名を持つことになり、他の名前を付けることは規則違反となるという「効力」に関連する。オースティンがあげている他の例の方がもっとわかりやすいかもしれない。「X氏の寝室にあったハンカチはあなたのものですか」という問いは、発語行為としては、額面通りの「意味」をもっている。しかし、不倫を働いているらしい女性に対してこの問いを発すると、それは、彼女の不倫を確認するという発語内の「力」をふるうことになる。第三に、何事かを言うことで、話者は一定の「効果」を達成する（発語媒介行為）。ハンカチについての質問は、問題の女性を威嚇《いかく》したり、恐喝したりする意図によって発せられ、またその効果を持つかもしれない。

普遍的語用論への流れ

以上に見た、発語行為の「意味」、発語内行為の「力」、発語媒介行為の「効果」という三つの側面の区別は、オースティン自身も認めているように、いつも明瞭に指摘できるとは限らないが、これまでの言語観がそれらをひっくるめて、ただ「意味」としか認識してこなかったのに比べると、コミュニケーションの多面性とダイナミズムに光を当てている。この成果を受け継ぐにあたって、ハーバーマスが重視するのは、発語内的な力がその発語の「慣習的」な性格から自然に出てくるのに対して、発語媒介的な効果は話者の意図によってその発語に「外から付加される」場合もあることだ。たとえば、指揮官が自分の部隊に攻撃命令を出すとき、ふつうの意図をもっているなら、それは「コミュニケーション的行為」だが、部隊を敵の罠《わな》に陥れる目的で命ずるなら、それは隠蔽された「戦略的行為」であり、その場合には発語媒介的な効果が発語内的な力とは別の方向に意図されているのだ。

このように、言語の叙述的機能を特権化する従来の言語哲学をくつがえした、後期ウィトゲンシュタインから言語行為論に至る発展に、ハーバーマスは賛成する。けれども、かれの不満は、このパラダイム転換がなお不徹底であることに向けられている。新しい言語哲学はたしかに、叙述（主張）以外にも言語の役割があることを認めたけれども、そのような叙述以外の言語使用（呼びかけや自己表現など）には「世界」との関連がなく、それが「真理」であるかどうかを問えないという意味で、「非合理的な力」という位置づけを与えるにすぎない。ハーバーマスはさらに進んで、「普遍的語用論」を組み立てようと試みている。普遍的語用論とは、(1)ある世界における(2)何かあるものについて(3)コミュニケーション参加者が意思疎通し合うという、記号使用の三肢性に基づき、「意思疎通（了解）の普遍的条件」を明らかにしようとするものだ。ハーバーマスはここに、二十世紀における哲学の「言語論的転回」を越えるコミュニケーションの理論の新しい可能性をみつけようとしている。

このようなコミュニケーション論的転回の萌芽がすでに実証主義論争のさなかにめばえていたことは、先に注意したとおりである（第1章4）。ポパーが「命題」と「態度」とを区別し、真理性を語れるのは命題に関してだけであって、態度は合理的に根拠づけることはできないと述べたとき、ハーバーマスは厳しく反発した。そのわけは、「真理論」（一九七二年）という論文で、次のように解き明かされている（あげている実例は必ずしもハーバーマスのものではない）。

真理とは、命題そのものではなく、われわれが命題を主張するとき、その命題に結びつける「妥当要求」こそがそれだ。ある命題を主張することと、「この命題に関して主張された真理要求を掲げることは正当である」というメタ言語的態度とは、区別しなければならない。ハーバーマスはそのように考える。これは、言語分析の流れを汲む英米系の哲学の一般的見解とは差がある。つまり、「明けの明星は金星である」という命題があるとすると、「「明けの明星は金星である」は真である」といっても、これはもとになった命題に内容的には何一つ付け加えていない、と言語分析派は論じる。たしかに「……は真である」という部分によって、主張は、ある対象について直接に述べる言語（対象言語）から、その対象言語を対象とする（したがってはじめの対象そのものについては直接にタッチしない）メタ言語へと引き上げられている。しかし、この変化は認識論的には意味を持たないと、英米では考えられるのだ。

真理の合意説

この点、ハーバーマスの思考法は正反対だ。pという命題に関し、わざわざ「pは真である」とわれわれが念を押したくなるのは、pが素朴に掲げていた妥当要求が疑わしくなった場合だ。pを主張する人は、pの真理性についての妥当要求（「pだというのは本当なんですよ」）を暗黙のうちに行っているのだが、その真理性に疑問がもたれると、いまやその妥当要求は明確な議論の対象となる（「明けの明星は本当に金星であるのかどうか」）。命題の真偽は、われわれの言語共同体におけるこのような議論と合意を通して、最終的には決定されるしかない。ここに、真理とはことばが対象と一致していることだという、伝統的な「真理の一致説」にかわって、ハーバーマスが「真理の合意説」または「真理の討議説」を唱える理由がある。ハーバーマスの言語哲学が、共同体における言語使用という語用論の次元に的をしぼる理由も、そこにある。

フランクフルト学派の第一世代とハーバーマスとの相違点は数々あげられるが、この真理概念についての捉え方もそのひとつだ。第一世代の人々はヘーゲルに影響を受けた真理概念に固執したが、その概念はどこかで絶対の真理というものを前提しており、ハーバーマスが出発点としている「可謬主義《かびゅう》」（すべての知識は誤りに陥りがちであるから、公共的な批判につねにさらされ、改善される必要がある）とは相容れないのだ。

それでは、言葉ともの（世界）との関連という意味論的な次元は、ハーバーマスの関心を呼ばないのだろうか。そうではない。かれはコミュニケーション的「経験」を重視しており、経験においては表現と対象との関連が問題にならざるをえない。しかし、「世界は唯一不変のものである」という前提に、かれは同意できないのだ。ハーバーマスは世界を三種類に分けて考える。客観的世界（ふつうに「世界」と呼ぶのはこれ）、社会的世界、そして個人の内部世界だ。

三つの世界に三つの妥当要求がそれぞれ対応している。客観的世界に対応する妥当要求は、真理性だ。ひとは自分の言っていることが客観的事実に基づいている、その意味で「真理」であると（少なくとも潜在的に）主張している。次に、社会的世界に対応する妥当要求は、正当性だ。ひとは自分の言っていることが社会的規範に照らして「正しい」と主張している。第三に、個人の内部世界に対応する妥当要求は、誠実性だ。ひとは自分の言っていることが本当に自分の気持ちや意図に忠実だ（偽りや冗談ではない）と主張している。

ついでにここで触れておくと、合理性にも三種類が区別されている。第一は、認知的・道具的な合理性で、科学技術が外なる自然を、また社会工学が社会を、客体のように扱うのがこれにあたる。第二は、道徳的に実践的な合理性で、法が社会に対し、また道徳がわたしたちの内なる自然に対し、規範に従った態度を取るのがこれにあたる。第三は、美的に実践的な合理性で、エロス的・官能的なふるまいが内なる自然に対し、また芸術が外なる自然に対し、「自己表出的」な（すなわち自己を吐露するような）態度を取るのがこれにあたる。とくに近代では、第一の合理性のみが合理性そのものとして通用する傾向があり、そこに近代合理主義の問題点があるのだが、逆にいえば、客体化的な思考であっても、第一の合理性の枠内で発揮される分にはかまわないことになる。次に述べるシステム合理性が第一の認知的・道具的合理性の肥大化した形態であるのに対し、コミュニケーション的合理性においては第一〜第三の合理性がバランスよく顧みられているといえよう。

三つの妥当要求がどのようにコミュニケーション的行為の理論に組み込まれるのかは、少し後のところで検討することにしよう。

コミュニケーション的行為——その特徴と範囲

さて、ハーバーマスのいうコミュニケーション的行為とは何なのだろうか。

ハーバーマスは全体社会を二つに分けて考える。一方では、文化的な意味や価値の再生産を務めとするコミュニケーション的合理性の領域があり、これは生活世界に基盤をおいて、人々が目標などを共有する「社会統合」をめざす。他方では、社会の物質的再生産に貢献するシステム合理性の領域があり、これは機能的なサブシステム（行政や経済）を基盤として、社会の「システム統合」を志向する。社会においてコンフリクト（矛盾・葛藤）を避けるためには、人と人（またはサブシステムとサブシステム?）との間で「行為調整」を図る必要があるが、コミュニケーション的合理性の領域ではそれは言葉を介した了解（意思疎通）によるのに対し、システム的合理性の領域では制御メディア（権力やお金）がものをいう。

コミュニケーション的行為が戦略的行為と本質的に違うところは、後者が命令（権力要求）などによって聞き手の意思決定に影響力を行使し、自分の目的を貫徹しようとするのに対して、コミュニケーション的行為はそのように力ずくではなく、「妥当要求」を掲げたうえで、その承認を相手に求めるという、納得ずく（了解）のやり方を取る点にある。同じく命令の形態をとっていても、それがコミュニケーション的行為ならば、批判可能な妥当要求を掲げているので、聞き手はそれに対して、その命令がなぜ間違っていると思うか理由を述べて、自分なりの批判的態度を示すことができる。ところが、命令が戦略的行為として出されているのであれば、それに従わない場合は制裁を与えるという、問答無用の脅しがその背景にはある。

コミュニケーション的行為は三つの点で、社会生活にとって不可欠な役割を果たす。第一に、コミュニケーション的行為は、了解（意思疎通）を可能にすることにより、文化的伝統を受け継いだり更新したりする。第二に、コミュニケーション的行為は、言葉による行為調整に従事し、人々の社会的連帯を作り出す。第三に、コミュニケーション的行為は、個々の人間が社会の中で成長し、自分なりの人格的同一性を達成するために、すなわち「社会化」のために、中心的な役割を演じる。

いま、「言葉による行為調整」がコミュニケーション的行為の機能のひとつであることを見たが、この指摘にもうかがわれるように、コミュニケーション的行為はたしかに言語を媒体（メディア）とはするものの、言語行為（談話）そのものではなく、あくまで行為の一種であることに注意する必要がある。極端なはなし、言葉ではなく、たとえば市場原理による売り手と買い手との客観的な同調も、行為調整としては有効なのだ。

さて、コミュニケーション的行為の概念は以上に見たとおりだが、わたしたちはその有効性をはっきり限定しておく必要がある。コミュニケーション的行為は、人間のなしうる唯一の行為類型ではないし、必ずしももっともすぐれた行為パターンともいえない。たしかにハーバーマスはコミュニケーション的合理性に特別な期待をかけていはするが、人間社会とくに近代の社会には、それとは異なる種類の勢力圏があることを、社会理論家としてのかれは冷徹に認識している。

第一に、コミュニケーション的行為の概念は、文化的再生産―社会統合―生活世界―了解による行為調整という線に沿ってのみ有効なのであり、もう一方の、物質的再生産―システム統合―（機能的）サブシステム―制御メディアによる行為調整という線に対しては、とりあえず無力であることを銘記しなければならない。たとえば、労働力の商品化という現象をマルクス主義は批判的に論究し、また実践的な介入の対象としてきたのだが、商品化にはそれなりの行為調整の機能が備わっていることは否定できない。経済システムが労働者の生活世界を侵犯しているという点では、ハーバーマスはマルクス主義の伝統にならって異議申し立てを続けるだろうが、言語的コミュニケーションがもっていた選択肢が制御メディアのおかげで劇的に拡張されたということ（つまりお金や権力を通すことで、いちいち相談したり議論したりするよりスムースな社会生活が可能になる面があるということ）は、積極的に評価される。

もうひとつ、シンボル的（文化的）再生産にかかわるすべてがコミュニケーション的行為に属すわけではないことにも、注意したい。人間の重要な表現形態のうちでも、たとえば舞踊、音楽、絵画などは、行為調整の役割を引き受けないので、コミュニケーション的行為の範囲外となる。他方で、宗教儀礼上の行為には、行為調整の機能をもつので注目の対象となるものもあるとされる。このように、「標準形態の言語行為」をコミュニケーション的行為の分析の端緒とするハーバーマスのやり方に対しては、隠喩やレトリック、非言語的コミュニケーションなどを後回しにしてよいかどうか、またいったい何が「標準」的なコミュニケーションであるのか、という問題提起がなされている。

三つの妥当要求

さて、以上に述べたとおり、コミュニケーション的行為が戦略的行為と違う重要なポイントは、自分の妥当要求を掲げて発言したうえで、他人の批判に耳を傾ける姿勢をとっているところにある。その妥当要求には、少し前に述べたように、真理性、正当性、誠実性の三種類がある。これらの妥当要求をどのようにして批判し、拒絶できるのか、ハーバーマスが大学の先生らしい面白い例をあげているので、次に見てみよう。

教授が自分のゼミの学生に、「水を一杯もってきてください」と頼んだとする。これが、うむをいわさぬ命令として言われたのではない（すなわちコミュニケーション的行為である）と仮定するなら、学生には三通りの拒否の仕方があるとハーバーマスはいう。

学生はまず、教授が自分を使用人扱いしていることに反発し、かれの発言の規範的正当性を否定することができる。教授の要請に対して、学生は、「いやです。私を使用人のように扱う権利はありません」と言えばいいのだ。

第二に、教授の主観的誠実性を否定して、「いやです。先生は本当は（水を飲みたいのではなくて）他の学生たちが私に変な感じを持つようにしたいだけなんですから」という断り方もある。真の意図を隠した（その意味で不誠実な）言葉はどこでも聞かれるもので、学問の府といえど例外ではない。ただし、教授の真の意図を鼻先で暴露してやろうという大胆な学生は、例外的な存在だろうが。

ともあれ、第三の拒否の仕方に目を移すと、これは真理性の妥当要求に関連している。つまり、教授はすぐ近くで水を汲んでこられるものと思いこんでいるのだが、それが見当はずれである場合だ。となると、学生は当然、「いやです。水を汲みに行けば、授業が終わるまでに帰ってはこられなくなります」と、要請を断るだろう。

以上、三つの「拒否」のパターンが提示された。実生活では、ここまで率直な表現を避けるかもしれないが、「妥当要求」の型の解説としては目的を達していると思う。

2　近代合理主義論の再検討

近代は「鉄の檻《おり》」か――ウェーバーの所説

『コミュニケーション的行為の理論』のもう一つの課題は、コミュニケーション的合理性の観点をひっさげて、従来の近代の捉え方に挑戦することだった。主な挑戦の対象は、マックス・ウェーバーの近代合理主義論である。

ウェーバーにとって合理化は、西欧の人々とかれらの生活原理全般を支配する「運命」そのものであり、したがって合理化の諸現象をどう解釈するかという問題意識が、かれの全体系を導いている。もっとも、「合理的」という言葉にはさまざまな意味合いがある。

ウェーバーは目的合理性や価値合理性などの種類をあげているが、かれが優先しているのは目的合理性（すなわち目的を実現できる可能性とその結果とを知り、またそのためにはどのような手段を用いたらよいかも心得ている合理性）だ。そこからまた、結果に無頓着《むとんちゃく》な「心情倫理」に対する「責任倫理」の重視も出てくる。というのは、責任倫理とは、そのつど与えられた手段に基づいて、行為の可能性と結果を「計量する」ことだからだ。

ウェーバーが問題視したのは、合理化の過程が進むと、独特の非合理性が生み出されるということだ。「人間」とその要求こそが本来の目的であったのに、それを実現するためのたんなる手段にすぎなかったものが独立し、自己目的化するという、近代文化特有の倒錯現象が起こった。具体的にいえば、近代において、施設や制度、経営があまりにも「合理化」された結果、それはまるで「鉄の檻」のように人間を包囲し、規定している。生活関係の徹底的な合理的組織化は、それ自身の中から組織の非合理的専制を生み出す。この自己疎外の洞察において、ウェーバーはマルクスと一致するが、ただ後者がその事実の説明と破壊に取り組んだのに対して、ウェーバーはそれを客観的に理解しようとする。

専門的特殊化と訓練によって人間が「生きた機械」に変わる過程は、第一次世界大戦によっていっそう押し進められたと、ウェーバーは指摘する。軍隊、国家、工場、専門学校、大学など、人間を支配するすべての団体が、合理的に計量され、分業化された生活形式を採るようになる。あらゆる種類の専門試験は安定した職に就《つ》くための条件となる。その行き着く先は、「精神なき専門人、感性なき享楽人《きょうらくじん》」というウェーバーの有名な言葉で表される人間のあり方だ。

マルクスと違って、ウェーバーは、官僚制的専門化というこの宿命から逃れる処方箋を、社会主義のうちには認めなかった。私的資本主義を駆逐《くちく》したところで、近代的産業労働の「鉄の檻」はけっして打ち砕けない。むしろ、企業が国営化されると、その指導は純技術的にはすぐれた官僚制の手に落ちることになり、官僚制の勢力はかえって強化される。ウェーバーのこの予測が正しかったことは、ソ連と東欧圏の崩壊で一段落ついた、その後の社会主義の歴史が証明しているだろう。

近代世界の非合理的な合理性という逆説を、ウェーバーは、この世はしょせん「倫理的非合理性」の宿命から逃れられないのだという諦念とともに受け入れる。近代においては、「美しくなくとも神聖なものがありうるのみならず、美しくないから、また美しくない限りにおいて神聖なものがある」(『職業としての学問』)とかれは喝破《かっぱ》するのだ。このような不合理のただ中で、それを引き受けつつ生きることこそ、ウェーバーの思い描く近代知識人の「自由」だった。そして、その悲観的結論こそ、いまハーバーマスが批判的に対決し、別の可能性を示そうとしているものなのだ。

近代は一つではない――ハーバーマスの挑戦

ハーバーマスは、ウェーバーの西洋合理主義論を、『プロテスタンティズムの倫理と資本主義の精神』、『経済と社会』、『宗教社会学』(とくにその「序言」)をはじめとするその諸著作に基づいて再構築し、その問題点を探っている。ハーバーマスの異議申し立ては、つまるところ、ウェーバーが、そしてかれとならんでマルクスやホルクハイマー、アドルノたちもまた、社会の合理化を「目的合理性の制度化」としてのみ捉え、ひいては一定の命題として表現される真理や経験的有効性にのみ「合理性」の考察を限定したことに向けられる。ハーバーマスの主張は、そのようなシステム的合理化はあくまで近代の一面にすぎず、それと並行して起こっている「生活世界の合理化」をこそ、近代の偉大な達成として認め、救い出さなければならないということだ。他方で、人間の理性がかつての真善美の理想のような統一をもはや回復しえないこと、その意味ではウェーバーのいう「魂の分割」は受忍すべき現実であることを、ハーバーマスは認めるだろう。ハーバーマスの思想は近年になるほど普遍的な「形式」を重視する傾向を強めるが、それは不可避な禁欲というべきかもしれない。すべての人が受け入れることのできる具体的な理念や行動指針が近現代においては存在しえず、わたしたちの生き方も多様化している以上は。

さて、ハーバーマスによるウェーバー批判にもっと立ち入ってみよう。ハーバーマスが注目するのは、ウェーバーが、社会的合理化と文化的合理化（文化や人格の合理化）とを区別していることだ。社会的合理化の根幹に属するのは、第一に家計から分離した資本主義的経営を中心とし、商品・資本・労働の三市場への投資を行う資本主義経済、第二に集中化された租税体系・常備的軍事力・専門官僚による行政支配を特徴とする近代国家であり、それとならんで第三に、どんどん分極化するこの両者を結ぶ交通（交流）の手段としての形式的法であるとされる。

かたや、文化的合理化に属するのは、第一に学問経営のうちに制度化された、近代科学や技術、第二にかつての教会や宮廷による保護から解放された自立的な芸術、ならびに主観性の自己表出的表現、第三にポスト伝統的な（つまり、慣習や伝統がもはや当たり前のこととしては通用しなくなった時代における）法・道徳意識だ。文化的合理化は近代社会に典型的な意識構造を作り出すが、上にあげた三つの価値領域はそれぞれ固有の論理（内的な固有合法則性）に基づいてどんどん分化し、互いに疎隔していく。なお、文化的合理化が人間の行為の動機をなしているというこの考えは、ウェーバーが『プロテスタンティズムの倫理と資本主義の精神』で新教徒の禁欲的生き方と結びつけた、「方法的生活態度」に対応することはいうまでもない。

マックス・ウェーバー
(1864－1920)

ウェーバーは資本主義経済と近代国家が成立し発展する道筋を研究したわけだが、この研究においては、文化的（ないし動機的）合理化の社会的合理化への「転化」がポイントとなったと、ハーバーマスは指摘する。つまりウェーバーは、『プロテスタンティズムの倫理と資本主義の精神』に典型的に見られるように、合理性の問題を経済や国家という行為システムのそれとして捉えたうえで、合理化を意識構造のレベル（人格と文化のレベル）から解き明かそうとしたのだ。ハーバーマスの提案は、それに対して、意識（というより人間）と日常的実践との根拠地である「生活世界」の合理化を、システムの合理化からあくまで区別し、それ自体として尊重しようというものだ。

疎外問題を考えなおす（1）――貨幣というメディア

生活世界の合理化をシステム合理化とは区別するという戦略は、マルクスからルカーチへ、そしてホルクハイマーやアドルノによる「道具的理性批判」へと受け継がれてきた疎外論・物象化論の見直しにつながる。

ウェーバーの近代移行論には、科学技術、芸術、法・道徳という三領域の独立分化と、それらの領域がおのおの一定の制度的形態と結びついたという事実についての洞察が含まれていた。ハーバーマスはこの洞察を受け入れたうえで、「そのように制度化され、専門化されてしまった知識の生産が、それでも、わたしたちのふだんのコミュニケーションに自然と入ってくる可能性はあるのではないか」と指摘する。専門知の成果がそのように日常知に浸透したとき、人々は伝統的に自明視されてきた発想パターンを離れ、自分たちの頭で合理的に考えて物事を決めるという、よりリスクの多い、しかし可能性の豊かなやり方を採り入れるようになる。このような形で進行する生活世界の合理化は、個人の決断能力をより多く要求するので、この合理化の傾向についていけない人も出るおそれがある。

個人に対するこの負担を、ゲーレンのような保守的制度論者は、重大視するわけだ。戦闘的な啓蒙主義者であるハーバーマスは、個人の潜在力を高く見積もっており、したがって個人を甘やかさない。かれは言語的コミュニケーションを人間の基本的能力とみなしているものの、貨幣や権力という目的合理性のメディアが登場して、言語に代わって行為調整の基準となっても、それだけで人間の安定性や尊厳が脅《おびや》かされるとは、少しも心配しないのだ。むしろ、それが貨幣というメディアであれば、いちいち話し合って合意することなしに、自動的に取引条件をかみ合わせることを可能にしてくれ、人間の選択の幅は広がる。つまり、疎外というよりは、「自由の性格の変化」という積極的な現象が生じていると考えるのだ。

ハーバーマスの考えでは、貨幣のような（システムを制御する）メディアは、「生活世界のうちに制度的・動機的に根拠づけられている必要」がある。この点で、先輩であるホルクハイマーとアドルノが目的合理的システムの自立化を憂慮し、個人が自己外化して、技術的装置に順応するという事態が生じているのではないかと警戒したのと、好対照をなしている。

もちろん、疎外ないし物象化の問題が消滅してしまったわけではないだろう。労働力の商品化という現象において、経済的に有意味な行為が生活世界の文脈から切り離され、交換価値（貨幣）というメディアに結びつけられる。ここに、それまでとは違った行為調整のメカニズムが登場しているわけだが、このメカニズムは行為者（賃労働者）に対して外的なものとして出会われる。賃労働者はその全生存を市場に依存することになり、匿名の価値づけ（換金）過程がかれの生活世界に介入してくる。これはマルクスが「即物化」と呼んだものだ。経済システムが生活世界を侵犯しているという点では、ハーバーマスも依然としてこの事態を批判的に捉えるだろう。しかし、この事態は、貨幣というメディアがもつ、物象化と合理化とが表裏一体となった機能の一側面（すなわち物象化ないしシステム合理化の方）を表しているにすぎない。その反面には、先に述べたとおり、「自由の性格の変化」を引き起こす、「生活世界の合理化」という積極的な可能性が潜んでいるのだ。

ルカーチからアドルノまで、社会の合理化はつねに「意識の物象化」として捉えられてきた。ハーバーマスは独話（モノローグ）的な意識哲学の前提を離れ、間主観性（コミュニケーション）の見地に立つことにより、物象化の概念の再定義を試みる。すなわち、物象化として分析され、糾弾《きゅうだん》されてきた社会現象を、一方ではコミュニケーション的行為の観点で、他方では制御メディアによるシステム形成の観点で、複眼的に読み解く社会理論を提案しているのだ。

疎外問題を考えなおす（2）――マルクスの不十分さ

ハーバーマスは従来の疎外論・物象化論の欠陥をマルクスにまでさかのぼって分析して

いるが、マルクスの不十分さは、かれの思考法がヘーゲルから受けた影響に帰せられる。すなわち、ヘーゲルは青年の時期に、近代において「人倫」(人間の秩序ある共同体)がその全体的統一を失い、各領域に、また各個人に引き裂かれてしまったことを慨嘆し、その統一を哲学的に再構築する途(弁証法)を模索したのだが、マルクスはそのヘーゲルの観念論的な試みを退けながらも、「失われた全体性の回復」という理念と使命感は受け継いだのだ。その結果、「全体性の喪失」が歴史的に前進的な役割を果たしうることをマルクスは理解できなかった。つまり、近代社会におけるサブシステム(とりわけ国家装置と経済システム)の独立分化が、社会の発展過程におけるより高次のシステム的分化を意味すること、それによって古い封建的な階級関係が再編成され、新たな社会的可能性が生じることを、マルクスは見て取ることができなかった。ハーバーマスはこのように総括するのだ。

伝統的な生活形態が抑圧的に根絶され、手工業者や農民らがプロレタリアート化するとき、マルクスはそこに物象化の局面しか見ないが、ハーバーマスはそれとならんで「生活世界の構造的分化」という前進的契機をも認める。およそ近代における文化・社会・人格の分離が与える「苦痛」は、必然的な「個別化」の過程の産物であって、ヘーゲルやマルクスが考えたような疎外に帰せられるべきではない。前近代を郷愁とともに哀惜《あいせき》するという後ろ向きの態度を、ハーバーマスは明快に断罪する。マルクスにおいてこのように「歴史的指標」が乱れていることに関連して、次の指摘がなされる。つまり、労働力の商品化という資本主義の過程において、賃労働者は自分の全的な「生命の可能性」の一部を即物化された「力」として切り売りしなければならない、それこそ疎外だとマルクスはいうのだが、そのさい、守るべき正義の前提となっている「生命」とは何なのか。生命の概念に関してマルクスは、哲学的にはアリストテレスとヘーゲルとの間を行ったり来たりしているが、歴史的な具体性を欠き、曖昧《あいまい》なままにとどまっている。

近代社会における労働力は二面性を持っている。すなわち、行為としては生産者（労働者）の生活世界に属するが、生産物の点では資本主義的経営と経済システム全体の機能連関に属する。しかるにマルクスは、システムを「必然性の国」、生活世界を「自由の国」にたとえ、前者の強制的命令から後者を解放することが社会主義革命の使命だとみなしている。これでは、生活世界の合理化とシステム合理化とがある程度までは手を携えて進むという、ハーバーマスの想定している近現代特有の事態は把握できない。

もっとも、生活世界の合理化は「一種のシステム統合」を可能にしはするものの、このシステム統合は了解による統合原理と「競合」し、一定の条件下では、逆に生活世界を解体するという反作用を及ぼす。生活世界がシステムの論理に侵犯され、「植民地化」されているというハーバーマスの警告は、これに基づいている。わたしたちは次節で、現代社会を支配する後期資本主義の特殊性が、政治・社会・文化の各次元にわたって、どのような危険を、またどのような潜在力を秘めているのかを確認する。

3　生活世界の合理化——その危険と可能性

社会進化のイメージ

後期資本主義の問題性に立ち入る前に、ハーバーマスが、一定の方向への社会構造の「進化」のうちで、生活世界の合理化を理解していることに目を止めておきたい。つまり、生活世界は、歴史的に変化するさまざまな相互行為に揺さぶられて偶然的に変容するのではなく、発達心理学者のピアジェが提起したような「発達の論理」のごときものによってつき動かされているというのだ。

生活世界の合理化の方向性に関しては、社会学者のジョージ・H・ミードとエミール・デュルケムの説が大幅に採り入れられている。それによると、コミュニケーション的行為とそれによる行為調整の原初的形式は、宗教的権威に彩《いろど》られた「聖なるもの」をあがめる儀式だった。けれど、聖なるものはしだいに言語化され、また既成の権威に強制された合意は、合理的に動機づけられた「了解による合意」に席を譲るようになる。

この発展の終点としてハーバーマスが思い描くのは、理想化された生活世界における「普遍的討議」の実現だ。すなわち、合理化の進展によって、いかなる強制からも自由な討議が制度的に確立し、人々は「より良き論拠」（より説得的な議論を他の人々に示すこと）だけを権威として認め、イエスかノーかの態度決定をし、互いに合意するだけでよくなる。もちろん、このように極限まで合理化された生活世界でも、紛争はなくならないだろうが、大切なことはそれが昔のように宗教的権威などの仮面によって偽装され、隠蔽されることなく、紛争そのものとして姿を現すことだ。それでこそ、紛争は正式に議事に取り上げられ、当事者たちの討議によって吟味され、合意のチャンスも生じる。

このような理想的なコミュニケーションの共同体において、人々は、他人の論拠に納得すれば、自分の意見や個人的な利害を捨てて、より普遍的と思われる意見に自分を合わせることになる。かつての宗教では、人々は外または上（神や仏など）に向かって「超越」しようとしたが、理想的なコミュニケーション共同体では、求めるべき価値は外にはなく、またあらかじめ決まった形で存在しているのでもない。人々は自分たちの討議を通して、規範を、価値を作り出し、それを自ら生きようとする。これを「内からの超越」とハーバーマスは名づける。

以上のような形で、ハーバーマスは、合理化された生活世界の極限的イメージを披露《ひろう》するが、ちなみにこれは、かれが次々に理論的構想を繰り出すさいの、一貫した尽きせぬエネルギー源にもなっている。

合理化のもたらすもの

生活世界の合理化に関してミードとデュルケムが持ち出している多くの歴史的な手がかりを、ハーバーマスは三つの観点に整理している。すなわち、(1)生活世界の構造的分化、(2)形式と内容の分離、(3)文化（シンボル）的再生産の反省化、の三つだ。

第一の観点である「生活世界の構造的分化」に関連するのは、人々が文化面でそれぞれどのような世界観や価値観をもとうと、それとは無関係に、中立的に社会制度が機能することだ。かりに、どの宗教を信じているかで就職が差別されるような社会なら、構造的分化は進んでいないということになる。また、生活世界の分化が進むと、人間同士が関係を結ぶのに、偶然的な出会いが果たす役割が大きくなり、地縁・血縁・出身階層といった要素に縛られることがなくなる。伝統を変えていくうえで、個人の革新能力や批判の用意が以前より大切になることも、いうまでもない。

第二の観点である「形式と内容の分離」に関連するのは、次のようなことだ。つまり、たとえば神話的世界像が支配したかつての社会においては、その世界像やそれと結びついた生活形式を自分でも信じ、その「内容」にコミットしなければ、その人はアイデンティティを保障されなかった。が、今や「伝統」はそこまでの要求をせず、その核心は「形式」的な要素に限定されている。たとえば、コミュニケーションする共通の土俵があるか、どのような手順で話をすりあわせていくか、最低限の基本的価値観を共有できるかなど、一定の条件がクリアできればいい。

ハーバーマスがあげている例ではもちろんないが、ここでわたしが思い浮かべるのは、大相撲の様変わりだ。日本人であること、封建的な上下関係になじむことなど、かつて力士として出世するための大前提であった内容＝生活形式は、現在では多少とも風化してしまい、力士としての能力（すなわち強さという「形式」）さえあれば、外国人でも新感覚の若者でも原則的には頭角を現せる。とはいえ、大相撲に「古い」体質が残っているのも事実だ。前には、女性を神聖な土俵に上げないという伝統から、千秋楽の表彰の場に、女性の大臣が立つのを拒否するという事件が起こった。女性差別ではないかという批判は聞かれたが、形式と内容の「癒着《ゆちゃく》」を打破するまでには至らなかった。年寄名跡（親方株）が高額で売買されていることが明るみに出、相撲協会が揺れたこともある。江戸時代以来の世襲を前提としてきた部屋制度が、貨幣経済の中に溶解しつつある。

生活世界における形式と内容の分離は、人格の成立（「社会化」とも連動する）にはどう関係するだろうか。わたしたちにとって重要な問題だと思うので、多少ハーバーマスの文脈から離れるが、ちょっと考えてみよう。ひとつの傾向として、育った社会の文化的伝統とは無関係なところで、頭脳が抽象的に働くようになるだろう。現在では、コンピューター文明の飛躍的進展につれて、情報処理が大学の教養課程の必須科目にのし上がっているが、その結果、伝統的な感性（つまり「内容」）とは縁の薄い、デジタル思考の（つまり

「形式」化した）人間がふえているようにも思われる。このような趨勢《すうせい》の得失は一概にはいえないが、社会の「進化」というものを無批判に語ってよいかどうかは、立ち止まって思案してみるべきだろう。もちろん、ハーバーマスも、伝統的文化の空洞化を望んではおらず、合理性と一致するかぎりで精神的遺産を守る態度を示している。

伝統の解体――近代を守り抜く姿勢

さて、それでは、生活世界の合理化をめぐる第三の観点、「シンボル的再生産の反省化」とは何だろうか。それは、自明のこととして連綿と無批判に行われてきた生活世界の文化的再生産が、専門的な職業の対象となって特殊化すること、ならびにその再生産が場合によっては反省的に中断されることを意味している。先に見たとおり、近代の大きな特徴として、自然科学、芸術、法（法学）の三領域が制度的に独立分化するのであるが、このような専門化は前近代の教会的伝統の自生性を解体した。ハーバーマスはさらに、ミードやデュルケムにならって、討議による民主主義的な意思形成と十八世紀以来の教育学の確立という、二つの出来事が持つ意義に注意を促している。前者は伝統的・慣習的な形での政治的正統性を揺るがして、人々に「これでいいのか」という問題意識を抱かせるきっかけとなり、後者は教育システムを教会と家庭とによる支配から解放するという。

ハーバーマスは、教育学的な反省によって生活世界のシンボル的再生産（つまり子どもを教育して伝統の中に引き入れること）が中断されることをも、社会の「進化」に数え入れている。ハーバーマスは、権威や伝統よりも、人間の反省力や批判的理性の射程を大きく見積もり、進歩ないし進化を信じる啓蒙主義のメッセージを現代において受け継ぎ、完成させようとする。もちろん、かれはマルクスとマルクス主義に学んで、近代市民社会の思想の階級的限界は勘定に入れているが、それでもその思想が「合理化された生活世界」そのものを反映している点で、それを支持するのだ。

シンボル的再生産の問題は、現代社会でも最大の争点のひとつだ。見渡したところ、世界にはハーバーマスの立場にはっきりと敵対するだろう勢力が少なくない。なかでも、米国をはじめ世界各地で動きを見せている原理主義（ファンダメンタリズム）は、家庭や宗教の決定的な役割を再評価しようとする。この派は、伝統的な価値観から意図的に距離を置く近代的・啓蒙主義的なやり方（反省的対象化）によって、人間の本質的部分が取り返しのつかないほどダメージを受け、そこから相対主義やニヒリズムなど、近現代の病理現象が噴出してくると信じる。かれらが希望を託す処方箋は、個人主義的な白けた反省癖とは縁を切り、宗教を中心とする伝統的な価値観への絶対服従に回帰することにほかならない。

ドイツにも、ハーバーマスの方針と真っ向から衝突する反近代・反啓蒙の思潮がある。そのひとつが、少し前に触れた、ゲーレンの哲学的人間学に基礎をおいた制度論で、個人はしょせん弱い存在で、環境に対する把握・反応の能力には限界があるとする。さらに、オード・マルクヴァルトという現代ドイツの哲学者も、ウェーバーが指摘した近代における「脱呪術化」の動きに抗して、むしろ「再呪術化」を図って生活世界に聖性を取り戻すべきだと論じている。

次々に登場する新たな形態の「新保守主義」や反啓蒙の思想に対し、「未完のプロジェクト」としての近代を守り抜こうとするハーバーマスの徹底した姿勢については、後の章でも考察することになるだろう。

根拠地としての生活世界

わたしたちはここで、ハーバーマスのコミュニケーション論の眼目である「生活世界」の概念を振り返ってみたい。

マルクーゼを論じた一九八〇年の文章の中で、ハーバーマスが注目しているのは、若きマルクーゼが初期マルクスの「疎外された労働からの解放」のモチーフを実存主義的現象学の観点から解釈していること、その際マルクーゼが、「実践」とならぶ解放のキーワードとして、「生活世界」をあげていることだ。いくつかの小さからぬ留保をつけながらも、この先輩思想家のスタイルを愛しているハーバーマスにとって、この発見は心強い応援に思えただろう。

顧みれば、ハーバーマスは、すでに実証主義論争の頃（一九六〇年代初期）に、現象学的社会学者のシュッツらに依拠しながら、生活世界の構想をふくらませ始めていた。かれは生活世界を、まだ科学以前の素朴な形ではあっても、全人的な経験を与えてくれる、人間形成にとってかけがえのない「共鳴板」として擁護し、物理学的な情報のみを経験と認める実証主義者に反省を迫っていたのだ。もっとも、六〇年代のハーバーマスがまだヘーゲル的な「全体性」の回復に希望をかけていたのに反し、八〇年代のかれは近代社会における諸領域の分化傾向をはっきりと是認することになる。

生活世界を「人間的なもの」の根拠地として打ち出すに当たっては、しかし、二つのかなり大きな問題がつきまとう。一つは生活世界とは何なのか、あるいは社会のうちでどこまでが生活世界で、どこからがシステムなのか、必ずしも明瞭ではないこと。二つめは、物質的・イデオロギー的状況によって、肝心の生活世界が変質してしまう可能性があることだ。ハーバーマスはこの二つの難問にどう対処しているだろうか。

まず、生活世界の概念の曖昧さについていうと、やっかいなことに、もともと生活世界は、明確な把握をすりぬけることを本質としている。ハーバーマスによれば、生活世界は、明示的な表現の「資源」ではあるが、それ自体を明示的な知の対象としようと試みると、たちまち確かさを失ってしまう。つまり、生活世界に、主題化や批判の矛先《ほこさき》は向けられないということだ。もちろん、知性的生物である人間がかかわる世界だから、生活世界に特有の知の形態も存在はする。ただし、それは反省以前の「背景知」、人々が自覚しないまま従っている、背景的な想定や熟練だ。

このように漠《ばく》とした性格にもかかわらず、社会集団の構成員はふつう唯一の生活世界を共有しているし、生活世界の「普遍的構造」は厳然として存在している。ただし、その構造は、存在論や人間学で捉えられる性質のものではなく、歴史的に変化する複数の「生活形式」を貫く構造基盤（インフラストラクチャー）だという。現在のヨーロッパのように、一つの国の中に違った国籍や文化に属する人々が隣り合って生活していたり、また多数の近代国家を包摂した新たな共同体（ECやEU）が創設されたりして、きわめて多元的な社会が表向きは成立しても、人々が日常的にコミュニケーションを交わす基本構造はただ一つだ、それこそ生活世界だと、ハーバーマスはいいたいのだ。

生活世界が植民地化する

生活世界が変質することがあるという第二の問題点を、ハーバーマスは、生活世界の「（内的）植民地化」、「貧困化」、「技術化」といった用語で記述している。

近代社会の進展に伴って、経済と国家というサブシステムがそれまでの生活世界から独立分化したことを、すでにわたしたちは知っている。これらのサブシステムにおいては、言葉を用いて相談しなくても、貨幣もしくは権力という制御メディアによって行為調整が果たされる。言語によるコミュニケーションは、この場合、たんに簡素化されるにとどまらず、無価値になり、メディア制御の相互行為に取って代わられてしまう。この変化は、コミュニケーションに費やしていた時間や精力の負担が軽減され、相互了解が不調に陥る危険も少なくなるという点で、「生活世界の技術化」と理解することができる。要するに、交渉の筋道が最初から規格化され、いわばデジタル化されて、やりとり(といっても言葉のいらない)がみょうにスムースに進むという事態が起こる。

経済と国家という二つのシステム統合の領域に直面して、生活世界は、核家族を制度的中心とし、隣人関係や自由な連合体によっても支えられる私的領域と、文化経営や出版(後にはさらにマスメディア)を中心とする公的領域とに分かれる。核家族は物資的生産を免除され、社会化(つまり子育て)の仕事を専門とするが、経済システムの観点からは、私的な家計という環境(つまりシステムの本体に属さず、その周辺にあるもの)と位置づけられる。他方、文化産業やメディアによって形成される公的なコミュニケーションのネットワークは、文化的再生産にも貢献するし、世論を介して政治的参加の可能性をもつのだが、国家システムの観点からはやはり、「政治支配の正統性を認めさせるためにだけ意味のある環境」という位置づけしか得られない。

前に述べたように、ハーバーマスのマルクスに対する批判として、「国家と経済という二つのサブシステムの分化が、古い階級関係の再編成を引き起こすことに、無理解だった」という点がある。いわゆる西側先進工業社会では一般にそうだが、とくにドイツの社会国家（福祉国家）は、一九五〇年代に効率性と公平性との調整をめざして確立され、階級闘争を制限する役割を果たしている。その社会国家も八〇年代に大きく変容し、さらにドイツ再統一を迎えて再改革の気運が生じたのだが、それはともかく、このような状況では、物象化は（依然として資本主義という条件下で現れるとはいえ）もはやブルジョアだのプロレタリアートだのという階級的特性をもたなくなっている。物象化が現代で生じるとすれば、それはコミュニケーションをめぐる葛藤、すなわち「生活世界の植民地化」の形で浮上する、というのがハーバーマスの考えだ。

後期資本主義では、物質的再生産における危機的不均衡が生活世界にも飛び火し、システムの命令に侵犯された生活世界の文化的（シンボル的）再生産がうまくいかなくなる場合がある。つまり、人格の自己同一性が堅固なものとは感じられなくなるという、アイデンティティの危機ないし病理現象が生じる。これが「内的」植民地化だ。

行政の「お客様」となる大衆

『コミュニケーション的行為の理論』の最終章で、ハーバーマスは、内的植民地化に関連して、国家の干渉主義や大衆民主主義という現象を検討している。けれども、生活世界の植民地化の「モデルケース」としてかれがとくに重視しており、後期資本主義社会の物象化の根底にあると見ているのは、社会国家において、国民が行政に世話・奉仕を受ける

「クライアント」と化す現象だ。ハーバーマスの論点を次に細かく見てみよう。ついていくのに多少きついかもしれないが、わたしたちがいま、ほんとうに自由な存在であるのかどうか、考えることを避けてはいけない。

さかのぼって考えると、植民地化のポイントは「抽象化」というキーワードで言い表せる。そしてこの着眼点は、マルクスの疎外思想とハーバーマスの新たなそれとをつなぐ重要な接点でもある。マルクスが問題にしたのは、具体的な労働力が商品として抽象的な労働力に転化し、そこで賃金と交換されることだ。ハーバーマスによると、資本主義社会における消費者と選挙民も、同様な「抽象化」をこうむっている。なぜなら、消費者は、自分では自律的に売買を決定していると信じているが、何かを買いたいという気持ちが実際の消費財と結びつくためには、供給された商品の中でどれを選ぶかという「需要の選好性」に、その志向は転化しなければならない。本当に買いたいものを買っているとは限らないということだ。この「抽象化」は私的領域の話だが、公共的領域でも事情は同じだ。というのは選挙民も、自発的に世論を形成し、集団としての意思表示を行って、自分たちの代表を選んだつもりになっているが、実際には、政治的指導者を消極的に支持し、それによって体制を既成化する「大衆の忠誠」を発揮しているにすぎない。

このような批判は、すでに従来のマルクス主義によってもなされてきたが、階級理論から距離を取るハーバーマスの理論構築は、二つの点で新味をもつ。第一に、ハーバーマスは、消費者や選挙する公民の自律性をブルジョア的擬制だと全否定することはせず、それらの役割がなんといっても生活世界的コミュニケーションに根ざしている（したがって労働力の場合ほど抽象化はしていない）ということを評価している。第二に、抽象化がシステム論の言葉で説明されている点で、新しい。それによると、システムは自己完結しているため、自己の定めたメディアを通してしか、環境と交流しえない。そのように、国家と経済というサブシステムも、自らの環境（つまり生活世界）の産物を、権力と貨幣というそれぞれのメディアに適合した形で変換したうえでないと、環境とは交渉しえない、というのだ。こうして、システムの論理が生活世界をじわじわと変えていくことを、ハーバーマスは抽象化と捉えている。

お役所の介入を要請する市民

後期資本主義社会におけるその典型が、最初に述べたように、社会（福祉）国家における行政とクライアント（行政の「恩恵」をこうむる国民）との関係だ。社会国家では、目標・関係・サービス・生活する時間や空間などが「貨幣による再定義」を受ける。たとえば、介護保険の考え方では、公的な介護サービスを利用するのも、肉親が自分で介護して、その分の現金を受け取るのも、同じ「価値」をもっている。ケアが金銭的に評価されるわけだ。また、社会国家では、意思決定・義務・権利・責任・依存などは官僚化される。市民の自発的な発言や交渉ですむようなことに、お役所が入り込んで口を出す。しかし、それに慣れてしまうと、人々は進んでお役所の介入を要請するようになる。つまり、公私の両方にわたる生活形式が、生活世界のシンボル的構造から切り離され、経済および国家行政というシステムの影響下で変質してしまう。

社会国家の使命は、資本主義の根幹（経済的生産の組織形態）そのものには触れないままで、資本主義の直接的で否定的な作用だけを緩和することだ。そこで、経済面では、階級闘争を鎮静化させるため、改良主義的な政策が採られる。賃金闘争が法的に制度化され、金銭的・法的な安定保障がなされるが、そのために社会国家が費やすお金を、市民は官僚制のクライアントとして受け取る。これらの経済的「調整」の結果、後期資本主義の状態は「少なくとも主観的には」耐えられるものとなるが、このような体制下での労働も、また有名なドイツの労使の妥協による「共同決定」も、ハーバーマスの目には疎外されたものとしか映らない。

ともあれ、そのようなエサでつなぎとめた大衆の忠誠心を利用して、官僚は、自分たちにとって不都合な発言やテーマを公共的コミュニケーションから閉め出して、その構造をゆがめたり、コミュニケーションの流れを操作したりしようと画策する。日本の原子力政策も、ハーバーマスが指摘するこのような手法に大幅に頼ってきたことは否めないだろう。市民に与えられている政治参加の権利は、本来の広がりと創造的可能性を失い、目の前のメニューから選ぶだけの選挙民の役割へと縮小される。

両義的な兆候（１）――家族の役割

以上のように、ハーバーマスは、発達した資本主義社会の現状に合わせて、疎外論をコミュニケーション論的に組み替えるのだが、それならば、そこからの脱出の展望はどうなっているのだろうか。ハーバーマスの診断はその時点によって少しずつニュアンスが違ってくるが、一九八一年の『コミュニケーション的行為の理論』では少なくとも、次のような変革の芽が示唆されている。つまり、(1)家族における社会化（自我の形成）、(2)マスメディア、(3)異議申し立て（プロテスト）の潜在力である。これらは生活世界の合理化に新たな地平を切り開きうると同時に、つねに大きな危険と隣り合わせに発見されるものであることに注意したい。以下、家族における社会化という現象に力点を置いて、考えてみる。

第一に、家族における社会化について。かつての批判理論は、精神分析をマルクス主義に接《つ》ぎ木し、エディプス・コンプレックスの説を手がかりに、経済システムの機能的命令が超自我に侵入し、産業の要請に忠実な人格を作り上げる仕組みを解明することができると考えた。その背景には、ブルジョア的な小家族観への批判がある。つまりその家族観によれば、家族は相互の親密な愛の絆に結ばれた特別な領域で、その外には経済や労働という冷厳な暴力の領域が運命のように立ちふさがっている。かつての批判理論は、社会の中に浮かぶ「意味と慰めの孤島」としてのこの家族観を、資本主義の論理の一変形であるブルジョア的イデオロギーとみなした。

ハーバーマスも小家族のイデオロギー性を否定しない。けれども、それよりもむしろ、家族内部のコミュニケーション的構造によって、経済や労働の機能的命令から家族の成員が守られるという要素を重視する。ブルジョア（中間層）家族と一口にいっても、時期により変遷《へんせん》はある。父親の権威がそれほど目立たなくなり、家族関係が対等化してきたこと、家族単位よりは、個人単位での対他交流が多くなってきたこと、家庭教育がリベラルになってきたこと――これらの変化のうちで、コミュニケーション的行為に基づく合理性の潜在力が高まり、社会システムから相対的に独立なコミュニケーション的構造が成立している。これにより、社会化（自我の発達）が資本主義的体制の非情な論理に巻き込まれるおそれは、より少なくなる。

もっとも、先に断ったとおり、合理性へのこのような変化は両義的であって、逆に非合理性を助長しかねない脆《もろ》さを併《あわ》せもっている。精神分析医たちの研究をもとに、ハーバーマスが注目しているのは、現代の社会心理学的状況は昔とは違っていること、エディプス・コンプレックスで説明できるヒステリーや強迫神経症は激減し、かわりにナルシシズムによる障害、いらいらして過敏になる傾向、思春期問題の先鋭化などの病理現象が台頭していることだ。親が民主的になるのはいいが、態度が一貫しないと、子どもがすさんで非行に走る危険があると、ハーバーマスは細やかなコメントをしている。

このような青少年の社会化をめぐる諸問題を、ハーバーマスはやはり、「生活世界の植民地化」という、社会のコミュニケーション構造の基本的変化に引き戻して説明する。それによると、かつては、国家への忠誠や経済効率への順応を要求するシステム命令がひそかに家族の中に忍び込み、超自我における内的抑圧を作り出して、自我のコミュニケーション的能力の形成を組織的にゆがめ、そのためにヒステリーや神経症が生ずることが多かった。ところが現在では、忠誠や順応を要求するシステム命令は、外から露骨に家族に突きつけられてくる。そうすると、個人が生まれつき（？）有している能力・態度・動機と、大人がさまざまな機能的命令に応えてこなさねばならない役割との間に不均衡が生じ、社会制度に対する十分な心の準備ができない青年は、家族から離れて独自のアイデンティティを形成するのに困難を感じる。六〇年代末以降の青少年の異議申し立てとドロップアウトの文化を、ハーバーマスはこのような文脈で理解する。開かれた討論を通じて理性的な社会秩序を築き上げるというかれの理念からすると、戦後世代の学生たちがあるいは性急な革命主義に、あるいは一般社会から隔絶したサブカルチャー建設に走るのは、精神的な未熟さと感じられるのだ。

両義的な兆候（2）――マスメディアと新しい抵抗運動

さて、ハーバーマスが変革の芽として取り上げている第二の点（マスメディア）と第三の点（異議申し立ての潜在力）については、ごく簡単に触れるにとどめたい。

マスメディアの発達に関して、ホルクハイマーやアドルノの判断は否定的だった。かれらの手厳しい大衆文化論からすると、かつて人々が政治その他の問題を公共的に議論し合ったその建設的なコミュニケーション形態は、今日のマスメディアの画一化された内容空疎なコミュニケーションの奔流《ほんりゅう》に、跡形もなく押し流されてしまっている。それに対して、ハーバーマスの意見はもう少し肯定的だ。かれは今日のメディアを二種類に分ける。一つは制御メディアで、これは何度も述べたとおり、生活世界から分離し、サブシステムの機能を支えている。二つめは、「コミュニケーションの一般化された形態」だとハーバーマスは主張する。マスメディアはこちらの方に属するのであり、言語による意思疎通を不要にするのではなく、それをただ「集約」しているのであるから、生活世界の文脈から離れてはいないという。先に見た「生活世界の技術化」とは区別せよということだ。

もちろん、マスメディアのもつ潜在力も諸刃《もろは》の剣である。一方でマスメディアは、さまざまなコミュニケーションのネットワークを中央集権化し、「周辺」に対して「中央」に、また「下」に対して「上」に、より優位を与えることもできる。ところが他方で、コミュニケーションの構造そのもののうちに、そのような権威づけに対抗する解放への傾向も内在している。したがって、どれほどマスメディアが上または中央から操作されようとも、責任能力のある行為者がそれに対して断固たる態度で介入し抗議すれば、マスメディアの方も、生身の人間として対話し、議論するという形を最後まで回避し続けることはできない。これは一九八一年の時点で述べられていることだから、九〇年代半ばに急速に存在感を増してきたインターネットなどの先端的なコミュニケーション形態を、ハーバーマスが「解放」の可能性に関してどのように評価するかは興味深い。

最後に、異議申し立ての潜在力について。研究者としてのキャリアのごくはじめの方で、つまり社会研究所の助手だった頃、「大学と社会」に関する研究で、ハーバーマスは、学生が実際に政治参加する機会は「議会外の活動」に限定されていることを指摘した（第2章1参照）。その後二十年余の知的・政治的経験をふまえて、かれは再び「議会外」での政治的・社会的変革の可能性を思い描く。

近年において西側先進国で起こっている抗争は、階級闘争の古典的なモデルでは理解できない。なぜなら、それらの社会的葛藤はもはや富の分配をめぐってではなく、むしろ文化的再生産、社会統合、社会化をめぐって生じており、いわば「生活形式の文法」が火種となっているからだ。この変化の背景には、経済・社会・国内・軍事にわたる安全を第一目標とする「古い政治」から、生活の質、権利の平等、個人の自己実現、人権などの問題に関心を持つ「新しい政治」へのシフトが存在する。「新しい政治」は新中間層、若い世代、専門的な高等教育を受けた人々によって支持されている。

新しい抗争ラインは、一方において生産過程の中枢を担い、社会国家的妥協とその基盤である経済成長を是認する階層、他方において生産過程の周辺部に属し、経済と行政の複合体が肥大することに敏感に反応するか、その肥大の影響をこうむる多種多様な集団、この両者の間に成立する。後者は、反核や環境保護、平和、マイノリティ（老人、同性愛者、身体障害者など）の権利、女性解放などをテーマとする新しい型の異議申し立て（抵抗）運動を展開しているが、これらは組織された労働運動や既成の市民的解放運動とは異質である。

ただし、ハーバーマスは、これらの多彩な運動のうちに、合理化された生活世界から出発し、新たな協力と共同生活を模索している「解放的」な要素と、伝統的で社会的な所有形態を防衛しようと努めている「退却的」な要素とを区別している。新しく導入された「総合制学校」（ゲザムト・シューレ）に対する親たちの反対運動、税制に対する異議申し立てなど、ほとんどの分権運動は後者に分類される。前向きの潜在力をもつ運動と認められるのは、環境保護や平和問題をテーマとする青少年運動やオルタナティヴ（対案提出）の運動である。ハーバーマスは、これらの異議申し立てを「生活世界の植民地化」に対する抵抗と捉える。「緑の党」しかり、原発や遺伝子操作など、技術や政治のシステムから生活世界に押しつけられてくる「抽象化」（過度な複合性）に対する闘いもしかり。

ハーバーマスはまた、経済システムや政治・行政システムに歯止めをかけるために、生活世界のうちから「反制度」を生み出すべきだという主張にも、一定の理解を示している。もちろん、文化的近代（モデルネ）の合理性をシステムの合理性と混同してしまい、近代全般に反旗を翻そうとする人々には、かれは「青年保守主義」という手厳しい評語を用意している。「生活世界の合理化」を近代の偉大な獲得物として擁護し、推進していくかれの意志は、「未完のプロジェクトとしての近代」という構想に結実していく。

第5章 ポストモダン思想との対決

1　現代フランスの理性批判とハーバーマス

ポスト構造主義のインパクトに応えて

わたしたちは第4章では、一九七〇年代末から八〇年代初頭にかけて、「コミュニケーション的行為」という基本概念がハーバーマスによって完成にもたらされた様子を見た。この章では、近代の理性啓蒙の遺産を断固として守り抜こうとする論争的な思想家ハーバーマスの哲学的硬骨漢ぶりを、わたしたちは改めて知ることになるだろう。時期的には、主として、八〇年代の前半、ハーバーマスがマックス・プランク研究所をやめて、フランクフルト大学に戻ったころにあたる。

十二の講義を集めた形式の『近代（モデルネ）の哲学的ディスクルス』は、一九八五年に出版された。「ディスクルス」というドイツ語は、「討議倫理学」の「討議」をも意味するが、いまの場合には、フランス語の「ディスクール」同様、「言説」と訳してよかろう。ともあれ、この著作は、西洋の近代というものがどのように自己理解されてきたか、その哲学的把握の系譜を批判的に再構成している。系譜は、ヘーゲルに始まり、ニーチェを経て、現代フランスの思想家たち（デリダ、バタイユ、フーコー、カストリアディスなど）に至る。

この近代論をまとめる直接のきっかけになったのは、系譜の最後に連なる、フランスのポスト構造主義（ドイツでは「ネオ構造主義」という呼び名がふつう）からの挑戦だ。すでに一九八〇年に、ハーバーマスは、アドルノ賞を受賞するさいに、「近代——未完のプロジェクト」と題する講演を行い、近代の啓蒙的な合理性を受け継ぎ、発展させるプログラムを明らかにしていた。ところが、ドイツ内外の新保守主義者（C・シュミットやゲーレンの流れ）と並んで、フランスのポストモダン、ポスト構造主義の人々は、現代における「反啓蒙」の思想の主要な供給源となっている。ハーバーマスは、すでにヘーゲルにおいて兆し、ニーチェにおいて決定的となる反啓蒙的な近代の偏倚《へんい》と、その延長線上にあるフランス現代思想を迎撃しようとする。

哲学者としての自分の位置を確認するこの作業は、ハーバーマスにおいて、当然のことながら、政治・社会的状況へのコミットメントと切り離せない。『近代の哲学的ディスクルス』の前書きは、この書を主として政治的な観点で補完する別の著作が、ほとんど同時に上梓されることを予告して、閉じられている。その著作とは、『新たな不透明性』（一九八五年）だが、ハーバーマスの「政治小論集」シリーズの第五巻となるこの書にも、新保守主義的文化傾向との対決、八四年に亡くなったばかりのフーコーのカント講義に寄せた文章などが含まれていて、『近代の哲学的ディスクルス』との連続性がはっきりとうかがえる。

熱い秋、フーコーの死

『近代の哲学的ディスクルス』に収録された諸講義は、いったいハーバーマスにとってどのような時期に行われたのだろうか。この書の前書きによると、それは、シュタルンベルクのマックス・プランク研究所から、かれがフランクフルト大学に復帰した直後に当たる。つまり、二つの例外を除いて、それらの講義は一九八三年夏学期と、この年から翌年にかけての冬学期にフランクフルト大学で行われた。最初の四つの講義は、それに先立って、八三年三月にパリのコレージュ・ド・フランスでも講じられたと述べられている。

ところで、私はちょうどこの時期、正確にいえば、八三年七月から八五年三月までドイツに滞在し、その間なんどかフランスをも訪問することができた。すぐ後に述べるように、ある学会ではじめてハーバーマスの話を聴く機会も得た。ごく狭い範囲の見聞ながら、この時期のハーバーマスとドイツを取り巻く雰囲気を伝えるべく、私の記憶に残る二、三のことに言及してみたい。

一九八三年の秋は、日本人には、ソ連軍による大韓航空旅客機撃墜事件で記憶されるかもしれないが、ドイツ人の胸には何といっても、「熱い秋」という形容とともによみがえってこよう。すなわち、この年、アメリカのパーシングⅡ型の中距離核ミサイル（ソ連・

東欧圏を射程に入れる）がドイツ国内に実戦配備されることをめぐり、ドイツ世論が沸騰し、十月には空前の大規模なデモが国中をおおった。時代はまだ冷戦の論理に支配されており、パーシング配備がソ連と東欧を決定的に刺激し、核戦争へと発展する可能性さえあると、人々は恐れたのだった。

1983年10月20日、西ドイツのフライブルクで核ミサイルの配備に抗議して約5000人の学生が座り込んだ。（picture alliance/アフロ）

テレビをつけると、ドイツなまりで「パーシング」を発音するアナウンサーの声が、連日耳に飛び込んできた。「ミッテル・シュトレッケ（中距離）」という角々しいドイツ語が、なぜ多数の人々の恐怖をかきたて、平和運動に追いやるのかは、ドイツの政治情勢にも地政学にもうとい私には、かいもくわからなかった。いずれにせよ、このとき盛り上がった「市民的不服従」の気運を、ハーバーマスは、『新たな不透明性』の第三章「八三年秋」に書きとめ、それを擁護している。

さて、翌八四年五月に古都アウクスブルクで開かれた、ハイデガー哲学をめぐる国際学会に私は参加し、デリダやリオタールなどのフランス現代思想をドイツ語圏の研究者たちが論ずるのを、はじめて経験することになる。というのは、日本ではすでに七〇年代前半からポスト構造主義は紹介されていたが、たとえフランスの隣国とはいえ、ドイツの哲学界では長いことこの新しい思想は白眼視され、わたしの印象では八〇年代末まで市民権を与えられなかったのだ。もっとも、一九八一年に老哲学者ガダマーがパリを訪れ、デリダと議論にならぬ議論を交えたとき、ガダマーのことは知っているフランス人でさえ、「デリダって誰だ?」と訊いたという話がある。ポスト構造主義はそれほど、フランス国内でさえ、少数派に甘んじていたということらしい。そうしたなかで、ハーバーマスがつとにフーコーやデリダを論敵と認めたというのは、重要な意味があろう。

回想を続けよう。八四年七月、私はドイツからパリに赴いた。といっても、一介の旅行者としてだ。フーコーの講義は聴けないまでも、運良くかれの姿を見かけることもあろうかと、コレージュ・ド・フランスの界隈をあてどもなく歩き回りもした。その直後、街角で週刊誌の見出しから、フーコーがすでに六月二十五日に死去していたことを知り、衝撃を受けた。ちなみに、ハーバーマスが、カントの「啓蒙とは何か」を取り扱ったフーコーの講演を論じつつ、かれの死を悼む文章を新聞に発表したのは、七月七日のことだった。

私のドイツ留学も終わりに近づいた八四年十二月、シュトゥットガルト郊外で「フランクフルト学派」に関するかなり大規模なシンポジウム（フンボルト財団主催）が開かれ、日本からは三島憲一、徳永恂の両氏などが参加された。私もなんとか末席に加えてもらい、はじめてハーバーマスの顔を見、声を聞くことができた。

京都のシンポジウムでの一コマ。前列右から５番目がハーバーマス。

「声を聞くことができた」といった。会えばすぐにわかることだが、ハーバーマスには発声上の軽い障害があり、慣れないうちはかれの言葉が聞き取りづらい。もちろん、言語的分節化の若干の困難さがかれの思想や座談の価値を下げるわけでは少しもなく、むしろそれゆえにこそ、ハーバーマスは言葉とコミュニケーションに深い持続的な関心をもち、コミュニケーションの哲学者として大成できたのかもしれないと、ひそかに思ったことである。このシンポジウムでは、残念ながら、ハーバーマスと個人的に話を交わす機会には恵まれなかった。

しかし、すでにこのときには、ハーバーマスを京都に招いて、「法制化とコミュニケイション的行為」についてのシンポジウムを開催する計画が、京都大学法学部の河上倫逸氏を中心に、進行中であったらしい。翌八五年十月にこのシンポジウムは実現し、帰国していた私も招待を受け、「合理性をめぐるいくつかの問題点」と題する報告を行った。やっと、ハーバーマスに自分の考えをぶつけることができたわけだ。プロローグにも書いたように、「わたしはウェーバーのような天才ではないですよ」という言葉をはじめとする、いくつかの新鮮なコメントをハーバーマスの肉声で聞けたのも、小さからぬ収穫だった。

個人的な回想はここまでとしよう。以上から、八〇年代前半、ハーバーマスがポスト構造主義や新保守主義との取り組みを深めていた時期の気分が垣間見えるかもしれない。さてこんどは、『近代の哲学的ディスクルス』をはじめとするテクストに分け入り、ハーバーマスの思想そのものに対面しなければならない。かれが俎上《そじょう》にのせている哲学者たちすべてを顧みることはできないので、そのうち、コミュニケーションに関してハーバーマスとは対極的といってよい考え方をもっているデリダと、新保守主義とのからみでその「権力」論が注目されるフーコーとを、ここで取り上げることにしたい。

2 デリダ——記号論の次元

ヘーゲルからの系譜学

近代の啓蒙主義は、それまでの時代のように何らかの権威に服従することを拒否する。自分の進む方向を定めるのに、他の時代から模範をもらってくるかわりに、「自分の規範性を自分自身から汲んでくる」というやり方をする。しかし、「自己自身による根拠づけ」というこの近代的文化の特徴は、社会の機能的分化とそれに伴う葛藤（コンフリクト）の増大という社会情勢と表裏一体であり、またこの危機的状況の解決策を提示しなければならない。

ヘーゲルの提示した回答は、「絶対的人倫」というものだ。すなわち、個と全体とが有機的に調和する国家（人倫）を形成し、さまざまな身分・勢力の間の分化や敵対行為をたくみにその国家の生き生きとした「普遍性」のうちに吸収する。それにより、「自己自身による根拠づけ」というあまりにも徹底して先鋭な近代の傾向も、自縄自縛《じじょうじばく》の危機から救われ、それでいて啓蒙による解放の成果は確保できる。

ヘーゲルの解決法は、認識する主体の自己関係のモデルを「絶対者」という極限の形態にまで高め、それをいわゆる客観精神の領域（国家・社会）にまで拡張したものだった。ハーバーマスは、このような独話（モノローグ）的形態のうちに、ヘーゲルの構想の根本的な誤りを見る。ハーバーマスが早い時期に指摘したように、ヘーゲルの初期の著作には、言語の役割を重視し、対話的・コミュニケーション的理性をめざす方向も垣間見えていたのだ。ところがヘーゲルは、自己完結した理論体系を構築するという、別の方向に進んでいってしまった。

ハーバーマスによれば、ポストモダンは新保守主義と美的アナキズムの二つの潮流に分かれるが、その新保守主義は、ヘーゲル死後に、その保守的傾向を受け継いで成立した「ヘーゲル右派」を基盤としているという。『啓蒙以後の哲学』（一九八〇年）という著書を出し、啓蒙批判の論調を表題にまで表現しているH・リュッベをはじめ、H・フライヤーやJ・リッターらの学者たちも、すべてヘーゲル右派の思想に連なっていく。リッターによれば、伝統は価値を失い、テクノクラシー化が進んでいるが、われわれは少なくとも主観の領域で伝統のもつ意義を信じ続けなければならない。さもなければ社会は統合する力を失い、バラバラに解体されてしまうだろう。

ニーチェの影――反理性へ

このように伝統のもつ「補償的役割」を主張する点で、新保守主義が、理性の自律性を唱える近代啓蒙の役割を大きく制限していることは明らかだ。しかし、ポストモダンのもうひとつの潮流である「美的アナキズム」（ハーバーマスのいうところの）は、啓蒙的理性に対する批判をさらにラディカルに押し進めた。その先駆者がニーチェだ。

思想家ニーチェをその初期から魅惑したのは、整然とした輪郭を保つ「アポロン的なもの」に対立し、陶酔と激情のうちに個体化原理を埋没させる「ディオニュソス的なもの」だった。だが、ハーバーマスの目から見ると、それは美的な仮象への屈服に他ならない。ハーバーマスは世界や他者との相互行為を人間的なコミュニケーションの中核として重視する。ところがニーチェにとって、日常的な世界は慣習的に形骸化しており、物事の本当の姿も真の感動もそこからは期待できない。そこで、この世界とのいかなるつながりも断ち切った、まったき自己忘却の領域に入り込むことが必要となる。それが芸術的な陶酔の次元であり、ハーバーマスには理性に真っ向から敵対するものと映る。「ディオニュソス的なもの」を称揚し、近代の理性とコミュニケーションの形態を全面的に批判することにより、ニーチェは近代の袋小路を脱出できると考えた。

芸術による救済の理念はニーチェでも初期の思想に属すので、それを中心にニーチェを解釈するのは問題があるかもしれない。いずれにせよ、このように生活世界的コミュニケーションとその理性とを基軸にすえ、そこからの偏倚で思想を判断するのは、ハーバーマスらしいやり方で、またそれがかれの批判の出発点ともなる。ハーバーマスにいわせれば、近代合理性をトータルに批判する反理性のことばは、それ自身理性に属する。つまり、ニーチェとその後継者たちの美的アナキズムは、理性が自己自身の足元を攻撃し、掘り崩すという致命的な「自己関係的」批判を楽しんでいるだけなのだ。ハーバーマスは、ポスト構造主義とそれにはやばやと攻撃の足がかりを確保した上で、連なる思想群を、二つの線に沿って分類する。一つはバタイユ、ラカン、フーコーによって受け継がれる「懐疑的科学」の線であり、もう一つはハイデガーとデリダによって担われる「形而上学批判」の線である。まず、後者を追ってみよう。

デリダ――現前性の脱構築

他の多くの現代フランスの思想家におけると同様、デリダのハイデガーに対する関係は入り組んでいる。ハーバーマスは次のように、二人の近さと遠さとを浮かび上がらせる。

第一に、ハイデガーの思想にまとわりついているドイツ農民的な感覚は、デリダにはない。単純で直接的な「現前」をよしとし、前近代への郷愁をそそるメタファー群が、とくに後期のハイデガー哲学を彩っていることを、デリダは問題視する。

第二に、言語の問題を重んじる点では、デリダはハイデガーに劣らない。しかし、後者が言語をおしなべて「存在のすみか」と名づけ、それ以上には解明のメスを入れないのに対して、デリダは言語学をとぎすまして形而上学への批判に用いる。

第三に、これがいちばん肝心なのだが、絶対者や超越的な原理をもちだす従来の「根源哲学」をハイデガーは時間論的に組み替え、(デリダ流にいえば) 脱構築した。しかし、その致命的な代償は、ハーバーマスから見れば、「真理」という概念が根を失ったことだ。前期のいわゆる実存論的なハイデガー哲学においてさえ、「現存在」(人間) の真正のあり方が規範的な内実として保たれていたのに、かれの後期の思索からはそのような真理や当為を語りうる構造がすっかり姿を消す。ハーバーマスにいわせれば、時間化され、転倒させられた形で、しかし古い根源哲学はハイデガーのうちで生き続けている。そして、デリダの「原エクリチュール」論もまた根源哲学のスタイルで無邪気に提示されており、その悪しき帰結に至るまでかれは忠実にハイデガーに従っている。このようにハーバーマスは追及する。

デリダが語用論（コミュニケーション論）の方向に突破できなかったということは、フッサール現象学に対するかれのかかわり方においても指摘される。ある表現の意味内容はその記号的な形（基体）から不可分だ。それなのに、フッサールは「純粋な意味」というものを想定し、これに優先権を与えた。デリダはこのような「意味のプラトン主義化」、いいかえるとロゴス中心主義に反対し、むしろ記号の方に超越論的な優越性を認める。

完全に同一の「意味」がつねに現前しているという「現前性の思考」に反対して、

ジャック・デリダ（1930－2004）
(Gamma-Rapho/Getty Images)

デリダはその背後にある「反復」の構造を突きつける。すなわち、あらゆるものが時間と経験の流れに引きさらわれつつ、まさにそのもの「として」現前せしめられている。素朴にそれ自身と同一のものは存在せず、すべての自己同一性は反復の構造のうちでそのように構成されるというのだ。その意味で、時間的な差異と他性とが、同一性よりも先にあるのに、「現前性の思考」はこの事情を覆い隠す。

しかし、「現前性の脱構築」という記号論的な出来事も、日常的コミュニケーションに翻訳できないかぎり、ハーバーマスにとっては「解放」に導かぬ空念仏にすぎない。ハーバーマス自身は、これまでの西洋哲学の欠陥を別な方向で克服することを考えている。それは、ウィトゲンシュタインにならって従来の「意識哲学」を完全にぬぐい去ること、そして言語を間主観的に構成された「間《あいだ》の領域」としてはっきり認めることだ。この独自の領域こそ、超越論的性格をもつ「世界開示」(世界そのもののあり方を解明すること)と、経験的性格をもつ「内世界的」経験可能性(世界のうちであれこれの具体的なものに出会うこと)との、両方に参与しているのだ。この点、デリダは依然として、内世界的なものを構成する超越論的主観にこだわっており、意識哲学の枠を出ていないとハーバーマスには思われている。

同一性か差異性か

「差異の思想家」と形容されることの多いデリダに対して、ハーバーマスの理論戦略は、デリダの隠れた同一性志向を暴露すること、つまり、かれが結局は「超越論的な主観」というとびきりの同一性に固執しているという事実を指摘することだった。デリダの側から見てこの指摘が正しいのかどうか、くわしく検討している余裕はここではない。

ポスト構造主義が全体として、主体、現前、同一性といった西洋思想の伝統的価値を破壊もしくは脱構築することに努めているのに対して、ハーバーマスは「差異の思想」の追究のそれなりの正しさを認め、かれ自身も伝統的志向から一線を画そうとする。ただ、ハーバーマスは、同一性というものは理念化された形でしか出てこない、その意味では虚構だということをどこかでは心得つつ、同一性を前提しなければ生活世界と日常的コミュニケーションが崩壊するという危機感をいだいている。日本では、フランス系の現代思想の華やかなキャッチフレーズのかげで、ハーバーマスは地味で気の利かない理論家という印象が強い。アドルノやベンヤミンなどフランクフルト学派の先輩たちがフランスに影響を与えているのに比べると、かれらの「非同一性」の思考よりも後戻りしていると思われている。

ハーバーマスはなぜ確信犯的に同一性を擁護するのか。この点を確認し、哲学者にして現代思想家としてのハーバーマスの「意地」を見届けておこう。一言でいえば、ハーバーマスは、倫理的ないし合理的な領域を守るため、あえて理念化・単純化の手段を採用するのだ。いいかえると、コミュニケーションが多数の複雑に入り交じった要素を持ち、複数の領域に及んでいることを承知しつつも、最終的には実践的な目的のために、その複雑性を切りつめるという戦略である。この戦略は、「コミュニケーション」をめぐる一九七〇年代のデリダとサールとの論争に対する、ハーバーマスのコメントに典型的に現れているので、それを参照することにしよう。このコメントは、「哲学と文学との類的差異の均等化」と題され、『近代の哲学的ディスクルス』のデリダに関する章（第七章）の補論となっている。

ハーバーマスはそこで、はっきりとサールの言語行為論の肩をもち、デリダによる「哲学と文学との類的差異の均等化」を厳しく論難している。このコメントで、デリダ自身のテクストよりも、デリダ派（脱構築派）の文芸批評家たちのテクストをハーバーマスはあげつらい、しかもデリダのテクストに（これは「哲学」ではないという意味で）「文学」のレッテルを貼りつけている。この態度はフェアではないと評判は悪かったようだが、ハーバーマスからすれば、デリダの正体はすでに見破っているというつもりなのだろう。

生活世界の当事者

限りなく多様な文脈のなかにことばがおかれ、そのたびに「意味」が微妙に変わってくることは、ハーバーマスも認める。しかし、そこから「意味の相対主義」を導き出してはならないという。ことばは、生活世界においてそれを実際に使う「当事者」の立場に立って、考察しなければならない。当事者たちは、生活世界で「ふつう」とされる世界の状態については、それを当たり前だと考え、いちいち問題として取り上げることはしない。つまり、かれらにとって、ことばの「文脈」は安定している。また、たとえ「ふつう」かどうかについての確信が揺らぐことがあっても、かれらはそこで互いに話し合い、「合理的な動機をもつ同意」に到達できると信じている。いいかえると、生活世界の当事者たちは、基本的には意味の同一性を前提して生きていて、その同一性が疑わしくなるとしても、それは一時的な問題にすぎない。ハーバーマスは以上のように論じる。

言語行為論に影響を受けている点で、デリダはおそらくハーバーマスに劣らないが、ただ、言語行為論の代表者たちが行う区別(「まじめ」で字義どおりの言語使用と、「非-まじめ」で虚構的な言語使用)をかれは脱構築する。それはあくまで「脱構築」であって、区別の「破壊」ではないのだが、ハーバーマスはそうは受け取っていない。デリダは虚構的なことばの使用(芸術・文学における)のモデルに従って、すべての言説(われわれの日常生活のそれを含めて)を分析している、とかれは解釈している。

ハーバーマスのデリダに対する警告は、さまざまな言語領域をきちんと区別し、領域間の境界線を厳守せよということだ。ハーバーマスは、かれが擁護しようとしているサールその人よりは、芸術・文学の機能の独自性を認めることに熱心だ。しかし、詩的言語は、日常生活で使われる内世界的な言語とどのような関係に立つのだろうか。文学言語は、日常世界とはまったく異なり、「決断への圧力」から自由な「新たな世界」を遊戯的に創造するのだろうか。それとも、文学言語とて、われわれがふだん何気なく口にする冗談や皮肉と同じ次元の「虚構」作用を引き起こすだけで、けっして「世間の営み」から隔絶した世界を形成しているわけではないのだろうか。

ハーバーマスは、日常的コミュニケーションは「問題解決」をめざしているのに対し、文学・芸術言語は新しい「世界開示」という機能を果たすという。「芸術のための芸術」などという特権を、ハーバーマスは認めない。生活世界のコミュニケーション的行為を通して、個人は成長・発展することができる。文学言語もこの相互行為的な「学習プロセス」の産物のひとつであるからには、このプロセスに即して自分の真価を証明する務めがある。これは当然、文学言語の虚構作用に偏りすぎている（とハーバーマスには映る）デリダに向けてもいわれている。しかし、問題解決と世界開示という二つの言語機能の区別は同時に、コミュニケーションの社会的性格に関する根本的な問題に触れていることを忘れてはならない。つまり、スムースなコミュニケーションを優先すれば、芸術的表現への努力や意欲が抑圧される恐れがあるが、それではコミュニケーションの内実の深さが失われてしまう。さらには、表現の自由や検閲の可否をめぐる法的な議論もこれに関連してくるのだ。デリダの脱構築とハーバーマスのコミュニケーション論は、社会的存在としての人間を異なった角度から明らかにしており、わたしたちはこの両者を等しく真剣に受けとめる必要があるだろう。

3　フーコー――権力論の次元

ディスクール論から「主体の死」へ

フーコーという思想家は、構造主義から学びつつ、構造主義から一定の距離をおいて、言説（ディスクール）の理論を展開した。われわれは、ふつう、ひとつの書物は独自のまとまりをもっていると考えている。ところが、フーコーにいわせれば、その「まとまり」（統一）とは、その本の題名において示されるだけかもしれない。というのは、考えようによっては、その本を執筆するさいの下書きや、修正、削除などもその本の一部といえるし、また他のテクストからの連想や本歌取りのような関係なしに、その本は成立しえなかっただろうからだ。作品は作者の「もの（所有物）」だという通念も、比較的新しく生じたもので、けっして自明ではない。テクストは、そのように、内に向けても外に向けても、特定の境界線で区切られてはいない。

フーコーは、『狂気の歴史』（一九六一年）や『知の考古学』（一九六九年）などで、経済学、生物学、精神病理学、文法といった言説の諸領野を分析した。たとえば狂気に関する言説がどこでまとまりをもつかというと、それが対象としている精神病や精神病者においてではない。なぜなら、そういった対象は唯一不変の対象としては存在しておらず、各時代によって違った形をとるからである。むしろ注目すべきなのは、そのように歴史的な場がどんどん変わっていっても、精神病や精神病者とされる対象が一定の期間に立ち現れることが可能だという事実であり、またそれを可能にする「諸規則の働き」だと、フーコーは指摘する。

このような構造主義的、あるいはポスト構造主義的な捉え方からすると、ひとりの人間の言表行為は、超越論的哲学や心理学がいうような独立の「主体」から発しているわけではない。作品のあらゆる要素を独自に産出し、その全体を所有する、神のごとき作者がいるわけではない。言説の背後に控えて、それを支配する「主体」は存在しない。かりに主体を問題にするのなら、それはつねに分散しているのであり、すでに死んでいるのである。有名になった「主体の終焉」の主張である。

構造主義と解釈学を超えて

フランスでいうところの「人間科学」の生い立ちを見つめるフーコーの歴史記述は、やがて「系譜学」へと発展した。これは構造主義にとどまらない独自の構想だが、同時に歴史学におけるひとつの潮流である「解釈学」とも明確に対立している。ハーバーマス自身はイデオロギー批判の立場から解釈学には一定の修正を加えながらも、基本的には解釈学の方法論を重視しているので、この扱いをめぐってフーコーと対決せざるをえない。

解釈学によれば、歴史家はその対象を偶然に、あるいは自分の恣意で選ぶわけではなく、「作用史」と呼ばれる大きな歴史的流れの中で、自分がそれと気づくまえから、その対象と結びつけられている。フーコーの系譜学、もしくは「知の考古学」の見方はまったく違う。それによれば、歴史家と対象との連関ないし連続性は破壊されるべきだ。たとえ言語による歴史資料（史料）であっても、それを考古学的まなざしで、声なき遺物として捉えること。

ミシェル・フーコー（1926－1984）

史料を読みとるためには、人々のふるまいの根底にあって、しかも本人には気づかれない権力への欲求（いいかえると「支配の実践」）を洞察し、分析しなければならない。この実践（プラティック）は、それ自身は「意味」というものをもたないのに、すべての意味を生み出す源泉だという。歴史において、各時期の言説空間はまるで万華鏡のように冷たく、空疎《くうそ》に形を変えていくが、「意味」を超えたその形態変化をただ客観的に見つめればよい。解釈学のように、歴史家とその対象（史料）とを結びつける歴史的連続性、つまり「作用史」を想定するべきではない。

フーコーはこのように解釈学を批判し、ニーチェの理性批判のプログラムを「歴史学の破壊」へと向け変えた。ハーバーマスはそれに対し、基本的な疑問を突きつける。そのようなラディカルな批判を貫徹しようとすれば、他の理性批判と同じく、「自己関係」のアポリア（難点）を免れず、自分で自分の足元を攻撃してしまうのではないか。たとえば、『狂気の歴史』でフーコーは、理性と狂気との動的連関を歴史的に記述したが、当の歴史家フーコー自身はあくまで理性の地平を動かなければ仕事にはならないのではないか。すると、そのかれが理性を批判し、理性の他者を求めることによって、かれの立場自体がダメージを受けることになる。これがハーバーマスがくりかえし指摘する問題点だ。

「自己関係」の落とし穴

フーコーによれば、近代の人間中心主義的思考は、人間解放をめざすその動きによって、逆説的にも人間を隷属化させる。これは人間科学にもあてはまることで、たとえば精神医学の認識は、科学的言説による知的な解放を与えると同時に、その枠付けと選別の機能により、生身の人間である患者をも、また医者をも排除することになる。「知への意志」がディシプリン（規律）の権力へと固定化してしまう。いいかえると、ヒューマニズムとテロルとの内的親和性をフーコーはえぐり出すわけで、これがかれの近代批判に鋭さと仮借《かしやく》なさを与えると、ハーバーマスは見ている。

しかし、近代のこの恐るべき二重運動の原因はどこにあるのだろう。それは、近代の人間主体が、自己をどこまでも超越しようと試みて、そのつど挫折するところにある。この自己矛盾に陥る「自己関係」的な二重化の問題については、カントにさかのぼらねばならない。これは哲学的にかなりこみいった問題だが、近代思想の落とし穴を解明するために不可欠なのだ。この点を、ハーバーマスとともに、ていねいに確認しておく必要がある。

カントの哲学とそれを受けて成立したドイツ観念論（フィヒテ、シェリング、ヘーゲル）では、三組の対立項が問題になった。第一に、超越論的なもの（世界を認識する自我）と経験的なもの（世界において経験されるさまざまな事物）。この対立を克服しようとしたのがヘーゲルで、かれによれば「精神」は自己を世界へと外化し、それを再び「内」へと取り戻すプロセスを経て、完全な自己認識に到達する。第二の対立項は、すべての現象を考察し、その原理を明らかにしようとする反省的思考と、それによっては取り込めない、あらかじめ考えられないもの。このディレンマを逃れる試みは、フロイトに見られる。フロイトは、人間の心の「無意識」のうちにとどまっているものを、精神分析の技法で意識化し、明るみにもたらそうとした。第三の対立項は、人間社会の理想的状態（「根源」）はすでに以前に存在しているという考え方と、「根源」はやがてやってくるという考え方。マルクスやルカーチの歴史哲学はこのディレンマの解決を図ったが、それはテロルや自己操作という形でのみ実現可能であった。

カント以降、主としてドイツ語圏で展開したこの「自己関係」の問題性をきちんと見据《みす》えることは、フーコーの系譜学・権力論にとっても、それを論評するハーバーマス自身にとっても重要だ。日本の現代思想の議論では、ドイツ哲学の重厚な概念性を置き去りにしたまま、あるいはそれを未消化な形で取り入れたまま、皮相なことばが飛び交うことが少なくないので、この点は注意したい。

もちろん、ハーバーマスはフーコーの「自己関係」の見方に全面的に同意しているわけではない。フーコーにいわせれば、真理への意志は権力テクノロジーのひとつの形態にすぎない。自分の限界を乗り越えようとする前述の傾向も、権力欲に駆り立てられているかぎり、自己関係の袋小路から出ることはできない。こうして、フーコーは権力論に移行する。それに対してハーバーマスは、フーコーの権力概念は、かれが批判する意識や主体の哲学から取ってこられており、したがってその哲学を克服してはいないと、異論を唱える。「自己関係」のアポリアに巻き込まれないためには、意識哲学そのものに別れを告げ、間主観性とコミュニケーションの立場を徹底することが唯一の道だ。

フーコーの「隠れ規範主義」を批判

フランクフルト学派の批判理論に学び、「実証主義論争」を闘ったハーバーマスから見て、フーコーの社会理論（系譜学・権力論）は基本的難点を免れない。フーコーの認識枠組みは、意味、真理の妥当要求、価値づけの三点で、客観主義的な主張をもつ。すなわちフーコーは、第一に、言説に関与して、その「意味」を解明する（解釈学）かわりに、それ自体では無‐意味な構造を民俗学的観察者の観点から分析するのであり、第二に、言説の妥当要求（自分が真理を述べているという主張）は権力作用として機能しているにすぎないとみなし、第三に、価値判断（または批判の正当化）にかわって価値自由な歴史的説明を行う。

しかし、ハーバーマスは、フーコーが閉め出そうとした「意味」や「価値」の要素はやはりフーコーの理論につきまとい、そこに首尾一貫性のなさが生じると指摘する。まず第一の「意味」の問題については、歴史記述は自分の出発点となる状況（つまり記述者にとっての現在）にどうしても囚《とら》われ、不本意にも「現在主義」に陥る。フーコーの場合で具体的にいえば、かれは先端技術によって身体や生命を管理するバイオ・ポリティックス（生命の政治）やディシプリン（規律）の権力を現代の運命とみなすわけで、かれの歴史記述はこの解釈学的な基本状況に結びつかざるをえない。

第二の妥当要求の問題。今見たように、歴史家の分析が現在を離れられず、その現在の文脈に依存した実践的企てでしかありえないのであれば、それは不可避的に「相対主義」

に陥ってしまう。フーコーの権力論では、ある妥当要求がもつ意味は、そのつどの言説空間においてその主張が及ぼす機能作用に尽きる。しかし、この思想は自己関係的・自己破壊的である。つまり、この思想に従う研究も、置かれた状況において、たまたまある機能を果たすにすぎないのだから、他の思想に基づく研究よりましだとはいえない。たとえば、フーコーは、権力システムの澱《おり》となり、権力のテクノロジーをその身で味わう人々（犯罪者と監視人、強制収容所の被収容者と警備員、黒人やホモセクシャルなど）に目をとめる。かれらの側に立って「反権力」的観点を獲得し、権力をもつ者たちの観点と妥当要求をしのぐことをめざす。しかし、反権力はすでに権力の地平を動き回っており、それが勝利を収めるやいなや、権力複合体に変質して別の反権力を呼び起こしてしまうのだ。フーコーはこういったディレンマを見抜いているくせに、あえて「反権力」の妥当要求に優位を認めているのだ。

第三の価値判断の問題については、ハーバーマスはフーコーの「隠れ規範主義」に複雑な視線を投げかけている。フーコーは「異議申し立て」の側に立つ人間だと自分のことを了解しているが、そこにはすでに規範が、しかもはっきりと正当化されていない規範が潜んでいるのではないか。屈服するより、闘争の方が好ましいと、いったいどのような根拠からいえるのか。そのうえ、フーコーの権力論では、ハーバーマスの分類でいうと「戦略的行為」のモデルのみが許容され、「コミュニケーション的行為」の余地が残されていない。人々は策略を駆使して自己利益を追求し、外からの刺激に抗して「内的世界」を守ろうとするのみである（フーコー晩年の「自己への配慮」）。これがハーバーマスには致命的な欠陥に映る。しかもそれは、保守的な「制度」論者であるゲーレンと共通の欠陥だ。それに対してハーバーマスは、生活世界のうちで言語を通じて社会統合を実現すること、そのさい社会化（社会の一員となること）が個人化（主観的世界の分節化）と表裏一体であることを主張する。かれには近代啓蒙の合理性を引き継ぎ守り抜く使命感があるから、フーコーの思想的力量や人物には敬意を払いながら、その「反啓蒙」的危険には鋭く反応せざるをえないのだ。

ハーバーマスは、一九八三年三月にパリのコレージュ・ド・フランスに招かれ、『近代の哲学的ディスクルス』の最初の四章にあたる部分を講義したが、そのおりにフーコーと初めて会見し、かなりじっくりと意見を交換している。客観主義的な、「ほとんど澄み切った科学主義的抑制」と、主観的な「政治的バイタリティ」とがフーコーのうちに同居していることに、ハーバーマスは、強い印象を受けた。ハーバーマスは、フーコーという時代診断者が、「生産的な矛盾」を耐え抜いたことを賞賛しているが、しかしそれは「矛盾」であることに変わりはない。

それに対し、フーコーはハーバーマスをどう受けとめただろうか。新保守主義だの、反啓蒙だのというハーバーマスの批判に、フーコーは直接には反応しない。フーコーは、ある人の哲学的理念と具体的な政治的態度との間には微妙な「分析的」なつながりがある（逆にいえば、ストレートなつながりはない）こと、その人が口にする哲学的理念をうのみにするかわりに、かれの生き様、実践（プラティック）の細部を慎重に検討してみるべきこと、を指摘している。これは、ハイデガーの政治的態度と新保守主義との関係を繰り返しやり玉に挙げるハーバーマスに対する、遠回しの反論と解釈していいだろう。

ハーバーマスによると、フーコーは「啓蒙とは何か」をテーマとする内輪の会議を、八四年秋に開こうとハーバーマスに提案したという。二人の思想家がそれぞれの仕方で重視していたこのテーマは、両者の対立点をより明確にするとともに、新たな相互理解に道を開いたかもしれない。しかし、この可能性は閉ざされた。フーコーは、八四年夏には世を去ったからである。

4　形而上学への回帰？

ヘンリッヒとの論争

この章はハーバーマスとポストモダン思想との対決を描いてきた。しかし、ハーバーマスという人はつねに多くのフロント（戦線）の間を行き来している活動家である。モダン

（近代）の合理性を守るためにフランスのポスト構造主義者たちと渡り合ったその余勢を駆って、かれは矛先《ほこさき》をドイツ国内に転じた。こんどの論争相手は、緻密な哲学史の知識と重厚な文体で伝統的な哲学の世界では令名の高い、ディーター・ヘンリッヒだ。

現代思想だなんだといっても、哲学者の国ドイツでは、伝統的なタイプの西洋哲学（なかでもドイツ観念論）があいかわらず重きをなしている。ヘンリッヒはハーバーマスと同世代で、年若くして注目され、ハイデルベルク大学教授からミュンヘン大学教授へと輝かしい経歴を歩んだ点でも、かれとよく似ている。しかし、ハーバーマスが社会哲学に主眼をおき、政治的発言も繰り返してきたのに対して、ヘンリッヒはかれほど一般の注目を浴びることなく、フィヒテやヘーゲルについての広くかつ深い研究で培った透徹した思索力を哲学的テクストに集中してきた、いわばプロ好みの哲学者だ。

そのヘンリッヒが「形而上学への回帰」をもくろんでいる。けれども、現代ははっきりと「ポスト形而上学」の時代に入っている。ヘンリッヒの動きは、思想的に時代錯誤であるだけでなく、政治的にも新保守主義を助ける反啓蒙的な効果を果たす。ハーバーマスはこのように考えて、ヘンリッヒを牽制《けんせい》する文章を発表した。ヘンリッヒは正面からやり返す論文を書いた。ハーバーマスはさらに再反論を書いた。ハーバーマスの二つの文章は、他の論文とともに、『ポスト形而上学の思想』（一九八八年）に収められている。

二人の論争は一見地味で、一般の注意をひくこともなく終わったが、内容的にはたいへん濃い。ひとつには、ハーバーマスがモダンの擁護という使命を果たすうえで、ポストモダンの仮面を暴露することと、形而上学――それが前近代の遺物かどうかは問題だが――の蒸し返しを阻止するということは、表裏一体の意味をもつからだ。さらにもうひとつ重要なことは、ハーバーマスがこの論争から何を学びえたかということだ。

かつてルーマンとの論争で大幅にシステム論の発想を取り入れたように、ハーバーマスは内容的に何かを吸収できると感じた相手に論争を挑んできた。形而上学はすでに過去のものだといいながら、ハーバーマスがヘンリッヒに耳を傾けるのは、なぜか。ヘンリッヒの一見後ろ向きの問題提起の中に、政治的には疑問が残るとしても、哲学的には重要な着眼があることに気がついているからではないのか。また、この着眼は、現代でも、いや現代でこそ、哲学の根本的な存在理由をなし、わたしたちにとっても見逃せない意味をもつのではないか。このように考えられるので、この章の最後の締めくくりとして、ヘンリッヒとの論争の要点だけでも確かめておきたい。

パラダイムの転換は起きたか

二人の争点は、キーワードで簡単に表現できる。ヘンリッヒは自己意識ないし「自己関係」が、それに対し、ハーバーマスは言語的コミュニケーションや間主観性が、人間存在にとってより根源的だと考えているのだ。

ハーバーマスは学術誌『メルクーア』の一九八五年九・十月号に「形而上学への回帰──ドイツ哲学の一傾向?」という一文を寄せた。かれの理解では、八〇年代に入ってから、ヘンリッヒが「哲学における転換」について語りはじめたが、それは、長く英米系の分析哲学によって主導権が握られてきた哲学界で、形而上学への関心が復活しはじめたことを意味する。ただし、形而上学の復権の叫びはヘンリッヒに始まるわけではなく、二十世紀になって、すでにいくどか聞かれた。最近では、ガダマーやヨアヒム・リッターの学派が、解釈学的なタイプの新アリストテレス主義を提唱し、伝統や共同体の意義の見直しを説いている。政治的にはこの派は新保守主義的で、七〇年代後半からの社会秩序重視(テロリズム嫌悪)の風潮に乗り、国家や教会の各種委員会に哲学の専門家として参加し、影響力をふるった。

ハーバーマスは、このように形而上学復権派の背景をネガティヴに総括し、また、これらの主張が多かれ少なかれ個人を超える自然的秩序に訴えていたと指摘する。それに対し、ハーバーマスも認めているとおり、ヘンリッヒ自身の今回の動きは、まったく別の方向性をもっている。かれは、近代哲学のもっとも中心的なテーマである「自己意識」に徹底的にこだわるなかで、具体的な経験の背後にあって、経験に先行する形而上学的な次元の重みを、改めて思い出させようとする。

しかし、このようなヘンリッヒの理論戦略は、フランクフルト学派の先輩アドルノのうちにさえ「意識哲学」の残滓《ざんし》を見出し、そこからの脱出を要求するハーバーマスの方針とは、やはり折り合わない。ヘンリッヒは、物象化された分野は自然科学に譲り渡すが、「意識ある生」である人間の本質は哲学的思考の権利として死守しようとする。だが、呪術や神話に基づくかつての絶対的価値観が失われ、客体化された近代世界で、ヘンリッヒのように「観想の生活」を最高の生き方として特別扱いするのは、どうしてもむりがある。

このような論旨の中で、ハーバーマスが慎重な言い回しながら、神話に一定の意義を認めてもいることに、わたしたちは注意しておきたい。一方で、脱呪術化・脱神話化は近代の不可逆的な流れだが、文化の内実をなし、生活世界の価値観を支える「意味の潜在力」を枯渇《こかつ》させてはならない。ポスト慣習的な社会になって、自分たちが従う規範は討論で決めるとはいっても、それは手続き上の、形式上の原則であって、「内容」をどこから持ってくるかは別問題なのだ。

だが、それはそれとして、ハーバーマスは主観性のパラダイムが時代遅れであること、間主観性への決定的なパラダイム転換が起こってしまったことを、あらゆる状況証拠をあげて、証明しようと努めている。しばらく前までの論争相手フーコーも味方に呼んでくるし、言語的コミュニケーションという点ではポスト構造主義とも共通の土俵があるのだと、ヘンリッヒの孤立化を図っている。数々の論争をこなした人物らしい、手慣れたやり方だ。

「自分」の不思議さ

ヘンリッヒのいう形而上学は、何か超越的な存在や世界を引き合いに出そうというものではない。自然主義の立場から形而上学を嘲笑したヴォルテールに対して、カントがいったように、誰だって自分の「魂」について考える以上は、自分の形而上学をもつのだ。近代社会の疎外状況が与えるさまざまな試練をくぐり抜けて、たんに哲学者だけではなく、「意識ある生」であるわたしたちの誰もが、自分のアイデンティティを問い、ある「自己記述」に到達する。

ヘンリッヒは、『メルクーア』一九八六年七月号に、「形而上学とは何か、近代とは何か――ユルゲン・ハーバーマスに反対するテーゼ」を発表して、ハーバーマスに反論した。その反論の眼目は、次のとおりだ。ハーバーマスは、言語的コミュニケーションと相互行為が人間存在の基本で、他の現象（自己意識を含む）に先行すると考えているが、それは根拠のないドグマだ。「これ」とか「あれ」とかいう指示詞や「……ではない」という否定詞を正しく使うためにも、まだ「わたし」の自覚には到達していない原初的な「自己関係」が、まず存在していなければならない。ハーバーマスのいう社会的相互行為の主体である「わたし」が登場するのは、個人がかなり成長して、言葉を操れるようになってからだ。なるほど、ハーバーマスも個人の内面世界をそれなりに位置づけようとはするが、社会化（わたしたちが成長して社会の成員となること）と個人化（他人には直接わからない内面性、情緒をもつ存在となること）が同時に起こるといってしまうと、言葉以前の「自己関係」（わたしのわたし自身への関わり）の先行性を無視することになる。英米系の分析哲学においても、言語的相互行為の万能性にかわって、自己意識・自己記述の問題の重要さが認識されはじめている。自分が哲学の新たな展開として歓迎しているのは、（古いタイプの形而上学への回帰でなく）このような傾向なのだ。ヘンリッヒはこう論じてハーバーマスの再考を求める。

さて、わたしたちは、ハーバーマスとヘンリッヒの論争をどのように評価したらいいのだろう。二人の対立点は、言葉以前の「自己関係」が先にあるのか（ヘンリッヒ）、それとも社会における言語的コミュニケーションが先であって、個人の内面性は社会化の随伴現象である（ハーバーマス）のかということだ。この二つの主張は、とりあえずは両立不可能といわざるをえないが、よく見るとお互いの不十分さを補っている。ハーバーマスが「世界」という言葉を使うとき、存在論的にはさして明確な規定があるわけではない。主観的世界（個人の内面性）をいうときもそうだし、「生活世界」というキーワードも、ヘンリッヒが批判するように、哲学的な内実は明らかではない。

それに対して、ヘンリッヒの重厚な存在論的分析は、わたしたちが何気なく使っている「自分」という言葉の奥行きに光を当ててくれる。社会理論の根本問題として、個人を最終単位と考えていいのか、むしろニュートンの絶対空間がその中の物体の位置を規定するように、個人の社会的ふるまいを規定する「個人に先行する結合の形式」があるのではないかというかれの指摘も、非常にたいせつな点を突いている。にもかかわらず、ハーバーマスがあまりにも根源的な地点へ回帰することを避けているのは、社会哲学者としての正しい本能といえる。ヘンリッヒの迫ろうとしている人間存在の原点、つまり言葉以前・自覚以前の「自己関係」を、言葉で対象化しようと試みると、かならずディレンマに陥る。それはハーバーマスのいうとおり、ドイツ観念論以降、とりわけニーチェ以降、すでに明らかなのだ。

けれども、容易に理論化できないということは、その原点を想定することが無益だということを意味しない。前近代の神話時代に帰るわけでなくとも、伝統が与える「意味の潜在力」は希少財として大切にしなければならない。それと同じく、「自己」のテーマも、ハーバーマスのコミュニケーション理論がさらに検討していくべき、豊かな鉱脈ではないだろうか。内面性やその表現を間主観性の磁場のひとつの極として、いま以上にたんねんに取り扱うことで、ハーバーマスの社会理論はいっそうの広がりとニュアンスをそなえるのではないだろうか。「主体の終焉」を唱えたフーコーが、晩年、「自己の配慮」や「自己のテクノロジー」に思索を集中したことを思えば、この推測はいっそうの確からしさをおびる。

第6章 多元的社会における法と道徳

1　現代倫理学への提案

流動化する社会と討議理論の役割

八〇―九〇年代のハーバーマスは、活動の本拠地を、シュタルンベルクから再びフランクフルトに移す。この時期、世界の動向も大きく変化した。第二次大戦後長きにわたった東西冷戦の構造がゴルバチョフの登場とともに崩れはじめ、ソ連・東欧圏の激変、ドイツ再統一へと足早に進んでいった。

八三年、フランクフルト大学に戻ったハーバーマスは、『コミュニケーション的行為の理論』（一九八一年）で確立された理論的スタンスのもと、主として次の二つの方向で、自らの理論の細部を仕上げることに精力を注いだ。一つは、十八世紀末以来の西欧近代文化（モデルネ）が、哲学・思想の場面でどのように自己理解されているかを、系譜論的に跡づける仕事で、これはアドルノ賞受賞講演「近代――未完のプロジェクト」（一九八〇年）に始まり、『近代の哲学的ディスクルス』（一九八五年）で一区切りを迎えた。わたしたちは前の第5章で、ハーバーマスのこの近代論の歩みを見届けた。

八〇―九〇年代のハーバーマスのもう一つの関心は、近代論によって確認された、法や道徳に関する思想の不十分さに向けられている。つまり近代社会が不可逆的に多元化し、ポスト慣習・ポスト伝統の状況が強まっているのに、哲学者や社会理論家たちは、その現実に有効に対応できていないのだ。この点に関するハーバーマスの現状診断と処方箋は、コミュニケーション的合理性の原則に立つ「討議理論」を具体化し、活用することに帰する。そのために、一方でハーバーマスは、『道徳意識とコミュニケーション的行為』（一九八三年）や『討議倫理学への注解』（一九九一年）で、コールバーグの心理学や新アリストテレス主義との批判的取り組みを通して、討議倫理学の完成と拡張を企てた。他方、法に関しては、『事実性と妥当性』（一九九二年）を上梓し、民主主義のはらむ諸問題を討議理論の立場から解釈し、実践的な指針を示そうと試みた。

　法と道徳をめぐるハーバーマスのこうした理論的営為は、八〇―九〇年代のさまざまな出来事への共感や憤《いきどお》りからエネルギーを得ている。八三年秋、いわゆる「熱い秋」における平和デモの圧倒的な広がりと、「暴力なきデモも暴力だ」という論理でデモを押さえつけようとした連邦政府や議会の態度は、市民的不服従のもつ正当性と可能性について、ハーバーマスの真剣な思索を促した。他方、強い「ドイツ・マルク」へのあこがれという経済的要因に支配されて、旧東ドイツの併合がなったことには、ハーバーマスは眉をしかめざるをえなかった。「ドイツ・マルク・ナショナリズム」に踊らされ、「中欧の大国」ドイツの文化的連続性なるものを誇るよりも、「憲法パトリオティズム」に与《くみ》すること、すなわち普遍主義的な価値と規範を表明する憲法への忠誠を誓うことが、多元的な現代社会における市民の正しい選択だと、ハーバーマスは信じたのだ。

そういうわけで、この第6章では、流動化する歴史的現実に直面して、法と道徳についての思索を進めるハーバーマスの姿に焦点をしぼる。まず1、2では道徳すなわち討議倫理学について、3では法について見ていきたい。

盟友アーペルとの共同作業

今述べたような事情に後押しされたとはいえ、人間のコミュニケーションの基本的条件とあるべき姿を見据えた「普遍的語用論」（第4章1）を、たんなる言語学のレベルから倫理学の領域へハーバーマスが適用したのは、自然な、内発的な成り行きだったともいえる。倫理学とは、一口でいうと、ひとの生き方、社会のあり方を哲学的に考える学問だ。かれの提起した構想は「コミュニケーション倫理学」とも、また「実践的討議」による規範形成をめざすので、「討議倫理学」（倫理の討議理論）とも呼ばれる。ここでは、もっともよく使われる討議倫理学という呼称に統一したい。なお、一九八八年以降ハーバーマスは、討議倫理学を一部の点で修正した「道徳の討議理論」を展開しているが、両者の相違はわずかなので、ここではあえて区別しないことにする。

討議倫理学は、ハーバーマスが孤独な思索の中から編み出した理論体系のようなものでは、けっしてない。ドイツのみならず、欧米各国の多くの学者たちが、この思想にいろいろな角度から批判的なコメントを寄せ、それに答えてハーバーマスが概念の明確化や部分的な修正を繰り返すことを通して、討議倫理学は姿を整えてきた。その意味では、この思想は、それが提唱する「理論的討議」を国際的に実行する中で、自分自身を作り上げてきたといえる。この討議の中心にいるのは、しかしハーバーマスだけではない。かれより少しばかり年長のドイツの哲学者アーペルは、ハーバーマスにある面では劣らぬ理論的指導力で語用論を哲学的に彫琢《ちょうたく》し、討議倫理学の形成に本質的に寄与した。

アーペルはハーバーマスの長年の友人であるだけではなく、すでに六〇年代はじめ、アメリカのプラグマティズムの重要性をハーバーマスに教え、かれのコミュニケーション論的転回のひとつのきっかけを作った。それでハーバーマスは、論文集『道徳意識とコミュニケーション的行為』(一九八三年)をアーペルの六十歳の記念に捧げ、「三十年にわたる教導に感謝して」と付け加えている。さらに同書の「前書き」では、「存命の哲学者の内では、アーペルほど持続的にわたしの思想の方向を決定した人はいない」と告白している。とはいえ、この二人の間にちょっとした理論的相違がないわけではないのだが、それに触れる前に、現代倫理学の中で、討議倫理学がどのような位置を占めているのか、だいたいの見当をつけておくことにしたい。

「ポスト慣習」社会での生き方

倫理学とは、ひとの生き方、社会のあり方を考えるのだと、先ほど述べた。しかし、「善い」生き方、「正しい」社会のあり方を教えてくれる学問は、はたしてあるのだろうか。またその前に、現代社会において、「善さ」や「正しさ」をひとつだけに決定することはできるのだろうか。

現代社会は、さまざまな「生活形式」が混在し対立し合う、多元的な社会だといわれる。個人の主張や利害が対立するのは、べつに今に始まったことではない。むしろ、個人がその中で成長し、決まりを身につけていく文化的な伝統や慣習が、ボーダーレス（国境がない）社会において、互いに異質なものとしてぶつかり合っているということが、問題なのだ。

たとえば、キリスト教的な価値観に育てられたヨーロッパの各地に、イスラム圏から来た外国人労働者たちが根づき、自分たちの勢力範囲を形成する。その居住地の中では、イスラムの教えに従った生活が営まれ、次世代が養育される。周囲のキリスト教的文化との接触によって、多少の妥協や変化が生じるかもしれないが、文化的独自性を維持しなければという気持ちが、逆に非妥協的な、原理主義的な態度となって現れることも珍しくない。それは、周囲のヨーロッパ人たちの排外的な姿勢にはねかえる。ドイツやフランスを中心に、深刻なネオ・ナチの問題が起きているのは、このような傾向とも関係しているだろう。

このような現状では、何が「善い生き方」なのかは一概には決められない。一定の文化的伝統や慣習に軍配を上げることは、他の伝統や慣習を軽視、ないし抑圧することにつながる。それでは、「善い生き方」の絶対的な基準はどこにもないのだろうか。わたしたちはただ惰性で暮らすか、もし変化の時期にさしかかれば、場当たり的に新たな生活を選び取って、それでよしとするしかないのだろうか。絶対的な価値基準はどこにも存在しないという諦念、それは相対主義と呼ばれる傾向に道を開く。

この種の文化的危機は、今日ほどの激しさにおいてではないにせよ、すでに古代ギリシアで生じていた。そこで、ギリシア人は、自分たちギリシア人と「野蛮人」とを区別し、自分たちだけに通用する対内道徳を考えたが、このような差別によっても、慣習的道徳の危機は長期的には克服できなかった。この危機を乗り越えるために、まったく新たな理念に基づく国家秩序が企図されたこともあった。古くはプラトンの描いた理想国家、最近ではレーニンらによる社会主義的・計画主義的国家がその代表であるが、それらのユートピア的な発想は、現実を無視する独善、個人の自由を奪う専制の危険性を免れない。

現代まで続く、伝統と慣習の危機を決定的に克服するため、ハーバーマスやアーペルは道徳を「ポスト慣習」的に再構築しようと試みる。ポスト慣習的道徳は、もはや特定の慣習が支配していない多元的社会の現状をふまえ、なおかつユートピア的な専制主義にも、なげやりな相対主義にも陥らず、すべての人々によって守られるべき普遍主義的な道徳規範として構想される。

形式と手続きのみを問う

もはや特定の文化的伝統や慣習に囚われていない道徳は、具体的・実質的な内容をもつことは難しい。こういうと、たとえば「人を殺すな」とか、「嘘をつくな」とか、慣習に左右されず、いつでもどこでも通用する具体的な決まりはやはりあるのではないかと、反論されるかもしれない。詳しい検討は省略するが、そういった決まり（規範）には例外が付き物だと思われ、本当の普遍性をそれらに認めるのは、やはり困難であろう。だとすると、ポスト慣習的な道徳は、守られるべき規範の内容には立ち入らず、ただその規範の「形式」面にのみ限定されることになる。言い換えると、どのように行為すべきかは直接に規定せず、行為の規範を決定するための条件や前提、そのための手続きなど、間接的な側面についてだけ、倫理学は発言することになる。

形式と手続きとに限定され、それ以上のことはいえない倫理学というのも、ちょっと寂しい印象を与える。じっさい、討議倫理学の形式主義・手続き主義に対しては、さまざまな厳しい批判が寄せられてきた。それについてはまた後で見ることにして、とりあえずは、近現代の多元社会の実状に即した倫理学はそのような形を取るしかないのだという、ハーバーマスやアーペルの主張をもう一度、確認しておきたい。キリスト教やイスラム教、菜食主義や肉食の伝統など、互いに対立する無数の規範や利害が入り乱れる中で、どれかを特別扱いすることなく、当事者すべてが参加し、納得することのできる普遍的な規範――それは、「みんなが従うことのできる実質的な規範は、みんなの参加する話し合い（討議）で決めることにしよう」という、間接的・形式的な規範でしかありえない。人間の善い生き方、正しい社会のあり方を一律に決めることはできない。ただ、それを決めるプロセス（手続き）がどうあるべきかについては、普遍的な原則が成り立つ。これが、コミュニケーションにおいてこそ、平等や自由という人間の道徳的理想が実現されると信じる、討議倫理学の基本的立場なのだ。

実践的討議と呼ばれるものは、わたしたちが日常生活でいう話し合いとか、討論とかとイコールではない。実践的討議は、日常のレベルではさまざまな不純要素によって隠されがちな人間のコミュニケーションの輝きを追求し、その制度的実現をめざす。その理念と目的のもと、討議はいくつかの基本的条件を満たさなければならない。以下では、「普遍化原則」と「当事者」の概念を中心に、実践的討議の理念を、疑問点も含めて明らかにしたい。

普遍化の原則を守って

「討議」は、葛藤（コンフリクト）の状況で必要になる。日常生活におけるコミュニケーションが滞《とどこお》りなく流れているときはいいのだが、いったんきしみが生じると、それまでは背景に退いていた基本的な規範を改めて問い直し、そこから関係者の合意（コンセンサス）を再構築しなければならない。討議は、したがって、日常のコミュニケーションの流れを中断して、規範の次元に戻っていく特殊なコミュニケーション形態である。討議には、前に触れたとおり、実践的討議以外にも、理論的討議や治療的討議があるが、ここではそれらには立ち入らない。

ある規範が妥当するかどうかを議論するため、日常の場を離れて、実践的討議が組織される。それがどのような形で始まるのかなど、制度的な具体化の面について、討議倫理学は今のところあまり明確な手がかりを与えていない。ともあれ、その規範に利害関心をもつすべての「当事者」は、対等の立場で実践的討議に参加する。すべての当事者が参加し、自分の主張を掲げてそれを論証し、他の参加者の同意を得ようと努める。最後にすべての参加者が同意するに至る規範、その規範だけが妥当なものとして認められる。「実践的討議の参加者たるすべての当事者が同意しうるような規範のみが、妥当性を要求しうる」というのが、「討議倫理学原則（D）」と呼ばれるものだ。

もう一つ、大切な原則があり、「普遍化原則（U）」と呼ばれる。「妥当するすべての規範は次の条件を満たさねばならない。その条件とは、その規範の一般的遵守《じゅんしゅ》からすべての個人の利益の充足に関して生じることが予想される結果や副次的影響が、あらゆる当事者によって強制なく受け入れられるということである」。普遍化原則は、このように表現されている。まるで法律の条文のように無味乾燥だが、ポイントは明瞭だろう。みんなが決める規範は、そこから出てくる影響がだれの利益をも侵害せず、だれにとっても受け入れられるものでなければならない、ということだ。

普遍化の原則は、カントの倫理学にもすでにあった。人間が従う決まりは、いつ誰に対してでも当てはまるものでなければならない。たとえば、「嘘をついてよい」ということは、道徳的規範になりうるか。この規範を「普遍化」すれば、つまり誰もが嘘をついてよいということになれば、社会がうまく機能しなくなることはすぐにわかる。したがって、「嘘をついてよい」という命題は普遍化することは不可能であり、したがって道徳的規範にはなりえない。これがカントの考えた普遍化の原則である。

討議倫理学は、カントの考え方を基本では受け継いでいるが、ただ、かれが普遍化を「独話（モノローグ）」的なレベルで発想している点に不満を持っている。討議倫理学では、ある妥当要求（主張）が普遍化可能かどうかの検討は、すべて人々の実践的討議、つまりある種の対話（ダイアローグ）に任せられる。その結論を誰か一人の人間が自分の頭で考えて、先取りすることはできない。たとえカントのような偉大な倫理学者であっても、それは許されない。

当事者とは誰のことか

二つの原則をふまえて、もういちど、討議倫理学の基本的な理念を確認してみよう。利害の対立が起こって、合意が損なわれているとき、関係者すべてが従うべき規範をもう一度考え直す（反省する）場として、実践的討議が設定される。神や何らかの権威によって決まりを上から与えられるのではなく、また一部の人間が指針を決定するのでもなく、規範の決定によって影響を受けるすべての人々が寄り集まって、討論する。それぞれの立場から主張（妥当要求）を行うわけだが、それはたんなるエゴイズムに基づいていてはならず、先に述べた普遍化原則に従って、自分の主張がみんなのためになるということを論証しなければならない。すべての参加者が対等の立場に立ち、全員の利益を念頭に置いて自由に議論する理想的なコミュニケーション共同体――このような連帯が討議倫理学の根底にある理念だ。

実践的討議をめぐる基本的なアイデアは以上のとおりだが、ここにいくつかの疑問が生じる。この疑問は、後に見るような討議倫理学の敵対者の立場から出てくるのではなく、基本的に討議倫理学の前提を認めた上で、その解釈を行うさいに出てくる、内在的な疑問といってよい。第一に、実践的討議に参加する「当事者」とは、どの範囲を指すのか。第二に、実践的討議とはどこまで現実に行われるのか。とりあえず、この二点が問題となる。

まず、当事者とは誰のことだろうか。あるテーマに関して利害関係をもっている人のことだ。それはその通りなのだが、利害関係の範囲をどこまで広く取るかが問題になる。エイズ薬害訴訟で資料を出し惜しんだ（もしくは隠蔽した）厚生省を告発できるのは、直接には、おそらくは厚生省の怠慢のおかげでＨＩＶに感染した人々だろう。しかし、まかり間違えば同じ目にあったかもしれぬ多くの日本国民が、広い意味では「当事者」とみなされてもおかしくはない。司法には、告発する権利を持つ者の範囲を狭く取る傾向があるように思われるが、少なくとも倫理的な次元では、討論をできるだけ広い範囲に開放することが必要だろう。しかしそうなると、当事者すべてをかき集めて実践的討議を催すのは、きわめて困難になってくる。ましてや、それらの人すべてが納得できる結論に到達するのは、絶望的に難しい。

「当事者」をめぐる問題はまだある。ハーバーマスによれば、「語り、行為する能力をもつ主体」は、当該のテーマに利害関係をもつ限り、すべて実践的討議に招かれているはずだが、その能力をもたぬ人間たち、乳幼児、高齢者、障害者などは、そこから除外されているのだろうか。さらには、物言わぬ動物や植物たちは、たとえば自然破壊の一番の被害者であり「当事者」であるのに、「語り、行為する能力」の欠如のゆえに、討議倫理学の対象とはならないのか。ちなみにこれは、現今の生命倫理学でさかんに討論されている「パーソン（人格）論」、つまり人格として道徳的配慮を要求するのはどのような存在なのかという問題と同じである。もう一つ付け加えれば、今は生きていない人間たち、すなわち過去または未来の世代の人々も、場合によればりっぱに「当事者」の資格があるが、かれらをどのように討議に加えるかというのも、きわめてやっかいな問題だ。

以上の難点は、討議倫理学が、人間の能力の点ではロゴス（言語・論理・行為）を、時間の点では現在を、生物種の点では人類を、暗黙のうちに特権化していることから生じる。現代思想において、しばしば「ロゴス中心主義」とか、「現前性の形而上学」として批判される傾向をハーバーマスは代表しているということになる。ハーバーマス自身、これらの難点が討議倫理学にとって負担になっていることを、部分的には認めている。

けれども、誤解してはならない。「当事者」の問題は、討議倫理学だけにふりかかるものではなく、現代文明のうちに生きるわたしたちすべてが、時間をかけて答えなければならない難問なのだ。ロゴス中心主義が批判されるが、日本社会では、まだ人間主体が十分「ロゴス」的に生きてはいない。テーマをはっきり掲げて討論するかわりに、根回しや上意下達《かたつ》ですませる。討論を受けて立つとうるさいことになるので、まず情報を与えないし、相手からの要求に対応しない（黙殺する）。先に述べたパーソン論に関しても、これまでの医療現場は、ふつうの大人の患者をさえ、独立した意志をもつ「人格」とみなしてこなかった。医療行為を行う前に、患者にきちんと説明して事前の同意を取る（インフォームド・コンセント）とか、安楽死・尊厳死についても本人の生前の意思（リヴィング・ウィル）を確認するとか、こういったことは患者を第一の「当事者」と認めるための、大前提となることではないか。

わたしたちは、まず、理性（ロゴス）の原則が通用する社会を作り出さなければならない。この条件を整える努力を抜きにして、理性の限界を問い、「人格」の範囲を吟味し、討議倫理学の不十分さをあげつらうのは、たいへん偏った結果につながると思われる。

心の中での討議？

討議を行うということを倫理学の中心に据えるのは、あまり他に例を見ない発想である。それだけに、この核心をめぐって各方面から意見や批判が寄せられている。しかし、もっと重要なのは、実践的討議の理念を煮詰める中で、討議倫理学の二人の代表者であるハーバーマスとアーペルの間で、多少のニュアンスの違いが表面化したことだ。

もちろん、かれら二人の共通点、つまり「理想的なコミュニケーション共同体」への信念は堅固なものである。どんな強制や権威からも自由に、すべての参加者が対等の立場で、全員の利益を実現するために議論する共同体。ただし、はっきりしていることだが、このような純粋な連帯は、経験的には（つまり現実の社会では）多かれ少なかれゆがめられて存在するわたしたちのコミュニケーションから、かろうじてすくい取られた、「理念化」の産物なのだ。

ところで、どうせ理念化が不可避ならば、実践的討議という出来事そのものを理念化することも、許されはしないだろうか。つまり、実際に人々がどこかに集合して意見を戦わせるかわりに、討議のシミュレーションを個人の頭の中で済ませてしまうことはできないのか。私が相手の身になり、相手の妥当要求を当人よりも上手に代弁することは、不可能ではないはずだ。

「実際の討議」における「代弁」の可能性は、言葉を話せない乳幼児、障害者、高齢者などはどのような形で討議に参加できるのかという、先に述べた問題に直面するとき、より緊急の性質を帯びてくる。これらの言語能力を奪われた存在に代わって、討議の場でかれらの利益を主張し、擁護する「代弁者」はいるのだろうか。代弁者が掲げる妥当要求が、本当に当人の意志を汲《く》み取っているという保証は、どこにあるのか。それが乳幼児であれば、成長して、代弁者の弁論を後から追認することもできる。しかし、表現能力を永久に奪われてしまった人々、動植物、すでに死んだ人々は？ かれらが今ものを言えたらどう言うだろうかと想像して、せいいっぱいかれらの利益を代弁するよう努めるしかないだろう。それは「実際の討議」ではありえない。

討議はあくまで実際に行われるべきか、それとも場合によっては「心の中」で仮想的に討議を済ませてしまえるのかという点で、ハーバーマスとアーペルとは必ずしも見解を同じゅうしない。アーペルは、実際の討議の代替措置として「思考実験」を行うことを認めている。すなわち、ある規範が普遍化原則を満たすかどうかについての思考実験である。

アーペルはまた、政治・経済的行為に関して、あらゆる当事者の利益を考えに入れるような「実際の討議」が実現可能かどうかについて、懐疑的である。それに対してハーバーマスの考えでは、合意がうまく行かない状況になって、従うべき規範についてわたしたちが反省するとなれば、個人個人が別々に内省するのでは不十分で、当事者たちが「協同」して参加する「実際の討議」が不可欠なのだ。

2 歴史と道徳――討議倫理学のさらなる課題

原則をどう現実に適用するか

先に触れたさまざまな問題点は、結局のところ、討議倫理学が形式主義的で、普遍主義的な性格を主張するために生じるといってよい。そこでハーバーマスは、道徳理論そのものの限界を認め、討議倫理学自身をも含めて、総じて道徳理論というものは「謙虚」であるべきだと述べている。

ハーバーマスの討議理論は、もともと理念と現実、個人と共同体（間主観性）との間の容易ならぬ緊張を背負っている。一方では、討議に参加する個人はそれぞれ自律的で、かけがえのない（代替不可能な）主体だ。実践的討議では、すべての当事者の利害関心をもれなく考慮に入れるとされる。しかし他方で、個人は一つ一つの原子のように自己完結し、互いに孤立しているわけではない。わたしたちは生まれ落ち、成長していく過程で、周りの人々の文化や生活の形を身につけ、それをかれらと共有している。だからこそ、他の人々とのコミュニケーションも成り立つし、その中で、自分のこれまでの欲求が方向違いであったことを悟らされ、自分の利益認識を改めることだって起こりうる。つまり、わたしたちは徹底したエゴイストにはなれないのだ。

このように、討議による集団的な意思決定は、個人を大切にする自由主義の伝統をふまえつつも、個人の意思と認識は変化しうる、そして共同体の合意と連帯は実現しうる、という想定に基づいている。しかし、個人と共同体、理念と現実との間の緊張は、一般理論の枠内で抽象的に取り扱うならまだしも、それぞれの歴史的背景をもつ社会の現場において和解にもたらすのは困難だ。普遍主義的な原則だけでは、絵に描いた餅にすぎない。具体的な状況に原則を「適用」することが、討議倫理学にとって不可避の問題として浮上する。これに対する回答として提出されたのが、後に述べるアーペルの「暫定倫理」の説である。

アーペルの哲学は、ハーバーマスとともにコミュニケーション理論、語用論を基礎にして展開されたものだが、自らのアプリオリな正当性を主張する点では、盟友のハーバーマスをもたじろがせるほど強硬だ。つまり、討議倫理学のうち、アーペルは「強い」型、ハーバーマスはそれに比べるとつつましい「弱い」ヴァージョンを代表している。アーペルの考えでは、コミュニケーションや討議、さらに論証を行うのは人間の本性だ。したがって、コミュニケーション的理性を否定するような議論は、「それ自身コミュニケーションを意図しながら、内容的にはコミュニケーションを拒む」という自己矛盾を犯している（「遂行的自己矛盾」という）。一方、人間のコミュニケーション的能力を哲学的に明らかにし、それを純粋に引き出そうとする討議倫理学は、それに反論しようとしてもその手だてさえない、「超越論的」身分を備えているのであり、哲学にとって唯一可能な仕方で「究極的根拠づけ」を行っているのだ。

歴史の中の倫理

究極的根拠づけをめぐるアーペルの議論には、ハーバーマスでさえ難色を示し、他の多くの論者からも批判が相次いでいるが、哲学的にきわめて抽象的に流れるこの議論に、ここで立ち入ることは避ける。わたしにとって興味深いのは、倫理学の原則論の点ではこのように要求が強く、非妥協的なアーペルが、だからこそどこかで現実社会に歩み寄る必要を認め、それをかれのいう倫理学の「第二部」で実行していることだ。ハーバーマスの立場と比較するためにも、しばらくかれの議論を追ってみよう。

アーペルの考えでは、多元的な現代社会においてこそ、普遍主義的な原則を堅持し、安易な相対主義を排する態度が肝心で、その点ではカントがよいお手本となる。ただし、カントが行為の結果を問わない「心情の倫理」に留まったのは不十分であり、行為の帰結に責任をもつ「責任倫理」へと突破していく必要がある。討議倫理学の「第一部」は理想的なコミュニケーション共同体という理念を取り扱うが、第二部は、合意をめざすコミュニケーション的行為ではなく、自分の利益を追求する戦略的行為が幅を利かす世界において、討議倫理学が責任倫理の観点から取る「暫定的」な姿を描き出すことになる。この暫定倫理に従えば、レバノンや北アイルランドのように人命に危険の多い地域では、母親は「討議」の原理を律儀に守って子どもを危険にさらすべきではない。状況の適切な判断を放棄して、コミュニケーションの可能性を無批判に信ずることは、お人好しというより、母親として無責任なのである。

道徳性というものは、ひたすら純粋であればいいのではなく、社会的現実と媒介される必要がある。アーペルはそれを承認した上で、普遍化原則と並んで、責任倫理を基礎づけるために、戦略的なふるまいを認める「補完的原則」を討議倫理学に導入することを検討している。それに対して、ハーバーマスはといえば、かれも普遍的とされる原則を特殊例に適用することの困難さを認めるが、ひとまず基本原則を立てるという態度を崩そうとはしない。原則論的思考を最初からあきらめると、後は規範の歯止めのない、場当たり的な「判断」がまかり通ってしまうという危惧があるのだ。多元的社会で、度を超した寛容さはかえってマイナスだということもあるが、すぐ後に見るように、ある行為を具体的文脈で判断すると称して、実際には、一定の伝統や慣習を無批判に前提する動きも見え隠れする。ハーバーマスはこの動きを「新保守主義」と総括し、アーペルとともに、ドイツ社会における、この潮流に対する理論的・実践的防波堤になろうとしている。

討議の制度化――その遠い道

ハーバーマスはしかし、原則の「適用」の問題をアーペルのように倫理学理論そのものの中に取り込むことを避け、理論の限界を見定めつつ、むしろ政治・社会的実践を通して、理念と現実との落差を埋めることに関心を向けているようだ。言い換えると、実践的討議のアイデアをわたしたちの生活世界にフィードバックして考えており、討議を具体的な場で実現し、定着させていくための条件や手順を煮詰めることを重視している。普遍主義的な道徳がたんに非現実的な理念に留まらないためには、次世代がどのような大人となり、どのような社会を作っていくかが決定的な役割を果たす。つまり、討議倫理学を推進しようとすれば、いわゆる（子どもの）社会化や教育実践とワンセットで、将来的に現状を改善する方針を取らなければならない。ただし、子どもの教育が功を奏するためには、既成のものの考え方に囚われない、「ポスト慣習」的な法・道徳観のもと、それにふさわしい政治・社会制度がすでに実現していることが前提条件となる。こうして、ハーバーマスのやり方は、理念に対応する現実を作り出すためには、すでにその現実が存在しなければならないという、理論的循環に導くことが明らかになる。

このような問題が生じるのも、討議が現実に対して無力なためである。つまり、討議そのものは、自らが実現するための条件を作り出せないのだ。意図的に討議的状況を作り出せないのなら、幸運を待つしかないということになる。ハーバーマスはじっさい、それに近いことを述べている。すなわち、わたしたちは今日「幸いなことに」、西洋民主主義社会に生きているが、この社会では大体において基本権（人権）が実現されており、したがって実践的討議の土壌はすでに整っている、というのだ。

前に見たが（第2章3）、ハーバーマスは自文化中心主義の嫌疑を否定しながらも、西洋近代の「世界了解」は、少なくとも「問題解決」の点で他の文化にまさると考えている。そのかれが現代西欧自由主義社会に生まれ合わせた幸福を祝うのは、不思議ではなく、それなりに一貫している。

しかし、西洋型民主主義を輸入した、わたしたち日本人はどうなのだろう。自分たちの規範は自分たちの、または代表者の議論によって、自分たちで決めるというのが、民主主義のはずだが、今の日本のどこでその理念に見合う討論が起こっているだろう。政治はほとんど党員・議員の数や金の力で決まる。「みんなが対等の立場で、積極的に自分の意見を述べ合いましょう」というのは、わたしたちが小学校の学級会で訓練させられたことで、そのような「討議」が道徳の根本だといわれると、奇妙な気がするが、いずれにせよ学校の学級会や自治会は、じっさいには教師の指導下に、つまり一種の強制のもとにあることが多い。討議がここまで形骸化しているのは、どうしてなのだろうか。たとえば、日本の伝統的な文化からの復讐なのか。討議倫理学を批判的に検討するとは、このように我が身を振り返ることを含むのである。

伝統と共同体に定位した道徳

結局のところ、ハーバーマスは、近代市民社会の行為・社会規範をふまえ、それに、個人の自律と間主観性との両方を重視するコミュニケーション論的な思想の衣を着せているように思われる。「理念」を先行させるこのような態度に批判的な思想家たちも、ドイツには少なくない。批判者の中でも代表的な存在で、ハーバーマスやアーペルの側の対抗心を刺激しているのは、「新アリストテレス派」と呼ばれる人々である。ヨアヒム・リッターやレオ・シュトラウスがその代表者に数えられる。ドイツ以外では、「左翼アリストテレス派」と呼ばれるマイケル・サンデルやアラスデア・マッキンタイヤの旺盛な活動も注目されている。ハーバーマスは、かれらとただ対立するだけではなく、論争や意見交換をとおして教示を受けている面もあるし、両者のやりとりはわたしたちの重要なパラダイム選択にかかわるので、やや詳しくこれを検討してみよう。

討議倫理学は、「みんなが従うことのできる規範をみんなの討議で決めよう」という、普遍的で形式的な理念から出発する。規範の内実ではなく、規範を決定するための手続き(ここでは討議)を取り扱うので、この理念は「手続き的」とも性格づけられる。これに対し、新アリストテレス派は、現実社会の具体的・歴史的な文脈において、行為するための実質的な規範を見出そうとする。討議倫理学において現実と理念とが分離し、原則の適用が迷路に陥る傾向にあるのは確かだ。道徳についての理論は、すでに進行しつつある「いま、ここ」の状況において説得力を持たねばならないのであって、いかなる歴史的負荷もない「原点」から出発するという非関与性は許されない。この異論を認めたから、ハーバーマスは討議倫理学自体の理論的射程に関して、当初の要求水準を引き下げたし、アーペルも超越論的な強い要求を維持したままではあるが、「暫定倫理」の部分を付け加えることに踏み切ったのだ。

これらの措置《そち》は、カントにならった倫理学的構想を少しばかり軌道修正したものと解釈できる。さて、カントとほぼ同時代で反カント的な社会哲学を提起したのは、ヘーゲルである。もっと時代を遡《さかのぼ》れば、古代ギリシアのアリストテレスの倫理学が多くの点でカントと対照的だ。カントが、普遍妥当的な道徳的命題の形で表現されるさまざまな義務を実行することを、道徳的と考えたのに対し、アリストテレスにとって、正しい行為は、抽象的認識からは出てこず、むしろその時々の状況を的確に読み取る判断力を必要とする。この判断力に関して、アリストテレスは、「賢慮（フロネーシス）」という言葉も用意していた。要するに、客観的で一般的な真理を探究する理論的な知性とは別の種類の知恵が、実践には要求されるということだ。

新アリストテレス派のもう一つの基本的見解は、倫理学は「エートス」に基づかなければならないというものだ。エートスとは元来ギリシア語で、各文化に特有の気風や習俗を意味する。ハーバーマスとアーペルは「ポスト慣習」的な道徳を求めているのだから、この点でも両陣営の見解は正反対である。もちろん、エートスといっても、その中身は一様ではない。古代人のアリストテレスは、ポリス（都市国家）の文化とそこに生きる人々の幸福追求を、いわば永遠化した。それに対し、かれから影響を受けて、古代のポリスを近代的に構想された理性国家に読み替えたヘーゲルにおいては、ある特定の社会や文化が長く続いてきたからといって、尊重されることはない。たしかにヘーゲルは、国家を理性的な意志の体現者とし、法律とは国家の習俗だとみなしたが、既成の習俗や体制をそのまま正当化したわけでは決してなく、前近代的な慣習ははっきりこれを退けた。現在の日本でいえば、さしずめ「長幼の序」という風習、「業者間の談合」という商習慣などを、かれは拒絶しただろうと思われる。かれはこういった点では近代啓蒙とフランス革命の子であり、人間の努力と計画によって、現実社会の合理的中核が形成されることを信じていた。そしてこれは、ハーバーマスらが継承しようとしている近代の遺産でもある。

歴史の中に理性を見出す

問題は、人間の理性的な営為を、必ずしもきれいには割り切れない実際の状況に、うまく接続していくことだろう。理性の立場から非理性的な領域にかかわっていくこの仕事は、すっきりと理論化することが難しく、最終的には挙証責任の押しつけ合いになる。「挙証責任の押しつけ合い」といったのは、次のような意味である。討議倫理学と新アリストテレス派が理論的に対立している。双方がもちろん自分を正当化しようと努めるわけだが、この場合には、一分の隙もない理論を自分が組み上げることより、相手の欠陥をあげつらうことの方がやさしいのだ。新アリストテレス派は、討議倫理学が現実から遊離していると批判する。討議倫理学に比較的近い論者の中にも、この批判に賛同する人はいる。フランクフルト学派の批判理論に鍛えられたハーバーマスのまなざしは、悪を暴《あば》きたてるにはすばやいが、しかしヘーゲルがいったように、「実現すべき善はすでに世の中にある」とか、「歴史の中に理性を見出す」という現実認容もある程度は必要ではないか、というわけだ。

しかし、わたしたちはいずれにせよ、世界精神の神的な歩みを信じたヘーゲルのようには、歴史の目標が確信できない。そのぶん、手近にある伝統的な生活形式を信頼せざるをえないことになる。これは他でもない新アリストテレス派の思想であるが、それなら、そのような局地的（ローカル）な伝統的規範が正義にかなっているという証拠は、どこにあるのか。その証明をかれらは怠っていると、討議倫理学は批判を投げ返す。

また、新アリストテレス派によれば、討議倫理学が依拠しているカントの倫理学は、社会的対立や規範の危機という、コンフリクトの状況を発想の起点にしているところが、大問題である。その点、アリストテレスは、日常生活が大体においてはうまく行くという、その生活実感をもとに倫理学を打ち立てており、こちらの方が道徳理論としてすぐれているという。この指摘は、批判としては一理あるが、現代社会におけるコンフリクトの常態化は、倫理の「再アリストテレス化」を図るこのやり方では解決できないだろうと思われる。

さらにまた、新アリストテレス派は、討議倫理学による「道徳のデカルト主義化」にも苦言を呈している。討議倫理学の見方からすると、社会に現にあるもの（制度など）は、討議の場で自らの無罪を完璧に立証するまでは、倫理的価値を認められない。これは、デカルトの認識の方法的態度と同じだが、人間の実践にそのような「絶対的基準」を要求するのは見当違いである。現行の道徳は、確かに偶然の成り行きでそのような形を取ったものでしかないだろうが、だからといってそれは任意に選択可能であったわけではなく、そこにいったんはまりこんでしまったうえは、ほとんど逃れ去ることのできぬ種類の偶然なのだ。わたしたちが討議に基づいて変革できるのは、規範や基準のごく一部、枝葉末節の部分にすぎない。以上が、新アリストテレス派の議論だが、政治的には保守的な立場になっていることは明白で、この点ではハーバーマスの理性啓蒙の主張と正面から対立する。

道徳は「討議」できるか

遡っていえば、わたしたちの道徳を対話、討議、論証といった言語活動に還元してしまうことに対して、さまざまな反発が起こっている。主要なものをあげてみよう。

第一に、わたしたちの生活は対話ばかりで成り立っているのではなく、対話以外の営みも多い。それなのに、討議をせよ、妥当要求を掲げよと、追い立てられるのはかなわない。「論証しなくていい自由」を認めてもいいではないか。このような異論がある。それに対する討議倫理学の回答は、すでに見たように、そのような異論自体、論証のひとつの試みとして行われているのだから、実際にやっていることが主張の内容を裏切っている、つまり「遂行的自己矛盾」を犯している、というものだ。

第二に、対話というのは、「妥当要求」を掲げた命題の応酬よりももっと多様で、陰影に満ちたものだ。わたしたちの発話は、プラトンの対話篇に見られるように、真剣な議論から皮肉へ、また気楽な会話へと、簡単に転換しうる。また、「論証」というアーペルの好む言葉に限ったとしても、これ自体、西洋の修辞学（レトリック）の長い歴史を振り返ると、必ずしも一義的ではないことがわかる。何かが「問題だ」と思われたとき、論証は始まるし、論証が説得力をもつとすれば、あくまでその具体的な文脈においてのことだ。そうすると、アーペルが論証に、とくにかれ自身の論証に付与したがっている、アプリオリな妥当性なるものは考えにくい。

第三に、普遍化原則のもとで実践的討議を行い、全員が合意できるような規範を求めるというとき、まさに現代社会に顕著な多元的構造を抑圧するような、「画一性への意志」が働いているのではないか。これに対して、「多元的だからこそ、対立のもととなる実質性を規範から取り去って、形式的・手続き的な点のみに普遍性を限定したではないか」と討議倫理学は反論する。対立が明らかになったとき、最大公約数を求めて、それでみんなが妥協するというのはわかりやすい話ではある。しかし、フランスのリオタールなどはこれに反発し、互いに異質なものの間の「抗争」を積極的に認める。方向の違ったそれぞれのエネルギーを束縛しないことの方が、もっと重要だというわけだ。

ただし、合意はひとを普遍的にするのか、それとも画一性に追い込むのかというこの議論は、緊急な社会統合上の、もっとはっきりいえば治安上の問題が生じているときには、たんに牧歌的な対立としか見えないだろう。たとえば、ここに、明確に反社会的で対外的コミュニケーションを拒む（したがって討議の席にも着かない）集団がいるとする。討議倫理学の側にとっても、その批判者の側にとっても、この集団をどう扱うかはやっかいな問題となりそうだ。日本のみならず全世界をも、その冷酷なテロリズムで震撼《しんかん》させたオウム真理教の事件が、思想にとって大きな試金石となることを指摘しておきたい。「ことばをもつ動物」である人間たちは、現代社会において、これまで以上に多様で、捉えにくい相貌を呈して、うごめいている。この状況に柔軟に、しかし責任感をもって対処するために、ハーバーマスをはじめとする討議倫理学者たちは、コミュニケーションの筋目を太く通すことを志している。その道は平坦ではない。討議倫理学は、ハーバーマスの他の思想契機と同じく、現在進行形で細かく形を変えつつある。

3 「法」の実践

システムと生活世界をつなぐもの

討議倫理学の構想が現実の社会には容易に「通用」しないという反論は、これまでに見たように、各方面から寄せられている。その圧力に答えて、ハーバーマスは、理念の現実への適用についていくつかの追加的な提案をしたわけだ。しかし、かれの考えでは、これは「副次的問題」への対応にすぎない。討議の観点から倫理学を組み立てるという本筋の枠組み自体は、基本的に誤っていないというのだ。

ハーバーマスはむしろ、理想的なコミュニケーションを志向するかれの理論が、「事実」に対して有効性を持たない、「通用（妥当）」しないといわれるとき、そこで当然のこととして前提されている近現代の価値基準そのものを、批判的に解明することに手をつけた。その成果として公刊された論文集が、『事実性と妥当性』（一九九二年）である。副題を、「法・権利と民主主義的法治国家とに関する討議理論への寄与」と称する。

ここで最初にお断りしておかねばならないのは、法（法律）ないし権利という言葉についてである。ドイツ語の「レヒト（Recht）」という単語は、法（法律）という意味と、権利・権限という意味を兼ね備えている。他に、「正当なこと」という用法もある。法（法律）は「ロー（law）」、権利は「ライト（right）」と言葉を使い分ける英語の場合とは、かなり様子が違うのだ。先ほど、『事実性と妥当性』の副題を訳出したが、そこで「法・権利」と訳した部分、「法治」と訳した部分、ともにドイツ語原文では「レヒト」である。本書では、ハーバーマスが「レヒト」という言葉を使っているとき、場合に応じて、法（法律）または権利と訳し分けることもあるが、それはハーバーマスにとっては切り離せない一つの概念であることを、念頭においていただきたい。

さて、なぜハーバーマスは法・権利に関心をもつのか。結論を先にいえば、システムと生活世界とが対峙《たいじ》する現代社会において、法・権利だけが、この二つの領域を連結する「ちょうつがいの機能」を果たすことができるからだ。法・権利の言語は、システムと生活世界の間をコミュニケーションが循環するさいに、いわばその「変換装置」となる。

法・権利のコードは、システムと生活世界の両方に開かれているので、どのような媒体（メディア）をもつ行為領域であっても、自分の言葉を法・権利のコードに翻訳することにより、他の行為領域と交渉することができる。これと比べると、道徳のコミュニケーションは生活世界の領域だけに限定されている。こうして、全体社会を社会的に統合するコミュニケーションのネットが破れないよう、法・権利はかけがえのない役割を果たしているわけだ。

システム間に実在的接触はあるか

もっとも、ハーバーマスのこの捉《とら》え方が成り立つためには、ルーマンのシステム論との新たな対決、とりわけ七〇年代初頭に公開されたシステム論論争以後にかれが受け入れた、自己言及的・オートポイエーシス（自己創出）的システム観に反駁《はんばく》することが必要となる。このシステム観によれば、機能的サブシステムはそれぞれに固有のコードないしメディア（経済なら貨幣、政治なら権力といった）をもっており、自己の環境をもこの特殊コードを通して見る。したがって、サブシステム同士を、また生活世界とサブシステムとを結びつける共通のコミュニケーションの手段は存在しえないことになる。

ところが、法学の分野でルーマンに影響されてシステム論的な手法をとっているドイツのグンター・トイプナーは、法と社会との「相互干渉」という言葉で、オートポイエーシス的な法システムと、経済・政治・教育・家族などの各システムとの間に「実在的接触」があることを認めている。その場合、システムの特殊コミュニケーションは、その同じ作動において、一般社会に通用するコミュニケーションの機能をも実行しているとされる。トイプナーがとくに重視するのは「契約」という制度で、契約は支払い行為としては経済システムに、新たな法規範の産出としては法システムに、そして生活世界のうちでの交換行為（コミュニケーション）としては全体社会システムに、同時に属すると考えられている。

ルーマンの機能主義的思考とあいかわらず厳しく対立しているハーバーマスにとって、このトイプナーの新しい提案は、まことに歓迎すべき動きであった。というのは、その提案によって、「中心を失った現代社会では、全体社会で通用するコミュニケーションは存在しない」という、ルーマン型システム論の基本的前提が揺らぐ一方、トイプナーが導入した「相互干渉」の概念と、それによって可能になる一般社会的コミュニケーションの次元は、ハーバーマスから見れば、日常言語を中心とする自分自身の理論的立場に接近してきているともいえるからだ。

自分で作る民主主義

かくしてハーバーマスは、「コミュニケーション的行為の理論」や「討議倫理学」の形で培ってきた自らの理論を、法・権利の次元に適用し、再構成してみることになる。かれは長い歴史をもつ法学の分野に単独で不用意に乗り込み、発言を行っているわけではない。ドイツ学術協会（DFG）の援助で、ハーバーマスは五年間にわたって法理論に関するプロジェクトを主宰し、研究グループを組織することができたのである。自分の著作に対する内外の反響と並んで、自分が参加ないし組織する共同研究からも多くのことを学んで、それを著作にフィードバックするのは、フランクフルトの社会研究所に勤務して以来おなじみのハーバーマスの流儀である。

しかし、ハーバーマスは、たんに研究者としての守備範囲を広げるという野心だけで、法・権利の分野に目を向けたわけではない。一貫してかれを導いている政治・社会的実践への強力な関心が、背後にある。『事実性と妥当性』には、副題からも明らかなとおり、わたしたちの複雑な社会で「民主主義的法治国家」がどのような形を取りうるかに関する、「討議理論」からの提案がもりこまれている。あるいは、現代において「正義」をいかなる形で主張しうるかについての基本的な回答も、提示されている。『事実性と妥当性』がただの学術書ではなく、現代ドイツ社会の状況に対する、ハーバーマスの真摯《しんし》な取り組みを映し出していることを忘れてはならない。その意味で、法・権利、民主主義、そして正義に関するかれのアピールは、読者自身がそれを自分の「いま」に当てはめて検証する、積極的な姿勢なしには、十分に理解することは望めない。

今の日本で、法だの権利だのといったら、どういう印象を持たれるだろうか。一時期、「この頃の若い者は自分の権利ばかり主張して、責任感がない」と叱り、嘆く声が聞かれた。もしその通りなら、権利を法と結びつけて、民主主義のために自分なりの行動を起こすことなど、まったく期待できない。ただし、そのように叱る古い世代の「責任感」とは、どのような内容のものなのだろう。社会や会社の秩序やルールを与えられたものとして受け取り、忠実な歯車としてその一部を担うだけのことではないのか。「法治国家」といえば、「決められた法律をみんなが守るという発想しか出てこないのではないか。そうであれば、たとえば外国人労働者がたくさん入ってくると、社会的秩序や治安が乱れやすくなるという理由で、拒否反応を示すということも起こる。「法と秩序（ロー・アンド・オーダー）」は、かつてのレーガン大統領が好んで口にしたスローガンだった。

ハーバーマスが法というとき、そのような守りの思想に基づいてはいない。むしろ、「自由で平等な市民として、自分たちの法的・政治的状態は自分たちで組織する」という古くからの民主主義の理念を、現代の複雑な条件下で再生させようと試みているのだ。この理念に従えば、わたしたちが法規範の強制を受け入れるのは、基本的には、わたしたち自身が（選挙で選んだ代理人、つまり議員を通してであれ）その規範の創出に参与し、同意しているからだ。自分が作り出したものだから、その効力や強制を納得して受け入れる。能動と受動とのこの対称性、バランスが肝心なのである。

コミュニケーションとしての法・権利

伝統や慣習が昔日の力を失ったいま、討議倫理学は「自分たちのこと（規範）は自分たちで決める」という自律の精神を発揮しようとしている。しかし、その原則はよいとして、実践的討議という理想的な場をどう設定するのかとか、討議で合意された規範を現実社会に戻ってどのように実現するのかという（ハーバーマスによれば副次的な）問題は残った。ハーバーマスは、現代における道徳の議論は、「実定法による補完」を必要とすることを認める。コミュニケーション的行為の理論は、法・権利のカテゴリーに中心的な役割を与えるのだ。

法・権利の概念をコミュニケーションの一形式として捉えていることに、ここで改めて注意を向けたい。ハーバーマスは、法治国家をも、さまざまなコミュニケーション形式（政治的意思決定、立法、司法の決定など）の総体とみなしているが、これらは「生活世界の合理化」という、近現代のより包括的な現象の中に位置づけて考える必要がある。法といっても、いわゆる法律、つまり実定法と限ったことではないし、一般の人々とは無関係な、一部の法律のプロ（弁護士や裁判官、検事）の専有物でもない。また逆に、権利といえば、「他の誰が何といおうと、わたしが自由にできるわたしの所有物」という意識で考えるのも、一面的だ。法も権利も、わたしが自身が参加し、他の人々と交わす法治国家のコミュニケーションの中で、しだいに作られていくものである。

自分たちの住んでいる社会は、自分たちのあずかり知らぬところで動いているし、またそれでもかまわないと思うなら、このように前向きに法・権利を捉えていくことは不必要になる。じっさい、今の日本の人々の多くは、そう思っているようだ。税金などに絡む重要な問題が起こり、マスコミで騒がれれば、一緒になって政府や既成制度に腹を立ててみせる。しかし、それは一過的な怒りにすぎない。自分を社会の主人公だと考える、持続的な意志は欠けている。ハーバーマスのいう「全体社会の再生産」へ向けての不屈の意志が、である。

もともと法のシステムは、道徳や政治と内的に結びついている。さらにいえば、政治権力の発生や使用の仕方を民主主義的に組織化することと、内的に結びついている。そのつながりを見えなくしているのが、ハーバーマスによれば、法や社会についての客観主義的な理論(現代ドイツでの代表者はルーマン)だ。この点ではしかし、マルクスに対してもハーバーマスの評価は厳しい。というのは、マルクスは、社会の根幹を形作るのは生産関係をめぐる経済的下部構造であり、法における社会統合の問題は、「上部構造」に属する副次的現象にすぎないと考え、この点で、法を客体化するシステム分析の流れに道を開いたからだ。

個人の人権と国民主権の相克

法・権利の領域で以前から中心的な問題となっている、対立の構図がある。それは、個人の人権を第一に考えるか、それとも政治的共同体の主権を第一に考えるかという対立だ。現代のアメリカでいうと、リベラル派は、多数派の横暴を嫌い、個人の人権を政治以前に確立した基本的なものとみなす。それに対し、共和派の考えでは、人権というのは、政治的共同体の伝統を前提とし、その伝統を自覚的に自分のものと認めることによってのみ、個人に属する。

「自分たちが従うべき規範は自分たちが決める」という、自己立法、自律の精神は、人権派にも国民主権派にも共通していると思われるが、ただ「自分（たち）」という基本単位の受け取り方が違っている。利害を測り、正義や幸福を決める基本単位は、人権派にとっては個人だが、国民主権派にとっては総体としての国民（市民）だ。実定法のレベルでも、個人の権利が「公益」と呼ばれるものによって制約されることがある。騒音などの公害は周辺住民の権利を多少とも犯していることは、疑いない。問題は、その騒音を発する道路、鉄道、空港などが奉仕している公益とのバランスで、その騒音がどこまで「受忍可能」であるかだとされる。国民（市民）というものを総体として考え、それ全体としての権利や自律を図るべきだという思想がなければ、このような議論は成り立たない。

法・権利を主として個人の側から捉えるべきか、もしくは共同体（またはその代表者）

の側から捉えるべきかという問題は、現代の日本では、新たな政治的争点と結びついている。というのは、法・権利が実際に行われるよう監視し、保障するのはとりわけ国家の役割であるはずだが、日米安保条約下の沖縄では、少なくとも一九九六年の一時期、国家が「不法」に一部地主の所有地を強制使用し、米軍に用地として提供しているからだ。安保条約が、一部の日本国民の権利を制約するのみならず、日本の現行法の規定を犯してでも守るに値する、最高度の「公益」だという判断に基づいた措置だろう。

コミュニケーションの権力

このような私権と公権との軋轢《あつれき》はどのように捉え、どのように調整したらよいのだろうか。ハーバーマスは『事実性と妥当性』の中で、カントとルソーの先例にならい、この二つの権利ないし自律の形態を互いに切り離せない関係にあるとする。しかし、その内的な関連を十全な政治的自律へともたらすためには、カントとルソーを乗り越えて、その自律をコミュニケーション論的に捉え直すことが必要だという。つまり、討議を通して意見や意志を形成するという、徹底的な政治的自覚と、それを支える制度の整備が要請されてくる。

この目的に向けての予備的作業として、ハーバーマスは、討議原理、道徳原理、民主主義原理の間の関係を明らかにし、討議原理から出発していくつかの「基本権」を提示している。その過程で、個人の権利の実現のためには、サンクション（制裁）、組織化、執行に関する権力としての国家の存在が不可欠だと述べられる。さらに、国家において垂直に社会化された組織形態では、わたしたち国民（市民）の自己決定は、普通選挙への参加、議会関係の諸機関での審議や決議という制度的な形を取ることが、指摘される。いいかえると、直接民主制の場合には、自律的国民（市民）が自分たちで集会を開き、目に見える形で「自己決定」を行えるわけだが、現代の法治国家ではそのようなことはほとんど不可能だと、討議理論は認める。むしろ、前述のような審議・決議機関や民間の団体・フォーラムなどを通して、じわじわと合意が形成されるのであり（「主体なきコミュニケーション循環」）、誰がその法的規範を決めたということは明確でないような、「匿名性」の状況が支配しているのだ。その意味では、「法治国家において主権者は存在しない」という見解に、ハーバーマスは必ずしも反対しない。

以上のような趣旨に沿って、ハーバーマスは、現代の民主主義的法治国家をめぐるかなり具体的な分析や提言を行うのだが、その個々の点まではここでは立ち入れない。ハーバーマスにとって肝心なのは、「政治的なもの」をコミュニケーション論的に組み替えることである。かれはそこで、敬愛する政治哲学者アレントの「コミュニケーション的権力」の思想に注目する。ふつう権力とは、自分の目的を達成するために他人の意思を従属させ、利用することと道具主義的に考えられがちだが、アレントはそれは「暴力」だとして区別し、むしろ権力をコミュニケーション的な行為モデルとして解釈する。権力とは、他の人々と力を合わせ、協調して行動できる能力から生じるものだ、と彼女は主張する。

アレントの考える政治権力は、自己利益の貫徹などを意味せず、むしろ「権威を与える力」である。侵入してきた外国の戦車の前に、素手で立ちはだかる住民たち。既成の法律の正当性を否定して、確信を持って市民的不服従に訴える少数派。これらの人々がふるったものこそ、真の権力だという。

1995年7月24日、厚生省前で抗議するHIV訴訟の原告や支援者たち。(Kyodo/Getty Images)

権力の分配や競合ばかりを問題にする社会学者たちに反対して、アレントが唱えたのは、コミュニケーション的に産出された権力は希少財だということである。どんな政治支配者であれ、「権力資源」を思うままに生み出すこと、拡張することはできず、その資源を奪い合うのが関の山だ。だから、強制のないコミュニケーション的自由を公的に行使し、確信を共有することで、行政サイドさえ振り向かせる「権力ポテンシャルの発生器」ができあがると、ハーバーマスは考える。

コミュニケーション的権力が立ち上がるのは、べつに英雄的な状況においてとは限らない。現代の日本にも、その一例と思われるものはある。一九九五年の七月、エイズ薬害訴訟の早期和解と国の謝罪を訴える、三千五百人の大学生たちの「人間のくさり」が厚生省を取り巻こうとした。手をつなぐのは規則で禁止されていると警察にいわれると、黄色い布を振ってウエーブを作る。はちまきもゼッケンもつけない。このとき厚生省の中にいて、あの人間のくさりが胸に突き刺さったと、後に告白した官僚がいたという（『朝日新聞』九六年五月六日付け朝刊「責任回避症候群5」）。システムの変化がやすやすと起こるとは思えないし、また世論の突き上げにつねに正義があるとも限らない。しかし、システムを支えるのは人間である。官僚も人間である。ハーバーマスとともに、システムの独走を止める、「コミュニケーションの権力」を信じてみたい。

エピローグ

政治的実践の中で

「四月ばか」のてんまつ

わたしは現在、ある新聞の地方版に思想的なエッセイを連載している。文化面の記事はそんなものらしいが、読者からの反応は良くも悪くもあまりない。ところが、いつか従軍慰安婦の問題に触れたときは、かなりの数の手紙やファックスが新聞社に舞い込んだ。ほとんどが罵詈《ばり》雑言《ぞうごん》、そして威嚇《いかく》的な内容だった。わたしは、やはり心穏やかではいられなかった。わたしの勤めている大学の学長あてに、わたしを非難する手紙を出したと添え書きしている人もいた。

こんな私的なことに触れたのは、ほかでもない、すでに何十年にもわたって著名な知識人として走り続け、発言し続けているわたしたちの主人公ハーバーマスがさらされている社会的重圧の一端を、そのごく一端を、しばし我が身で味わったことを知ってもらいたかったためだ。政治的色彩のほとんどないわたしの文章が、争いの種となっているテーマに触れたというだけで、一部読者の過敏な反応を引き起こしたくらいだから、ハーバーマスほど自覚的に「理性の党派性」を実践し、政治的アピールを掲げて闘う人物であれば、どれほど深い違和感と憎しみの的となっていることか。

改めてそのことを思い出させる事件が、本書の執筆中に起きた。一九九五年の五月十七日、朝日新聞の「海外文化」の欄で、ハーバーマスが「処女小説」を世に送るという記事をわたしは目にした。あのおかたいハーバーマスが、六十歳を過ぎて小説デビュー？　驚くべきニュースではあった。

その記事は、あとでわかったことだが、ハーバーマスと因縁の深いドイツの『フランクフルター・アルゲマイネ』紙の四月一日付けの報道を引用する形で、書かれていた。それによると、ハーバーマスが『山々の彼方に』と題する小説を執筆し、かれの著作のほとんどを手がけてきたズーアカンプ社から近刊の予定であるという。小説のあらすじと主人公、およびそれが「バルザックばり」の雄大な人間模様を描いていることも、紹介してあった。

恥ずかしい話だが、わたしはこのニュースを真に受けただけではなく、大学の講義で学生たちに紹介した。そのうえ、ハーバーマスは禁欲的な堅い文体を意図的に守っているが、がんらいは芸術的な関心も才能も豊かな人だから、かれが創作活動に乗り出したのはそれほど意外とは思わない、としたり顔に言い放ってしまったのだ。ところが、くだんのハーバーマスの「長編小説」を洋書取次店に注文したとき、わたしはそのような小説は存在しないこと、すべては『フランクフルター・アルゲマイネ』のしくんだ悪ふざけ（エイプリル・フール）だったことを知らされた。同紙は、四月三日付けの文化面で、一日付けのハーバーマスについての記事が「しゃれ」だったことを、すでに明らかにしていたのだ（この三日付けの記事の中では、ギリシアの文部省のエイプリル・フール、つまりアテネの地下鉄工事現場で「ソクラテスの墓」が発見されたという報道の種明かしもされている）。朝日新聞がこの真相を報道し、五月の自社の記事を全文削除し、謝罪したのは、六月十四日のことだった。

マスコミとハーバーマス

そういうわけで、わたしは見事に大恥をかいてしまったのだが、ハーバーマスの芸術志向について学生にいったことは、いまでもそれほど見当はずれだとは考えていない。『ポスト形而上学の思想』（一九八八年）の最後の論文を、ハーバーマスは「文学理論への巣立ち」と説明していた。だいいち、これっぽっちも信憑《しんぴょう》性のないニュースは、エイプリル・フールにもなりえないだろう。

　それよりも問題は、『フランクフルター・アルゲマイネ』紙のやり方だと思う。欧米の高級メディアには品のいいウィットの伝統があるようだが、この新聞のくだんの「しゃれ」には、ハーバーマスに対する何ほどかの悪意が混入しているのではないか。幻の小説の女主人公ヒルデガルトが、グマースバッハの田舎から大都市フランクフルトに出てきたというのは、ハーバーマスの経歴と一致しているし、国防軍にいた過去をもつ銀行家に女主人公がほれこむという筋立ては、ハーバーマスの反軍国主義を揶揄《やゆ》しているようでもある。じっさいに悪意があったかどうかはともかく、『フランクフルター・アルゲマイネ』とハーバーマスとの長年の確執がなければ、おそらくこの種の「しゃれ」が紙面を飾ることもなかっただろう。それはまた、ドイツの「公共的論議」の世界においてハーバーマスが演じている役割の大きさと代表している勢力を示唆してもいる。

ともかく、たいへん積極的にトピックを作り出していくハーバーマスに対する、ドイツのマスコミの注目度は、昔も今もとびきり高い。わたしたちはそのすべてを追跡することはとても望めない。ここではハーバーマスがかかわった比較的最近の出来事として、ドイツ内外をにぎわした「歴史家論争」にしばし目をとめ、かれの変わらぬ政治実践の姿勢、そしてオピニオン・リーダーとしての気迫を、最後にもういちど印象に刻みたい。

それは、わたしたちを自分たちの「現在」に連れ戻す。ドイツと同じ敗戦国となった日本が、戦後どのようなコースをたどってきたか。また、これからの日本社会のあり方を考えるうえで、思想とか理論というものに何が期待できるか、あるいは期待しなければいけないのか。わたしたちは想起し、内省することになるだろう。

歴史家論争

近年になって映画「ショアー」が日本でも上映され、ユダヤ人虐殺の問題が新たな討論の渦を引き起こした。ドイツでは戦後、ユダヤ人問題を含むナチ時代の記憶の重荷から早く逃れて、「ふつう」の国民になりたいと念ずる底流と、かつてドイツ人が犯したことの責任を正面から受け止め、それへの反省を未来につなげていくべきだとする意見とが、互いにせめぎ合った。この対立を客観的に制約するのは、「ガス室」の存在を否定する発言（「アウシュヴィッツの嘘」と一括して呼ばれる）は、ドイツでは刑法で処罰されるという厳しい現状だ。「南京大虐殺」や従軍慰安婦の事実関係について、有力な保守政治家が進んで声高《こわだか》に発言しては、アジアの諸国から反発を受ける日本の風土とは、優劣はとりあえず別にして、対照的といえる。

ドイツの歴史家のうちには、ヒトラーによる大量虐殺はけっして特殊な、飛び抜けた犯罪ではなく、スターリンやポル・ポト派の全体主義的テロルと同じ水準のものだと主張し、第三帝国の歴史の「見直し（修正）」を図る人々がいる。アンドレアス・ヒルグルーバー、ミヒャエル・シュテュルマー、そしてエルンスト・ノルテら、歴史修正主義者（リヴィジョニスト）のグループだ。

ハーバーマスは、一九八六年七月十一日付けの『ツァイト』紙に、「一種の損害清算——ドイツの現代史記述における弁解的傾向」と題する論文を発表し、歴史修正主義者たちの（当然政治的選択と連動する）歴史認識を攻撃した。かれらはこれに対し、主として『フランクフルター・アルゲマイネ』紙に拠《よ》って、猛烈な反撃に出た。二年越しの「歴史家論争」の幕開けだった。この論争に関係するハーバーマスの論文は、「政治小論集」の第六巻である『一種の損害清算』（一九八七年）に収録されている。同書の中でも、「討論へのコメント」と題された短文がハーバーマスの態度を端的に表現している。

歴史学はまったくイデオロギー的役割を免れるわけにはいかない。しかし、歴史意識を意図的に操作して、一定のイデオロギー的機能を果たさせる「歴史学の道具化」は、このうえなく危険だ。道具化が最初に起こったのは、ナチの人種主義との関連においてだった。哲学史が改造され、ギリシア哲学はアーリア民族の侵入に伴う文化的現象とされ、「ドイツ哲学」なるものが競って執筆された。それをやったのは、ハーバーマスの哲学の先生にあたる人々だった。

その苦い記憶が、ハーバーマスを、現在における「歴史学の道具化」に対して敏感にさせる。歴史修正主義者たちは、さかんに出版活動を行うだけではなく、行政府ににらみの利く立場を利用して、ドイツの過去を、現在のドイツ人にとって都合のよい、「同意できる」ものに変えようと腐心している。ドイツ人が背負わされているアウシュヴィッツの悪夢の責任をできるだけ少なくし、「昔からドイツはすぐれた国として、とぎれることなく続いてきた」という肯定的な歴史意識を人々に持たせ、このアイデンティティをてこに社会の統合を押し進める——これが歴史修正主義者の計算なのだ(そういえば日本でも、第二次大戦に関して否定的・反省的な指摘をすると、「自分の国の悪口をいって何がうれしい」という感情的な反発がかならず出てくる)。

哲学者の責任

歴史意識やナショナリティに関して、ハーバーマスの捉え方はまったくこれと異なる。アウシュヴィッツは「道徳的破局」であって、これが起こった以上、ドイツの歴史の連続性をナイーブに言い立てることは絶対に許されない。だとすると、過去に対しては反省的に向かい合うしかなく、伝統は両面価値的に（たんに否定的にではなくとも）見えてこざるをえない。伝統を受け継ぐにしても、それはナチの時代のような独善的な価値観を排し、どの文化にも通用する普遍主義的な価値志向においてでなければならない。さらに加えて、現代の多元的社会では、自分たちの過去をどのように読みとるかについて、さまざまに意見が分かれるのは当然のことで、それをむりに統一しようと試みるのはよくない。ハーバーマスは、このように、自己反省的に、またイデオロギー批判的に、自国（自文化）の伝統と対峙することを求める。

歴史家論争は八七年にひとまず終結したが、そこで問われたナショナリティへの知識人の関わり方は、九〇年十月三日のドイツ再統一にさいして、改めて焦点のひとつとなるはずだった。ところが、ドイツ知識人の反応は意外に鈍く、哲学者の中では、ハーバーマスが、民族意識や経済優先主義に駆り立てられた性急な統一を批判し、すべての人間にあてはまる規範を掲げる憲法の下での連帯を訴える「憲法パトリオティズム」（愛「国」主義とは訳せない）を唱えたほかには、いち早く『ひとつの共和国ドイツ』（一九九〇年）を世に問うたヘンリッヒの積極性が目立つ程度だった。ヘンリッヒにはリベラルな面があり、形而上学をめぐるハーバーマスとの論争のさいも反近代主義者から一線を画していたように、短兵急なナショナリズムを戒《いまし》めてはいるが、「国民」とはけっして虚構ではないといい、ドイツの「伝統」を実質的な形で捉え、打ち出そうとしている点では、ハーバーマスの提言とぶつかることは確かだろう。

それでも、再統一をめぐるこの二人の哲学者の論調に共通している点がある。それは、何らかの意味での文化的伝統への信頼に支えられた、思想的な格調の高さだ。フランス革命の影響下に成立したドイツ古典哲学をヘンリッヒが引き合いに出せば、ハーバーマスは、出身地デュッセルドルフゆかりの著作家ハイネを想起して、自国の文化的風土への批判的な距離の置き方をかれから学ぼうとする。その意味での「伝統の実質」を守らねばという思いは、普遍主義的な価値志向を原則とするハーバーマスにも、まちがいなくある。

国の再統一ということを哲学的伝統と結びつけることのできる、この幸福。しかしまた、生活世界に生きるという点では一般の人々と根を共有しながら、思索の専門家という点ではかれらの「代理者」となって、責任を果たすのだという、哲学者としてのこの矜持《きょうじ》。わたしたちが文化の創出に臨むうえで、ハーバーマスから、またドイツ的「思索《デンケン》」の伝統から学ぶべきことは、まだまだ少なくないと思われる。

あとがき

ハーバーマスについて一書を著すことになろうとは、またそれが自分の最初の単著になろうとは、以前のわたしには考えられもしなかった。編集委員諸氏のお勧めがなければ実現しなかったことだが、同時に、大げさにいえば、わたしの人生の歩みがこちらの方向を向いたかという、ある感慨も覚える。「反－実践」という言葉が脳裏に住みついた一時期があった。「コミュニケーションの原理的不可能性」と書きつけたのも、それほど前のことではない。だが、いろいろな偶然も手伝って、倫理学（実践哲学、社会哲学）の領域に親しむことになった。

そのようなわたしがハーバーマスの思想にアプローチすることに、望むらくはいくばくかのメリットがあり、それが本書の特長ともなっていると思いたい。他面で、講談社学術局の川島克之氏の綿密なチェックのおかげで最小限に抑えられていても、書き落とした点、不適切な叙述など、たぶん残っているだろう。各方面からお教えいただいて、ハーバーマスとの新たな取り組みの出発点とできればありがたい。

本書が成るにあたって、感謝を表すべき方は多く思い浮かぶが、ここでは、直接にお世話になった講談社学術局の宇田川眞人、川島克之両氏にお礼を申し上げるにとどめたい。
そして、最後になるが、わたしの初穂である本書を、父武彦、母千枝子に捧げる。

一九九六年十月二十日

中岡成文

以下の「終章」は、ちくま学芸文庫版のために書き下ろしたものである。

終章

対話は世界を変えられるのか——その後のハーバーマス

1　その後のハーバーマス──宗教、戦争、自然

本書が、講談社の〈現代思想の冒険者たち〉シリーズで刊行されてから、二十年以上が経つ。

ハーバーマスという知識人は、当時から欧米では広く名を知られていた。その後日本でも、思想家として名をあげ、生きながら高校の教科書にさえ載るようになったのは、やや意外だった。京都賞の獲得（二〇〇四年）が、何ほどか貢献したか。日本人がそれほど「コミュニケーション」好きになったのか。本書に文庫本化の要請が届いたのも、そんな趨勢が手伝ったと思われる。

文庫本では、二十年のすきまを多少とも埋め合わせ、それ以前の重要な著作からも補足しつつ、この終章を書き足すことにした。私がハーバーマスについて知り、考えるすべてを記すわけではない。私は社会学者や法学者ではなく、哲学研究者だ。それも、コミュニケーション理論の研究から、対話の実践という不確かな道に入り込んでしまった人間だ。私が彼の熱心なウォッチャーではなかったことも、告白せざるをえない。

講談社版以上に一般読者の目線を意識した。研究者向けの専門用語はできるだけ避け、平たく論じた。かみくだく中で、ハーバーマスと「対話」しながら、批判的に理解する。

共有する試みが、著者自身の新たな気づきにフィードバックする。これは、臨床哲学の作法でもある。

「その後のハーバーマス」を宗教、戦争、自然などのトピックについてまずは駆け足で概観したあと、それぞれのトピックにさらに目を近づけ、掘り下げてみよう。

公共圏と宗教

近年のハーバーマスの肉声が聞けないかと、インターネットで調べてみた。「謦咳《けいがい》に接する」といって、せきばらいの様子でさえ、思想家の人となりを理解するのに、おろそかにはできない。やや旧聞に属するが、「公共圏における宗教の力」をめぐるニューヨークのパネルディスカッション（二〇〇九年）に登壇した、ハーバーマスの音声記録があった。彼が満八十歳になった年で、英語圏のスター哲学者であるジュディス・バトラーやチャールズ・テイラーと一堂に会し、千人もの聴衆を集めた大イベントだったらしい。ハーバーマスは、「そう、まだ彼は生きているんだ」とコメントされている。十分にこなれた英語でのプレゼンなのに、ニューヨークの聴衆には「ドイツ風のなまりと、マイクに向けて話さなかったために」、理解がむずかしかったという。それが理由ではないだろう。口唇口蓋裂の後遺症（5章に前述）で息が漏れるために、聞き取れないのだ。ハーバーマスのこの構音障害のことを、なぜみんな知らんぷりするのだろう——それは幼小児期の彼に試練を与え、さらには奮起させ、コミュニケーションと道徳の思想家への長い道を歩み出すきっかけとなったのに。彼自身が触れたがらないのだろうか。

このパネルディスカッションの記録はその後公刊され、『公共圏に挑戦する宗教』（二〇一四年、岩波書店）と題して邦訳もされた。「公共圏」というテーマは、ハーバーマスの処女作といってよい『公共性の構造転換』にさかのぼる。「宗教」については、フランクフルト学派の知的伝統（基本的に唯物論）を継承するはずのハーバーマスが、なぜ？　宗教の意味を二十一世紀になって、彼がいわば再解釈した背景については、後で改めて触れる。日本の思想界で、さらに一般市民のあいだでも、宗教のトピックはマイナーにとどまる。西洋近代社会やその影響の及んだ世界では「世俗化」の流れが支配し、それへの反動として原理主義が生まれている。イスラムの原理主義とテロリズムとの関連はよく取り上げられるが、日本では対岸の火事とみなされている。宗教の公共性というハーバーマスの問題提起に対して、日本からはやはり宗教関係者、とくに東日本大震災をはじめとする災害などの復興支援を責務と感じる人々の反応が目立つ。被災者の救援やケア（傾聴ボランティアや遺族のグリーフケアを含む）は、生老病死への伝統的な内向きのスタンスを超え、宗教者が連携しつつ行う社会的活動の広がりを必要とする。宗教の「公共性」に新たな意味が読み込まれ、「臨床仏教師」まで誕生した動向は、「臨床哲学」の運動にかかわる筆者にとって他人事ではない。さらに望みたいのは、復興支援以外の場、ひきこもり、外国人労働者、基地問題などの分野にまで宗教の公共性が踏み込み、力強い想像力の翼で多くの人を巻き込んでいくことだ。

武力行使を容認する――戦争の廃絶を将来的に展望しつつ

流動性の高い、多元化する世界は、葛藤《かっとう》が顕在化する世界でもある。葛藤・対立の状況でこそ、対話の心構えが試される。

ハーバーマスは、ひりひりとアクチュアルな政治や国際問題について、果敢に発言してきた知識人だ。そのゆえに、若いころはフランクフルト学派の先輩ホルクハイマーにうとまれ、彼の後継者となるための障害を生んだ。ハーバーマスの時事発言とドイツの姿勢がとりわけ脚光を浴びたのは、歴史的・民族的に複雑なモザイク国家ユーゴスラヴィア連邦の解体と内戦の過程で、NATO軍がコソボを空爆した(一九九九年)ときであった。第二次大戦後のドイツは他国への派兵にそれまで一貫して抑制的であった。コソボ紛争のときは、「民族浄化」からアルバニア系住民を守るための「人道的介入」だという論理で、初めて武力行使に参加した。ハーバーマスは、国家の境界を越える「世界市民」からなる社会の実現を訴えつつ、コソボに対しては人権擁護の名目で、しばしば慎重な言い回しに頼りながら、空爆を容認した。ドイツ内外で、いや彼の親しい友人からさえ厳しい批判が起こり、討議倫理の敗北だと失望し糾弾《きゅうだん》する日本の知識人もいた。けれど、ハーバーマスの討議倫理とその政治的応用は、現実の試練に負けて簡単に地に落ちる、皮相なものだったのか？

戦争の廃絶は、理性の命じるところである。ただ、さまざまな平和へのスタンスがある。心情的平和主義は「戦争には絶対反対」。政治的平和主義は「外交的解決を優先するが、最後の手段（最後の議論）として武力介入が不可避な場合がある」と認める。それに対して、法的平和主義と呼ばれる立場があり、国際法、国際司法裁判所、国際赤十字などの仕組みを利用して紛争は解決できる、ただし内戦や民族虐殺が起こったときなど、戦闘部隊投入は必要と説く。

ハーバーマスに言わせれば、コソボのように内戦、民族紛争などで国家の権威が内側から崩壊していれば、外からの介入を考えなければならない。その場合、基本的には国連の決議による委任が正当性を担保する。ところが、現実には安全保障理事会は機能停止している（とハーバーマスは考える）。理想をいえば、国連を改革して、安保理が機能すること、国際司法裁判所が拘束力のある判決を出すことが必要だし、さらには、国連総会（各国政府を代表する）を補完する形で「世界市民」の代表が選ばれることが必要である（それは国内政治でも同じ。国民（人民）主権を成り立たせるためには、議会の諸政党による意見形成・意思形成に加え、あらゆる市民が参加しうる、非公式の意見形成が重要になる）。その改革が実現していない現在、いたずらに安保理の決議を待つのでなく、国際法の道徳的妥当性を引き合いに出すしかないではないか――と、これがハーバーマスの言い分であった。

やれやれ、コミュニケーションの重要さを力説し、「実践的討議」による合意を理想とする哲学者が、紛争において一方の側に肩入れし、多数の市民の死を黙認するとは……そういって、肩をすくめたり、批判したりするのは自由だ。――学者なら「観察者の視点」で外側から政治を論じていればいいが、ひとりの市民として、知識人として、国の「政治生活」の渦中に入り込まなければならないこともある。そのときは自分が無謬でないことを銘記しつつ、あえて不偏不党とはいえない発言をするのだ。ハーバーマスは京都賞の授賞式でこう述べている。道徳的共同体と世界市民社会建設への熱い思いを心底に、リアルポリティクスに参入する哲学者の、勇気と柔軟性を筆者としては評価したい。

2　どんな社会をつくり、どんな人たちと共に生きるか

ハーバーマスは哲学者とも、社会学者とも呼ばれる。社会の現実の構造や動きを経験的に分析するのが、社会学者だとしよう。人々はふつう、自分の利益を追求し、戦略的に行動する社会を目にし、そのせちがらい「現実」は山のように動かないと思っている（「事実的」次元）。けれども、その根底にじつは、お互いに分かり合いたいという（了解をめざす）、コミュニケーションや相互行為の基本的志向がしっかりと控えている（「反事実的」

次元)。これが彼の信念だ。

意見の違いを「調整」する

戦争とか、難民とか、社会の対立・葛藤の側面にどう対処するか。こう考えると、社会防衛的発想に傾きやすい。のんきにコミュニケーション(対話)という理想主義を掲げている場合か⁉

とはいえ、対立・葛藤にいくつかの領域があるのに応じて、社会のまとまり(社会統合)を論ずるときもしかるべき領域を区別したい。仮に外国人たちが地域にやってきて、それが目障りだとしよう。第一に、日常生活の領域では、くらしぶり(生活形式)が違いすぎて、古くからの住民との間にトラブルが生じないかが問題になる。第二に、社会や経済システムの領域では、新来者(ニューカマー)が実際にそこにどう参画していけるかという問題がある。第三に、より公的な次元では、彼らが市民・国民としてどのような法的ないし政治的権利を与えられ、どのような義務がそれに伴って生じるのかが問題となる。

そういった利害対立を含む事実性の次元を検討するとき、ハーバーマスの「コミュニケーション的行為」の理論では、「行為調整」の観点をとる。さまざまな行為者(関係者)がいて、利害や意見が衝突する場合、何らかの方法で彼らの行為を「調整」(コーディネート)して、事態を収拾しなければならない。何が正しいか、間違っているかではない。権力や金の力で異論を押さえつけるやり方だって、それなりの成果（行為者たちの協調）をあげることはできる。ところが、ハーバーマスは、このようなやり方は社会学的に見て、コストが割高になるという。むしろ、「私はこうすべきだと思う。なぜかというと、……だからだ」と、関係者がそれぞれ見解を述べて、甲論乙駁し、納得ずくの合意をめざす。つまり「了解をめざす」解決方法のほうが、コストがかからないというのだ。みんなが納得した以上、あとくされがない、ということなのだろう。

法による「行為調整」もある。自己利益を追求するに急な人々が、義務として当然行うべきことをないがしろにするとき、法によって義務の履行を強制し、好き勝手なことをできにくくするのだ。そこに、法の根本的な価値があると、ハーバーマスはいう。念のために付け加えると、それは決して、公的な制度や権力に社会のコントロールを任せてしまえという意味ではない。マルクス主義に深く影響され、学生時代から一貫して政治について発言し、行動もしてきた彼は、市民たちが自由に、それどころかアナーキーに、下からわき上がる奔流のような公共性を形成することを熱望しているのだ。

開かれたアイデンティティ――地域の特殊性と道徳の普遍性

討議だとか対話だとかいうが、いったいどんな利害対立について、どんな話し合いの場（議会、町内会、カフェ、それとも家庭？）を想定しているのか。そう問う人がいるかもしれない。

その問いに答える前に、まず、人間とは根本的に「対話的な存在」だと確認しておいたほうがいいだろう。ハーバーマスの用語では「間主観性」という。近代の哲学は主観（主体）を重視して、主体と客体とを抽象的に対立させたし、現代の認知科学はそれをなぞるように、自己閉塞した孤独な意識を描いているが、それには問題がある。私の私らしさ（アイデンティティ）は、ひとりだけでつくり上げられるものではない。「社会的世界」における他者との対話を必要とする。互いに承認し合っている具体的な人間関係（家族、近所の人、同僚、友人・知人など）の中で、私たちは社会的存在として形成され、維持される。本やテレビで知った人、あるいはいまは遠くにいる知人や亡くなった肉親との「内面の対話」を通して、私の思考や行動のパターンが形成され、選択されることもあるだろう。

要するに、私という人間の「枠」は、傷つきやすさや危機をはらみながら、かなり柔軟に変化するものだ。それなら、私たちの共同体についても同じことがいえるのだろうか。ハーバーマスは、コミュニティの境界は「透過性」をもっており（つまり厳密に決まっておらず）、それに属する「私たち」の範囲もどんどん広がりうるものだと考えている。先ほど、外国人が地域に住みつく例をあげたが、それまでは見知らぬ他人であった彼らが、「私たち」の一員となっても不思議はないのだ。

繰り返していえば、そういった具体的な人間関係やコミュニティは、たとえば「日本人」なら日本人だけに限定されたものではなく、違った文化や生活環境のもとで育ってきた「他者」にも開かれたものだ。移民・難民の問題を自分たちのこととして受けとめ、これからの日本社会のすがた（の一つ）として、真剣に検討すべきだろう。そこから、外国人（だったメンバー）をも承認し、包摂して、地域の新しい文化が創造される可能性が生じる。

異なる文化から来た参加者たちが対話や討議をするとき、哲学者には独自の任務がある。参加者たちに「二人称」としてかかわり、調整に向けて「パフォーマティヴな役割」を果たすのだ。ハーバーマスは哲学者の役目をこうも説明する。人々は日常生活で、「私はこうすべきだと思う。なぜかというと、……だからだ」などと理由づけ（根拠づけ）を行うが、哲学者は当事者のその見方を尊重しつつ、さらに筋が通るように「翻訳」してあげる。それにより、その見方は当事者の限界を超えて、誰にでも理解できるものとなる。

これは、我田引水になるが「臨床哲学者」のイメージに合うし、哲学カフェなどのファシリテーター（進行役）ないしコーディネーターと通ずる面があり、著者には共感できる。それが、ハーバーマスがもう一つの哲学者の仕事として挙げる「哲学分析」とどんな関係にあるのか、「調整」作業は哲学分析なしでも成り立つのか、興味深いところである。ただし、ハーバーマスの知識人としての強烈な自負には、たまに首をかしげることがある。

彼はいう。哲学者は、誰に頼まれなくても、自分の専門知識の「公共的使用」に努めねばならない。まかり通っている公共的議論が不十分なレベルにとどまっているなら、それを改善してあげなければならない。――この使命感の強さにはもちろん敬意を表すが、専門家としての哲学者の「討議」能力を過信してはいないか？ 討議において「よい論拠を与える」のが重要であることは理解できるが、その点において最強なのが哲学者という職種なのか？ 逆にいえば、一般市民の思考・分析・表現能力をもう少し信用することはできないのか？ 科学技術コミュニケーションをはじめとする「コミュニケーションデザイン」の世界では、専門家が一方的に非専門家（一般市民）を啓蒙するわけではなく、非専門家にも独自の知識（ローカル・ナレッジ）ないし現場力があるといわれているのだが……。

話を多元文化的状況に戻すと、どんな文化やアイデンティティでも無条件に受け入れていいとは限らない。徹底した差別主義者を許容すれば、コミュニティの性格そのものがゆがんでしまう。この基本に触れない範囲なら、それぞれの地域によって、生活形式や文化の特色はある程度異なってよいだろう。他方で、道徳や正義を語るなら、「万人の連帯」を視野に入れなければならないとハーバーマスは考え、「普遍主義」を断固として主張する。

現代人は支配的な「モデル」に頼れない——道徳の「構築」

私たちの近代ないし「現代」は、人類史上、どのような時代だろうか。ハーバーマスに言わせれば、三つの「ポスト〇〇」(〇〇後)で位置づけることができる。つまり、ポスト慣習社会(慣習がそのまま規範にはならない)、ポスト形而上学(絶対的な存在や価値、模範的な生き方はもはや通用しない)、ポストナショナル(グローバル化の中で国民国家の枠は無効になる)の三つである(これ以外に、宗教が再活性化する「ポスト世俗化」の状況についても語られる)。社会の変化の速度が増すと、前近代を支配していたそれらのモデルの「耐用期間」は短くなってきたのである。

だから、実際の共同体、社会、国家では、多様な価値観・世界観を包摂しなければならない。他方、実際の共同体のいわば「よりよき自我」として「道徳的共同体」というものがあるとハーバーマスは主張しており、私たちはみなこちらの一員でもあるのだ。そして、実際の共同体でも、道徳的共同体でも、人々が討議ないし熟議で規範を決めていくことを、ハーバーマスは求める。彼は道徳理論の点でも、世界市民を志向する点でも、カントから多くを吸収している。しかし、カントの哲学では、現象を超越する「叡知界」という領域が存在し、人間の理性的な部分は(したがって道徳が従うべき規範も)叡知界に属するとされる。叡知界に由来する道徳の「定言命法」(無条件な命令)にみんな従え、というわけだ。これは現代では通用しない形而上学的発想だ。対話参加者は、それぞれの文化的伝統のうちでアイデンティティをはぐくまれ、コミュニケーション的理性を鍛えられた、生身で不可測の人間だ。実際に対話して、お互いの妥当要求に耳を傾け、共に吟味し、合意を模索する必要がある。さらにいえば、その問題に利害関心をもつ関係者すべてが「実践的討議」に集結し、お互いが異なる利害と価値観を有していることを尊重しながら、普遍化可能な（みんなが従うことのできる）規範を共同で策定しなければならない。

たんなる理念としか見えない普遍道徳を「構築」するカントの勇気——ハーバーマスの共感はそこに向けられている。たしかにカントの道徳論（「目的の国」）は、あたかも完璧な理性をもつ存在者たちの共和国があるかのように受けとれる。それは、現実には（まだ）存在しない理念をこしらえ上げる（実体化する）形而上学にすぎない。しかし、大切なのは、まだ存在しないものを信じて、私たちがひたむきに道徳を実践すること。そうすれば理念は実現するのだから。ハーバーマスのコミュニケーション倫理学は、カントを現代的に、「ポスト形而上学」的に継承して、その実践を助ける。

共同で学びながら対立を解決する——討議のオープンさと隘路《あいろ》

ハーバーマスの「討議」のコンセプトについて、その後の展開で補足されたニュアンスも含め、おさらいしてみよう。

互いに抗争する人々がいる。どのようにして解決するのか？　討議は一つの「道徳的学習過程」だとハーバーマスはいう。対立する人々は討議の場を共同で「構築」して、そこにお互いを「包摂」（相手として受容）し合う。そして、双方が納得できる評価基準を確立し、それに照らして争点について判定を下し、解決に合意する。確かにこれは、相手からも状況からも学び取りながら、一つ一つ手探りで進んでいかなければならない、「学習過程」なのだろう。包摂（英語でインクルージョン）とは誤解を生みやすい言葉なのかもしれない。相手との違いをなくして一体化することではない。違いがあるということがわかり、それにイライラしない。共通点を見つけたからといって、それを喜びすぎない。その加減自体、少しずつ「学習」されるものなのだろう。

討議が「合理的」な仕方で運営されることは大前提だ。討議とは共同の「論証」なので、一つには、認知的なオープンさが満たされなければならない。つまり、実践的討議では法的または道徳的規範をみんなで議論するわけだが、規範の当否を判断するのに関係する範囲で、事実言明や情報が可能な限りすべて参加者に知らされていることが必要なのだ。もう一つ、参加者が討議に臨むスタンスとして、平等で、誠実で（欺瞞《ぎまん》や幻想がない）、強制しないというオープンさも不可欠である。これらのオープンさが用意されてこそ、あらゆる当事者を包摂し、ぶつかっている利害をどれも等しく尊重すると保証できるからだ。

ただ、合理性といっても、融通の利かない理屈に固執するというのではない。ハーバーマスのいうのは「コミュニケーション的合理性」なので、「学習過程」の中で一定の紆余曲折をたどることは認めている。それぞれが論拠を出し合って、みんなで吟味するのだが、吟味する「基準」はどこで決まるのか。それもまた、討議を通して、柔軟に進路を修正しつつ、つくり出されるしかない。ハーバーマスは、現実の討議が一定の困難に直面するであろうことを否定しない。じっさいには、討議への参加者は（すべての当事者どころか）きわめて限定された範囲にとどまるだろうし、討議に関連するトピックがまんべんなく取り上げられるとは考えにくい。また、討議が平等・誠実で、どんな強制もなしに進められるという想定は、しばしば現実に裏切られる。

討議の場の広がり——脱中心化

そういった現実からの乖離《かいり》をクールに指摘して満足するのは、討議を外側から観察する第三者であろう。インサイダーなら、つまり討議や対話の可能性を信じて関与する熱意をもつものなら、乖離の「事実」を認めても、立ちどまりはしない。平等とか誠実とかいう対話の理念をばか正直に信じて、それでともかく討議をしてみる（理念を先取りする）。先にも述べたが、現実にもまれつつ、あるべき理念を「構築」する勇気が何かを生む。ハーバーマスの言葉を借りると、「作動上、効力を生じる」。理念がプロセスの中で血肉化して、実現する。これはたんなる僥倖《ぎょうこう》ではない。臨床哲学なら、それを「動きながら考える」という。

ハーバーマスは、「脱中心化」ともいう。討議参加者のものの見方が、もとの「中心」から離れて、だんだん広がっていくのである。自分の提案は絶対だと自信をもってすべり出しても、討議を重ねるごとに、新しい異色の参加者が加わり、目新しい異論や妥当要求が飛び出してくる。討議の規模が広がり、とりまく聴衆の数も力量も増してくる。そのチャレンジに対応することにより、各参加者の考え方や受け止め方が当初の制限を脱し、より包容力をもつようになる。

なお、注意してほしいのだが、対立や抗争が生じたときに討議を行うといっても、多元的社会（異なる生活様式や世界観をもつメンバーが共生している）で「公正」な共同生活を送るためのルールづくりが最大の課題となっている。それは、「道徳」の問題であり、普遍的な意味をもつので、「当事者すべての利害」を等しく考慮に入れて、決定を行わなければならない。それに反して、抗争の原因や背景をなしている生活様式や世界観の違いそのものについては、普遍的な解決は存在しない。それは、伝統や文化についての「倫理」的な問いである。そして、民主主義社会で公共的な議論をするとき、生活様式や世界観の点では中立に、「誰もが受け入れるべき」ルールをめざさなければならないので、「最終的には、厳密な意味での道徳的な発言だけが、意味を持つ」ことになる。道徳と倫理――微妙だが、ハーバーマスを正しく理解するために重要な区別なので、じっくりと味わいたい。

法、道徳、政治——自分たちでつくる

ここで、道徳と法の関係についても、簡単に整理しておこう。

前にも述べたが、ドイツ語では、「法」と「権利」が同じ語（「レヒト」）で表現され、「法・権利」とも訳されることを心得ておきたい。このため、ドイツの法（権利）思想を日本語で論じていると、ときおり迷うことがある。

道徳も法も、人間にとっての規範（ルール）の体系だが、法のほうがより強い拘束力をもつ。「ゴミを路上に捨てない」というのは、まともな人なら自然に守ること（道徳）だが、是が非でもその地域をきれいに保とうとすれば、ポイ捨てを法で規制し、違反すれば処罰するかもしれない。規範とは、人間の社会的行動についての予期・期待でもある。法は道徳よりも強力に予期・期待を安定させ、道徳を補完する規範と考えられる。現代では、社会的問題を法律によって規制したり予防したりする傾向（「法化」）が目立っているが、行き過ぎた法化に対しては、ハーバーマスを含めた論者たちが警鐘を鳴らしている。

ハーバーマスにとって、法が重要なのは、個人の自由を保障すると同時に、他の個人の自由と両立可能にするからである。つまり、法のおかげで行為調整ができるからだ。そして何より、法の根本に「人民主権」の理念があることを忘れるわけにはいかない。法律は誰か他人がつくり、人民はそれを押しつけられるものではない。民主主義では、そうあってはならない。人民自身が法のつくり手であり、かつその法に従う者たちでもある。

主体性が大切なのは、ハーバーマスが重視する「基本権」についても同じだろう。ところが、多くの日本人は（かくいう著者も含めて）、自分の権利を守る、獲得するという積極的発想が鈍く、基本権は空気のように与えられていると勘違いしているのではないか。政治的公共性についても、同じ印象がある。「政治」は、自分がかかわらなくても、どこかよそで決まることだと思っている。しばらく前の民主党政権時代は、多少雰囲気が違ったかもしれない。ハーバーマスにつながる熟議民主主義という言葉も、耳にしたような気がする。また、科学技術政策の面での市民参加が、参加型テクノロジーアセスメント（「コンセンサス会議」など）の手法で、日本でも前進した。

「自分たちでルールをつくる」というのは、民主主義の基本だ。ルールをつくるのに、意見を形成するプロセスと、意思を形成するプロセスとがある。最終的に意思を形成する（法律などをつくる）のは国会や政党などの政治システムに委ねるとしても、少なくとも意見を形成するプロセスに、私たち一般公衆は積極的にかかわっていい。

3 対話はひとと社会を救えるか

第二節では、ハーバーマスの近年の思想をいくつかのトピックに分けて概観した。こんどは、哲学対話を実践してきた著者の「その後」の経験も生かして、批判的かつかなり自由な立場からハーバーマスに突っ込みを入れてみよう。その異論は、主として対話（コミュニケーション）の中身や資格への疑問（ほんとうの対話なのか？）に向けられるだろう。

コミュニケーションと身体性——哲学者のライフヒストリー

ハーバーマスの中心思想は、現代の複雑な政治社会状況に立ち向かう、対話ないし討議の倫理学である。そして、それは、人間が「語り、行為できる主体」（その意味で合理的な主体）であることを前提としている。語り、行為することのできない存在（重度な障害をもつ人間、動物、その他自然物）は、コミュニケーション的理性をもっていないので、基本的にハーバーマスの関心外に落ちるようだ。

コミュニケーションという言葉をいちやく現代哲学の花形に押し上げたこのドイツ人哲学教授は、発話にかかわる生まれつきの障害をかかえている。街角でたまたま彼と出会い、世界的な哲学者だと気づかなければ、その聞き取りづらい発音に根気よく付き合う人はあまりいないだろう。この個人的事情と彼のコミュニケーション思想は無関係だといえるだろうか？

京都賞を受けた場で、七十五歳のハーバーマスは自分の思想を個人史と結びつけ、ほぼ次のように振り返っている。「公共性、討議、理性」という三幅対が、まるで強迫観念のように私の学問と政治姿勢を支配しているが、それは幼少時の体験によるところが大きい。

出生直後および五歳で口蓋手術を受け、「痛い思い」（トラウマ的な経験）をしたが、それで周囲に不信感をもったかというと、むしろ逆で、「人は他者に依存しているんだという感情」を呼びおこされたと思う。それが糸口となって、「人間精神の間主観的なありようを強調する哲学的アプローチ」に導かれた可能性がある。

「トラウマ」はそれで終わらない。障害が残ったため、言葉が鼻から漏れ、私の発音は聞き取りにくかった。家族や近所の人たちはそれでもわかってくれたが、小学校に上がると、友だちにいじめられて傷ついた。そうでなくても、家庭や地域を離れると、初めての人たちの前で自分を主張するという試練が待ち構えている。言語的コミュニケーションという手段を使えてこそ、人といっしょに何かをすることもできるし、一人で黙っていることも選べる。自分の言葉が通じず、つまはじきされるという試練で、言語による意思疎通の大切さが身に染みた。

おそらく言語障害のため、私は口頭で話すより、文章で書くほうが好きだ。これは、私のコミュニケーション理論にもたぶん反映している。（口頭の）日常のコミュニケーション的行為は多少とも素朴であり、権力や暴力がものを言ったり、「忖度《そんたく》」が行われたりするのに対して、討議は悪い流れをいちどせき止めて、中立的で、完全に対等な場をつくる点で、より厳密だと考えている。——だいたい以上のような内容の回顧を、ハーバーマスはしている。

経験を「加工」して道徳へ

もちろん、これはたんに過去の物語ではなく、ハーバーマス思想の個人史的「動機」を説明するものだ。討議とか妥当要求の考え方を出すことで、自分のいじめに遭った経験そのものではなくても、他の子どもと違いのある子どもがいじめられる「まあ無害な差別」を、「理論的に処理する」（ドイツ語で「フェアアルバイテン」）ことができた。ここに、ハーバーマスが自分の体験を思想的に昇華して、折り合いをつけ、人間として一回り大きくなった様子が垣間見える。

現代社会では、これは、排除されているよそ者、マージナル化されているマイノリティを、どう「包摂」するかの問題と結びつく。ハーバーマスはいう。グローバル化や移民の増大などで、「外国に行って自分が外国人として見られる」状況が珍しくなくなると、排除はいけないという「道徳的感受性」を誰もが呼び起こされる。私たちはそもそも、コミュニケーションを通して社会化され、相互承認のネットワークに生かされているが、そのぶん承認を拒絶される（差別される）リスクもかかえている。道徳は、「誰にでも同等に敬意を払わなければならない」と語りかけ、コミュニケーションから生じうるリスク（差別）から、自覚的なコミュニケーションという手段（包摂）で、私たちが傷つかないように守ってくれるのだ。

ハーバーマスがトラウマを「処理」して向上心に変えたことは、高校（ギムナジウム）卒業時の学級担任の所見（シュテファン・ミュラー・ドームの伝記に所収）からうかがえる。この担任は、ハーバーマスを、クラスで断トツの才能に恵まれた生徒だと賞賛している。「先天性欠陥」のため、とくに下級生のうちこそ目に見えて落ち込んでいたものの、欠陥の分を取り返そうという意志、心理的影響によって、生来の勉強熱心に拍車がかかったのかもしれない。以前は、多少おどおどして感じやすいところがあったが、「健全なユーモア」でそれを克服した。このように評している。

論証と身体性——理性の射程（一）

ハーバーマスは、コミュニケーション的行為を討議（言い換えると論証）の方向へ絞り込もうとする。政治の分野ではうなずけることだし、それが彼のコミュニケーション的「理性」というものなのだろうが、その理性の射程に疑問がないわけではない。

第一に、先ほど「身体性」と表現した、コミュニケーションの重要な一面がある。ハーバーマス個人は、自分の言語障害（構音障害）の問題を昇華・克服して、討議概念の方向に理念化した。すぐれた業績を生んだ、並外れた才能と努力には敬意を表したい。ただ、一般的にいって、討議参加者が満たすべき前提条件である「発話および行為能力」を十分に備えていない人々、広い意味の障害を持つ人々は、どう討議にかかわればいいのか、かかわれるのか、やはり懸念が残る。それらの「能力」を補足または代替する、人的資源（発話が不自由な人の代理人）またはテクノロジー的資源（移動が困難な人の遠隔会議システム）の活用は考えられるが、現実空間でのパーソナルな対面性を欠いた討議は、討議といえるのだろうか。仮に遠隔的討議が部分的に導入されたとしても、対面的（つまり本来の）討議との間に差別が生じはしないか。

また、討議や対話のリズムというものも想像してほしい。（ハーバーマスのように）障害や疾病をもつために、あるいは考えを言葉にするのが苦手なために、（スムースに）しゃべれない人がその場に混じっていると、「ふつう」にしゃべれる人は、いくら配慮するつもりでも不自然になったり、だんだんフラストレーションがたまったりするだろう。小学生のハーバーマスのようにつまはじきに遭わないまでも、やはり「同類」の方がしゃべりやすいことは否めない。もちろん、広い意味での障害（「できなさ」）をまるでノイズのようにみなして、排除すべきだとは、言っていない。むしろ、「しゃべれない」人を基準にする対話の場づくり（その意味での「脱中心化」）は組織的に試みられるべきだ。哲学カフェのように、ちょっとした逸脱を含めたやり取りそのものを楽しめる、ゆるい設定ならそれは可能だし、哲学カフェに新機軸をもたらす期待さえ伴う。ただ、ハーバーマスのいう討議のように、厳格な要求と社会的目的をもつ対話では、ここでいう「リズム」そのものが暗黙のうちに規制されるように思われる。

いま、コミュニケーションの「身体性」の問題を取り上げているところだが、ハーバーマスも理性以外の人間的要素を無視しているわけではない。これは気をつけておこう。たとえば、「嫌悪・憤慨・軽蔑や、感動・忠誠心・感謝」のような「感情」が道徳的行為には伴うとし、それらの「道徳的感情」はたんに主観的な感覚や選好とは別物で、重要だと述べている。であれば、とくに道徳的テーマに及ぶ討議では、発言(あるいは発言に伴う態度)に、またそれへの他の参加者の反応に、「道徳的感情」が伴うことも自然ではないか。およそ人の発言(公的な場でのスピーチを含む)は、口頭であれば、その文字面《づら》(言明としての内容)だけで判断されることは少ない。口調、抑揚、表情、仕草を含めた話しぶり全体が、まさに「物を言う」。ハーバーマスが、そのようなニュアンスを遮断した書き言葉、またその延長線上にある討議や論証を好むというのは、たいへん特徴的だと思う。彼は、道徳の領域にのみ、「感情」の表出の有効性を認めるのだろうか。

討議に不向きなエスニックマイノリティや、性はあるか

社会的・経済的に恵まれない立場に置かれてきた人々や「よそ者」を、ハーバーマスのいう討議に実質的に参加させ、社会の意思決定の一端を担わせようと真剣に望むのか？それなら、議論(論証)の能力ということについて、洗い直してみたほうがいい。熟議民主主義が制度化されたとき、そこで物をいう言論の武器は、現状では議論(論証)しか認められないだろう。しかし、いったい誰が、この理路整然とした表現形式を自由に操《あやつ》れるか？　社会的・経済的に恵まれない立場に置かれてきた人々や「よそ者」は、不利な状況にある。

ジェンダーの観点からいえば、合理性の判定基準自体が、男性優位に傾いているかもしれない。「普遍」を主張すること自体に、バイアスがかかっているかもしれない。フェミニストが提起した「ケアの倫理」によれば、女性の道徳の見方は、男性とは違う。男性が普遍的な基準を重視して、「何が正しいか」と問うのに対して、女性は問題が生じている具体的な状況を細かく見て、「どのように呼応するか」を問う。そのため、男性は二分法で割り切って判定し、単刀直入に結論を出せるが、女性は当事者の利害やストーリーをどれも尊重しようとするため、煮え切らない態度になりやすい。

男はこうだ、女はこうだと、男女の傾向を決めつけることは（とりわけ近年になると）問題があろうが、ともかく、「ケアの倫理」の指摘する男女の比較がある程度成り立つのなら、男性と女性の「合理性」はタイプが異なると考えるべきであり、女性の発想は「非合理」的だという結論には決してならない。仮にだが、女性が討議の場で十分な「論証」をすることができなくても、また発言を躊躇《ちゅうちょ》するとしても、それは女性が討議に向かないためでも、討議能力が未成熟なためでもないだろう。むしろ、討議の場のほうを、より多様な表現形式の「合理性」を受け入れるように、変革する必要がある。

上では女性の例をあげてみたが、その集団独特の表現形式を不平等に取り扱われているケースは、他にいくらもあろう。臨床哲学ではかつて、移民というテーマにかかわったことがある。ふつうの「研究」なら、当事者（移民した人々）にまずインタビューをするところだろう。私たちは、当事者と哲学対話をしてみたい（その意味では研究というより、実践）と考え、関西地区のあるエスニックマイノリティのコミュニティと接触した。その過程で、ある西欧人から、「彼らは公共的なテーマで、まじめな話をすることができない」という批評をきいた。「できない」という判断の根拠は、いまだに確認できていない。推測だが、コミュニティの親密圏がもともと強固である、あるいは日本に定住した経緯と目下の境遇からして、強固にならざるをえなかったのかもしれない。外部の人間（日本人や欧米人）に対して一定の壁ないしカムフラージュを設けた可能性はある。だとすれば、それは彼らのコミュニケーションに作用するコンテクスト（背景）であり、彼らのコミュニケーション能力の問題ではない。このような場合、当事者がからむ討議の場を設定するときに、たとえば個人単位の参加という基本的条件を暫定的に緩和して、集団単位での参加を許容することが考慮されていいだろう。声を上げにくい、その声が社会全体に届きにくいメンバーを助け、討議参加の実質的平等を実現するための、イレギュラリティである。

親密圏における超越――理性の射程（二）

ハーバーマスは、すべての人が承認される社会を想い描いているが、そうなるためにも、一人ひとりの主体が自立して、まずは自分の利益や妥当要求を合理的に主張できなければならない。人間同士が「行為調整」を行う局面では、彼の社会観は、自由主義的なそれと共通しているのだが、コミュニケーションに関する理性をこのように捉えるのは、あまりに狭すぎはしないか？　この疑問は、すでに見たとおり、ケアの倫理の観点からも出てくるのだが、さらに次の小見出しのような異論を提起することもできる。

その前に、ハーバーマスの理性観がカントとどこが異なっていたか、思い出してみよう。カントの哲学はまだ「形而上学的」な面を残しており、経験を超えた上位の領域に、理性を位置づけていた。それに対して、ハーバーマスの思想は「ポスト形而上学的」であるので、存在にそのような上下関係は認めない。理性は誰もがふつうに使う言語的媒体を通して、人と人を相互行為で（横の関係として）つなぎ、私たちの生活に秩序を与えてくれる。

ただし、ここが大切なのだが、私たちがふつう馴染んでいる言語使用の中には、「言われている、それだけのこと」や、「目の前のこと」よりも広い、一種「超越」した要素がある。たとえば、「それは反対です」という表現と、「どうかなあ、ちょっと考えさせてください」という表現では、表面だけ見れば「言われていること」は相当に違っている。しかし、後者は非同意を示唆しており、コミュニケーションのうえでは前者と（ほぼ）同じ意味だと、私たちはすぐ理解するだろう。それとか、町内会の世話役が、「ゴミ出しの規則を守らない人は、町内会には入れない」と言ったとすれば、それは実はゴミ出しのことだけでなく、町内会の他の規則も同じように守ることを要求しているのだ。世話役は、聞いている相手がそのように（その時の話題を「超越」して）「規則を守る」ということ一般を理解し、それに従って責任をもって行動してくれると、どこかで信じている。これが、コミュニケーション的理性を信頼するということで、人間であればその信頼に縛られるのだ！

ハーバーマスが「超越」というのは、かつての宗教のような「彼岸」ではないが、目の前の狭い現実を超える何らかの理念が働き、現状を変えようとするということだ（世界内的超越）。動物のように与えられた現実を生きるのではなく、希望や祈り、反発や焦りに動かされ、人間は理念と現実との緊張を生きる。人間は、言語的に構造化された生活形式という事実的なものに拘束されてもいるわけだが、この拘束の中でこそ学習（人間が成長する、考え方や行動が変わる）は可能になる。

「できない」人たちをどう組み入れるか

ハーバーマスが現代にふさわしい理性というのは、このように私たちの「生活形式」を構造化しながら、どこかで普遍的な道徳と結びついているものと考えられる。この基本的な考え方と、自由主義に近い面をもつハーバーマスの社会観との間には、落差があるのではないか？　彼の公共性の捉え方は、いまの西欧社会で主流として承認された、支配的なテーマや語り口（しばしばブルジョア的と呼ばれる）をそのまま引き継いでいるのではないか？　真のコミュニケーション的で「包摂」的な理性であるなら、社会の中で自他ともに「弱い」と思われている人々が抱えているテーマや語り口を、促して引き出してみせたら、どうなのか？　このような疑問を感じるのだ。

先ほど、あるエスニックマイノリティのコミュニケーションの特徴に触れて、親密圏が強固なのかもしれないと述べた。これを一つのヒントとして、これまで私的な、「女子《おんなこ》ども」の領域に分類されていたテーマ（子育てやケア、その他家庭内のこと）にも、「公的」な扱いを広げ、討議の対象として認めたらどうかと言いたい。それは、ケアの倫理やフェミニズムが主張してきた公共性の見直しに賛同することを意味するだろうが、それをさらに広げることはできないか。

討議倫理学が想定する当事者である参加者は、行為することができ、発言することができなければならない。ところが、このような「能力」をもたない人は、私たちがふつうに考えるより多い。ハーバーマスは、「弱い、傷ついた存在に配慮すべきだ」という主張はしばしばするものの、ことさらに権利擁護の対象とはならない、光の当たりにくい「できなさ」、「語れなさ」に悩む人たちのことを、置き去りにしてはいないだろうか。三つの角度から見てみよう。

第一。とりとめのないおしゃべりは好きだが、「みんなの前で意見をいうのは苦手」という人は少なくない。その場のテーマに即した要領のよいまとめ方ができない。公共的な言葉遣いができない。そのような人はそもそも討議や熟議民主主義に向いていないということになるのか。それは言語的エリート主義ではないのか。著者が理想とする哲学対話は、参加者が対話の中でしだいに居場所を発見し、語れるようになるという、学習的要素を含んでいるのだが、ハーバーマスのいう公共性の「学習過程」はそれを含まないのだろうか。

第二。自分の利害を主張し、妥当要求をする程度に自立しているが、討議の過程で他の参加者の妥当要求に耳を傾けて、自分の意見を考え直す（吟味する）ことが難しい人。それは社会的・政治的立場が出来上がっていて変えられないためもあろうし、性格のかたくなさから来ることもあろう。実践的討議という仕組みそのものに十分な教育効果があればいいが、何度も討議に参加した経験をもつというだけでは、この部分を変えることは困難ではないか。であれば、参加者の自立（自律）を損ねることなく、吟味への一定の促しを行う（たとえば中立的な立場の識者によるレクチャー）などの工夫が有益なのではないか。

第三。討議に参加する精神的な余裕をもたない人、なかでも、うつ傾向の人。自殺をしたいと思っている人。彼らには、自由とか正義の理念以外のものが必要だと思われるが、それは何なのか。ハーバーマスは、実践的討議のほかに、「治療的討議」というものがあると述べているが、ここにあげている人たちは、そのような特殊な討議の対象として組み込むしかないのだろうか。これはもちろん、ハーバーマスだけに責任を押しつけることのできない、重い問いだ。

4　公共性の外部――宗教と自然

本章では、二〇〇四年の京都賞授賞式の講演をいろいろと参考にしてきた。講演のしめくくりでハーバーマスは、知識人の務めとして政治問題に関与してきたことを振り返った中で、「ここ十年」、欧州統合問題と並んで生命倫理（バイオエシックス）が彼の主要なターゲットだったと表明している。つまり、二十一世紀明けのハーバーマスは、人類全体にかかわる政治・社会問題として、生命倫理に強い関心を払ったということだ。『人間性の将来――リベラルな優生学へと進むのか』（邦訳は『人間の将来とバイオエシックス』）という著作を、二十一世紀最初の年（二〇〇一年）に世に問うている。

この著作の原題が、正確には、「人間性（あるいは人間的自然）の将来」であったことに注意してほしい。ここには、老境を迎えたハーバーマスの、重要で新しいメッセージが込められている。私たちは、生まれたとたんに「人間」であるのではなく、社会（あるいは間主観性）の中で育てられ、言語や行為を学ぶうちに「人間」（人格）になる。つまり、個人（主観）よりも社会（あるいは間主観性）が先にあるのだ。従来の彼は、社会（あるいは間主観性）に迎えられる以前の「ヒト」については、とくに発言してこなかった。ところが、二十一世紀を迎えて、バイオ分野を含むテクノロジーの進展が、西欧思想の根幹をなす「人格」のイメージを侵食した。それは、私たち人間が「道徳」を論じる文化的前提そのものが揺らぐことを意味する。いまや哲学者は、中立的な議論整理者の立場をしばし外れ、人類を代表する一人として「態度表明」を迫られる。それは文化的な価値判断を含むので、（価値中立的な道徳ではなく）「倫理」の一種ではあるのだが、「人類はどうあるべきか」という問題を扱っている点で、ふつうの「倫理」とは異なる上位の次元にあるという（「類としての倫理」）。

生命倫理と自然——受精卵の尊厳をめぐって

二十一世紀最初の二十年も残り少なくなった現在、テクノロジーはハーバーマスの危惧を上回って、さらに強力に日々進捗している。ただ、和魂洋才的な両義性を残す日本の私たちは、先端技術に同じような脅威を感じているだろうか。

ハーバーマスの立ち位置を再確認すると、フランクフルト学派のマルクス主義的傾向（近代社会における物象化批判、道具的理性批判）を引継ぎ、カントの「人格」や「義務」のコンセプトを受容している。それに対して、二十世紀後半以降に台頭した生命倫理は、人間の生命への問いを広げ、誕生する以前の「人間」(胎児)や、理性や言語能力を失って以降の「人間」(植物状態や重度の認知症など)にまなざしを向けた。生物としての人間は、いつから「人格」となって、法的・道徳的な地位を得るか、を問題にしたのである。

ハーバーマスにとって、この問いへの答えははっきりしている。胎児は、遺伝的に特定できる個体ではあっても、まだ動物とあまり変わらない「自然的な存在」にすぎない。誕生後、他の人たちと交流することが、「人格」をつくるのだ。伝統的なキリスト教のように、受精の瞬間に(つまり社会化と関係なく)魂が宿るという考えは受け入れられない。もっとも、ハーバーマスは人格と身体との関係をほとんど問題にしないので、この点では、魂(精神)と身体を分けるキリスト教の人間観と類似しているのかもしれない。また、人間と(自然界に属する)動物とを峻別し、人格同士がつくる「道徳的共同体」の輪から動物を締め出す点でも、キリスト教の伝統を受け継いでいるように見える。

ともかく、胎児や嬰児《えいじ》はまだ「人間」ではない、とハーバーマスはいう。つまり、人格としての(十全な)尊厳はもっていないが、「人間の生命の尊厳」は備えている。人間の尊厳はないが、「人間の生命」の尊厳は胎児にもある。このように、胎児に一定の道徳的地位を認めようとしている。ハーバーマスがこの考えをまとめたのと同じころ、日本の生命倫理政策決定の場でも、似たような区別を採用した。小泉首相(当時)を議長とする総合科学技術会議は「ヒト胚の取扱いに関する基本的考え方」(二〇〇四年)を発表し、ヒトの受精卵は、「人」そのものではないが、「人の生命の萌芽」として尊厳をもつと述べたのである。正確には、「「人」へと成長し得る「人の生命の萌芽」であるヒト受精胚は、「人の尊厳」という社会の基本的価値を維持するために、特に尊重しなければならない」と求めている。

胎児や死者とのコミュニケーション――リベラルと旧ヨーロッパ

ハーバーマスのことを、自然とか環境の独自意味には目もくれない、「人間中心主義者」だと切り捨てる批判者もいる。その彼がここでは、人間でありながら、まだ人間（人格）となっていない有機体（自然）、つまり胎児が、どのような道徳的地位をもつかという難問に取り組んでいる。

生命倫理における最大の対立は、『人間性の将来――リベラルな優生学へと進むのか』によれば、生殖技術で人間のあり方をコントロールすることを是認する「リベラル」派と、かつて神聖とされた生命領域に操作を持ち込ませまいとする「旧ヨーロッパ」派との対立ということになろう。ハーバーマスは「ある程度の偶発性」を生命の領域に残そうとする立場だから、この件については旧ヨーロッパ派に属すると思われる。

「旧ヨーロッパ」という呼称は耳慣れないかもしれない。近代でも、だいたい産業革命以前の時期を指す（一八〇〇年あたりまで）。旧ヨーロッパ派は、したがって、カラーとしては保守的で、しばしばキリスト教的な価値観とも親和性が強い。近代の旗手と目されるハーバーマスが旧ヨーロッパ派というのも、意外だ。生命倫理の問題は、それほどデリケートな、いわば思想家の本籍を問うような性質をもつ。そして、宗教の問題はそれと隣り合わせだ。

本来の人間（人格）は、「自分たちの法を自分たちで作る道徳的存在者」であり、「間主観的に承認された義務と禁止を相互に向け合うメンバー」として共同体を形成する。自立した、理性的な人間たちの共同体だ。では、どのような存在がここから抜け落ちるのか。たとえば、胎児。胎児は、当然ながら発話ができないので、本当の（双方向の）対話の相手ではない。ところが、この点でハーバーマスは特別待遇を採用して、胎児は「先取的な社会化」のうちで対話の相手とされ、私たちは「この胎児に対して、その子自身のために道徳的かつ法的義務を持っている」という。つまり、あたかもその子がすでに社会の一員となっているかのように、私たちは一方的に話しかけて、一方的に責任感をもつ。少し変わったタイプのコミュニケーションを交わす、疑似共同体といっていいだろうか。

ハーバーマスは、生まれる前の人間だけではなく、死者に対しても、そのような疑似共同体性を認め、「グレイゾーン」と呼んでいる。「理性」があるのかを疑われる、重度の障害者などもそこに含まれるようだ。

ところが、動物はこのグレイゾーンからさえ、はっきりと退けられている。動物は「やがて人間になる」生命でもないし、「かつて人間であった」生命でもないからだ。ペットとの「コミュニケーション」は、胎児や死者とのコミュニケーション以下だというのかと、素朴に反発する人もいるだろう。「胎児よりも（成体の）大型類人猿のほうが発達した知能をもち、コミュニケーションもでき、よほど「パーソン」（人格）らしい」と主張する、生命倫理学者のP・シンガーなら、これは動物を無根拠に差別して、人間という種を特別扱いする「種差別」だと、批判するだろう。

自己理解と自発性は人間の専売特許か

人間という動物の一種を、「旧ヨーロッパ的」で人間中心主義的な直感（ハーバーマスはあえて「直感」という）に従って、特別扱いしていいのだろうか。「自己理解」という特別な認識活動を行う動物という意味で、ハーバーマスは人間を「種」といわず、「類」という。けれども、たとえばチンパンジーも、「自己」にかかわる回顧と展望（つまり一定の自己理解）の能力をもっているようだ。「道徳は不偏不党でなければならない」と主張する哲学者が、生命については党派的な結論を導いていいのだろうか。もっとも、ハーバーマス自身、自分の生命倫理論のデリケートな位置は承知のうえで、「直感」を自ら解明しようとしたこの「試論」は、半ばも成功していないと認めている。

遺伝子操作によるデザイナー・ベビーやクローン人間の誕生は、決して絵空事ではなくなっている。旧ヨーロッパ的な人々は（たぶんハーバーマスも含めて）、これらの技術が人間の伝統的なイメージを侵害しており、人間的自然（人間性）を「道具化」していると感じ、嘔吐や不安を催す。その感覚（著者の言葉でいえば「身体性」）は尊重するとしても、ハーバーマスがいうとおり、人間という「類」がもつアイデンティティは遺伝的に決定されておらず、「文化的」なものであること、であれば人間の「自己理解」は変化してもよいということ、を忘れてはいけないだろう。

もう一つ、人間の自由ないし自発性の捉え方にも、異論の余地がある。ハーバーマスによれば、「自分の人生の著者（＝起動者）」であり、他の誰にも主導権を渡していないという自信（自己理解）が、人間には不可欠だ。ところが、ゲノムの構成を操作する技術が進んで（もうそうなっているが）、デザイナー・ベビーが誕生するに至るとすれば、それは当人（ベビー）が拒めない形で、第三者（親など）の意図に拘束されていることになり、人格がもつべき「倫理的自由」を侵害しているというのだ。これに対して、著者は思うのだが、「起動者」という発想そのものが、人間中心主義的なのではないか？　主観（主体）は他者に依存している、依存せざるをえないという、間主観性の原点（それをハーバーマスは力説していた）を忘れていはしないか？　ベビーをデザインするという制作主義と、自分の人生を「起動する」という主意主義は、自分と他人という方向こそ違え、はたして別物だろうか？　そういった疑問を感じる。

もちろん、人間性（人間の自然）をどこまで操作してよいのかという、微妙かつ深刻な問題は、それこそ私たちみなが考え、議論すべきテーマであって、ハーバーマスだけに立証責任を負わせられない。クローン人間について、「彼のライフヒストリーを工作的に作ろうというまなざしによって、自分自身の歪曲されない未来を奪われてしまっている」とハーバーマスが指摘するのは、うなずかざるをえない。結局、テクノロジーによる「工作」の欲望がどこまで「人間的自然」を掘り進めるのかという程度問題が、「グレイゾーン」での道徳的判断を左右することになりそうだ。

人間の傷つきやすさと道徳性の「構築」——他者を受容する

この問題の難しさは、人間の文明が昔でいう「神の領域」に入り込み、人間の根底である身体や生活世界そのものを制御し、改造する能力を持ってしまったことに発するだろう。もとは「自然」から出た存在である人間が、自然を対象化し、操作できるようになったがゆえの、自己再帰的な戸惑い……。振り上げたつるはしをどこに振り下ろしてはいけないのか、客観的な歯止めはない。

ハーバーマスもこう述べている。社会は道徳的に統合される必要があるのだが、かつて、それはメタ社会的に（社会を超えた伝統文化や宗教により）なされていた。現代社会の私たちは、神や伝統の権威にはもはや頼れない。自分たちでコミュニケーションしながら、道徳的価値を構築しなければならない。これは近代文明が直面しつつ、それについて反省すべき一種の「限界」だと、ハーバーマスははっきり認めている。限界という意味では、「人間の身体的不完全さ、人間の相互依存や相互の必要性」を考慮に入れるよう、改めてアピールがされている。

自由意志とか自律というのは、他者に依存し、他者によって傷つきつつ「生きている有限な者たちのきわめて危うい特性」だと、ハーバーマスがいうのであれば、ある種の動物にそんな「社会的な相互依存性」、つまり弱さゆえの強さが備わらないと断言できるだろうか。私たちはその人格性の理念を、ある種の動物や、将来的にはロボットにまで及ぼせないとはいえないのではないか。これは、「他者」をどこまで想定するか、受容できるかの問題だ。

近代と理性の「限界」を考えるうえでは、宗教も視野に入ってくるし、ハーバーマスはじっさい、とくに二十一世紀になってから明確に視野に入れるようになった。実存主義の哲学者キルケゴールが、人間の自己存在を可能にする「根拠」を神に求めたのに対し、現代の私たちの存在を可能にしてくれるのは、相互了解のメディアであるとともに、個々の主観を「超越化する力」である「言語」以外にはない。私たち人間自身が言語をつくり出すわけにはいかないからだ。かつての「神」という名前の絶対的な「他者」の代わりに、私たちは言語的コミュニケーションという、もっと弱く、手続き主義的な「他者」を相手にしているというのだ。

移民という「他者」と連帯するハーバーマス。言語的コミュニケーションという「他者」の力に乗りつつ、討議と対話を推進するハーバーマス。新たな他者と新たな対話に取り組もうとする私たちは、理念をめざして二十一世紀の現実を歩みゆくこの哲学者から、まだ目を離すわけにはいかない。

ハーバーマス略年譜

一九二九年　六月十八日、デュッセルドルフに生まれる。父エルンスト、母グレーテ。祖父はルター派の牧師である。その後、父が商工会議所会頭を務めるグマースバッハに移住して、やがて同地のギムナジウムに入学。夏の休暇を、後に東ドイツ領となるヴァルネミュンデやリューゲン島で過ごすこともあった。戦争中は、他の子どもたち同様、ドイツ少年団、ついでヒトラー・ユーゲントに組織される。

一九四五年　**（15〜16歳）**　五月八日、ドイツ無条件降伏。十五歳のハーバーマスが味わった敗戦とその後の激変は、かれの心に大きな痕跡を残した。秋、ギムナジウムに復帰。アメリカの指導による「再教育」で、民主主義の理念に触れ、感銘を受ける。物資が欠乏し、飢えと寒さに悩む。

一九四八年　**（18〜19歳）**　通貨改革をはじめとする資本主義経済の回復と、社会体制の復古とが進み、ドイツの「精神的革新」へのハーバーマスの期待は打ち砕かれる。この頃、東ベルリンで印刷されるマルクス・エンゲルス関係の小冊子を読み、小説『ファウスト博士』、『ガラス玉演戯』、映画「第三の男」などに魅了される。

一九四九〜
一九五四年　**（19〜25歳）**　ゲッティンゲン、チューリッヒ、ボンでの学業。新カント派、現象学、哲学的人間学などを学ぶ。その内容は二〇年代から変わらない旧態依然たるもので、「ドイツの田舎的環境」と感じられる。初期ハイデガーからの影響大。哲学以外では、歴史学、心理学、ドイツ文学、経済学を専攻。

一九五二年（22〜23歳）新聞や雑誌に哲学書評や文化批評を寄稿し始める。「ゴットフリート・ベンの新たな声」、「文化批評の道徳教育的傲慢に抗して」、「耳で聞く舞台──アダモフ、デュレンマット、フーバーの放送劇への覚え書き」（いずれも『フランクフルター・アルゲマイネ』紙）など。博士論文の執筆を始める。

一九五三年（23〜24歳）この年に出版されたハイデガーのナチ期の講義『形而上学入門』に衝撃を受け、七月二十五日付け『フランクフルター・アルゲマイネ』紙に、「ハイデガーとともにハイデガーに反対して考える──一九三五年の講義の刊行に寄せて」を寄稿。それに対して、九月二十四日付けの『ツァイト』紙にハイデガーが手紙を寄せて弁明する。ルカーチの『歴史と階級意識』を読む。

一九五四年（24〜25歳）大学で映画クラブに属した。この頃、一度東ベルリンを訪問。論文「歴史の内なる絶対者──シェリング『世代』哲学の一研究」で**博士号取得**（ボン大学）。この論文をもとに、『絶対者と歴史──シェリングの思考の内的矛盾について』を刊行。その後、本人の言によると、「ジャーナリズムの浮き草稼業」に従事。

一九五五年（25〜26歳）この頃、イデオロギー概念の研究のための奨学金を得る。産業社会学、知識社会学と取り組む。ホルクハイマーとアドルノの『啓蒙の弁証法』を読む。ウーテ・ヴェッセルヘフトと結婚。後に、一男二女（ティルマン、レベッカ、ユーディト）が生まれる。

一九五六年 **(26～27歳)** フランクフルト社会研究所に入り、**アドルノの研究助手**となる。フロイト生誕百年を記念する国際会議「現代におけるフロイト」でマルクーゼの講演を聴き、「フランクフルト学派の政治的精神」にめざめる。社会研究所時代にはまた、ベンヤミン、マルクーゼ、ブロッホを読み、デュルケム、ウェーバーに初めて接し、経験的社会学を学ぶ。

一九五七年 **(27～28歳)**「マルクスとマルクス主義をめぐる哲学的論議に寄せて」の文献報告を発表。その内容の政治性にホルクハイマーは危険を感じ、これを機にハーバーマスを社会研究所から遠ざけようとする。

一九五九年 **(29～30歳)**『公共性の構造転換』の構想を得て、これによりフランクフルト大学で教授資格を取得することを希望するが、ホルクハイマーの反対で実らず。**社会研究所を辞職**。ドイツ研究振興協会（DFG）の奨学金を受けて、『公共性の構造転換』の執筆に専念。

一九六一年 **(31～32歳)** 社会研究所の共同研究の成果の一部として、『学生と政治』（フリーデブルクなどと共著）を刊行。ハーバーマスが書いた序論の政治的急進性がホルクハイマーの気に入らず、上梓が延期されていたもの。アーベントロートの斡旋《あっせん》で、『公共性の構造転換』が教授資格論文としてマールブルク大学で受理され、十二月、同大学私講師の就任講演を行う。題目は「社会哲学との関係における政治学の古典的教説」（『理論と実践』所収）。しかし、その直後、教授資格取得以前から招聘《しょうへい》を受けていた**ハイデルベルク大学教授に就任**。マールブルクで実際に教えるには至らなかった。

一九六二年　(**32～33歳**)七月、ハイデルベルク大学の教授就任講演を行う。題目は「ヘーゲルのフランス革命批判」(『理論と実践』所収)。ハイデルベルク時代に、ガダマーの『真理と方法』、後期ウィトゲンシュタインに取り組む。また友人アーペルに刺激されて、アメリカのプラグマティズム(パース、ミード、デューイ)を研究。**『公共性の構造転換』**刊行(新版九〇年)。

一九六三年　(**33～34歳**)「分析的科学論と弁証法」を発表して、アドルノとポパーとの間の「社会科学の論理」をめぐる論議にコメントする。翌年、これにアルバートが反論して、「実証主義論争」が拡大した。『理論と実践』刊行。

一九六四年　(**34～35歳**)**フランクフルト大学教授に就任**。ホルクハイマーの講座(哲学・社会学)を継ぐ。

一九六五年　(**35～36歳**)新聞に「ウィトゲンシュタインの帰還――著作集第二巻遺稿『哲学的考察』に寄せて」を寄稿。六月、フランクフルト大学の教授就任講演を行う。題目は「認識と関心」(『〈イデオロギー〉としての技術と科学』所収)。この頃、シュッツの現象学的社会学、チョムスキーの普遍文法理論、オースティンとサールの言語行為論に刺激され、普遍的語用論の構想をもつ。

一九六七年　(**37～38歳**)学生運動への発言が目立つようになる。六月二日、ベルリンのデモで、学生オーネゾルクが警官に射殺され、これをきっかけとしてドイツ全土の学生運動が高揚する。六月九日、オーネゾルクの故郷ハノーヴァーでかれの葬儀のあと開かれた学生討論集会にて、ハーバーマスは「連邦共和国における学生の政治的役割についての談話」その他の演説（『政治小論集I-IV』所収）を行い、急進派の指導者ドゥチュケを「左翼ファシズム」のかどで非難した。秋にはニューヨークに招かれて、講演「連邦共和国における学生の異議申し立て」を行う（同上所収）。

一九六八年　**（38〜39歳）**大学改革や学生運動についてしばしば発言。フランクフルト大学における「パネル・ディスカッションへの前おき」など。ミッチャーリッヒが主宰するフランクフルトのフロイト研究所の水曜討論会に定期的に参加。所員で精神分析医であるロレンツァーなどより精神分析治療の実際を学ぶ。『〈イデオロギー〉としての技術と科学』刊行。『認識と関心』刊行。この書で批判的社会理論の認識論的基盤を確立しようとしたが、後に方針を変更。ニーチェの文章をまとめた『認識論的著作』に「後書き」を書く。

一九六九年　**（39〜40歳）**『異議申し立ての運動と大学改革』刊行。八月六日に死去したアドルノをしのんで、「自然における理性のオデッセイ」を新聞に寄稿。

一九七〇年　**（40〜41歳）**『社会科学の論理』刊行（増補版八二年）。

一九七一年　**（41〜42歳）**シュタルンベルクにある「科学技術的世界の生活条件研究のための**マックス・プランク研究所**」の所長であったヴァイツゼッカーに請われ、二人目の**所長に就任**。以後、さまざまな共同研究を主宰。『**哲学的・政治的プロフィール**』（増補版八一年）、『社会理論か社会テクノロジーか』（ルーマンとの共著）、『解釈学とイデオロギー批判』（アーペルらとの共著）刊行。シュタルンベルク時代にウェーバーを集中的に研究し、ピアジェとコールバーグの発生的構造主義に共感する。

一九七三年　**（43〜44歳）**『後期資本主義における正当化の諸問題』刊行。論文「真理論」を発表して、真理の合意説（討議説）を展開（『コミュニケーション的行為の理論への予備研究と補遺』所収）。

一九七四年　(44〜45歳) シュトゥットガルト市よりヘーゲル賞を授与される。その機会に、講演「複雑な社会は理性的統一を形づくれるか？」を行う（『史的唯物論の再構成に向けて』所収）。

一九七六年　(46〜47歳) ドイツ社会学会で、シュタルンベルクの共同研究者であるエーダーとともに、「社会学における理論比較について——進化の理論を例として」と題する発表を行う（『史的唯物論の再構成に向けて』所収）。『史的唯物論の再構成に向けて』刊行。

一九七七年　(47〜48歳) リュッベやシェルスキーら新保守主義者が、社会科学的用語が日常言語に持ち込まれ、日常言語の混乱を来していると非難を重ねてきたことを背景として、マックス・プランク協会（シュタルンベルクの研究所の上部機関）よりの要請で、三月、「日常言語、教育言語、科学言語」と題する公開講演を研究所を代表して行う（『政治小論集Ⅰ－Ⅳ』所収）。七月、マルクーゼをシュタルンベルクに迎えて対談（『哲学的・政治的プロフィール』所収）。秋、ドイツ赤軍派（バーダー・マインホーフ・グループ）によるテロが相次ぎ、左翼知識人に対するポグロム（憎悪にみちた迫害）の雰囲気。マスコミによる反左翼キャンペーン。後に「ドイツの秋」と呼ばれる。ハーバーマスは、フランクフルト学派を批判したゾントハイマーに書簡を送り、保守政治家シュトラウスやドレッガーらの脅迫的言辞を戦後ドイツ史の流れから冷静に解明した「人民裁判」を執筆して（いずれも『政治小論集Ⅰ－Ⅳ』所収）、それに反撃。このように日常の政治闘争にコミットする覚悟を固めるかたわら、『コミュニケーション的行為の理論』を執筆し始める。シュタルンベルクの研究所の共同研究の成果『自我の発達』をデーベルトらと共編で刊行。

一九七八年 **(48～49歳)** リュッベが教育に関する「反啓蒙的」なテーゼ「教育への勇気」を発表したことをめぐる論争に介入し、「教育への勇気——R・シュペーマンへの手紙」を発表(『政治小論集I-IV』所収)。

一九八〇年 **(50～51歳)** フランクフルト市よりアドルノ賞を授与される。その機会に、講演「近代——未完のプロジェクト」を行う(『政治小論集I-IV』所収)。『〈時代の精神的状況〉への見出し語』を編纂、「生活世界の植民地化?」と題する序論を書く。カリフォルニア大学サンディエゴ校の哲学部がマルクーゼ(七九年没)を記念して主催した学会の開会講演「心理的テルミドールと反逆的主体性の再生」を行う(『哲学的・政治的プロフィール』所収)。

一九八一年 **(51～52歳)** 五月八日付け『ツァイト』紙に「シュタルンベルクの崩壊」を寄稿し、**マックス・プランク研究所を去る**理由を表明。同紙上には、ハーバーマスに対するグライナーによる批判と、ハーバーマスを擁護するオッフェらによる反批判が掲載された。十一月、ミュンヘンで開催された建築展覧会「もうひとつの伝統」で開会講演「モダン建築とポストモダン建築」を行う(『新たな不透明性』所収)。**『コミュニケーション的行為の理論』**、二巻本で刊行。

一九八三年 **(53～54歳)** 三月、コレージュ・ド・フランスに招かれ、『近代の哲学的ディスクルス』の最初の四章にあたる部分を講義。このおり、フーコーとも何回か語り合い、かれにおける「澄み切った科学主義的抑制」と「政治的バイタリティ」との同居に強い印象を受ける。四月、フランクフルト大学に戻って、**教授活動を再開**。「講義を始めるにあたっての所感」（『新たな不透明性』所収）。九月、アドルノの学問的業績に関する最初の国際シンポジウムがフランクフルト大学で開催され、ハーバーマスは「社会理論」をテーマとする分科会の司会などを行う。十月、アメリカの中距離核ミサイル配備をめぐって大規模な平和デモ（「人間の鎖」）。これにいらだった体制側は「非暴力の抵抗も暴力だ」という論理で対抗。「熱い秋」と呼ばれた。ハーバーマスはロールズやドゥオーキンに刺激されて、市民的不服従について考えを発表し始める。『道徳意識とコミュニケーション的行為』刊行。ロールズとコールバーグに刺激され、カント倫理学をコミュニケーション論的に再構成する試みである。

一九八四年　**(54〜55歳)** 十一月、スペイン議会に招かれ、講演「福祉国家の危機とユートピア的エネルギーの枯渇」を行う（『新たな不透明性』所収）。『コミュニケーション的行為の理論への予備研究と補遺』刊行。

一九八五年　**(55〜56歳)** 三月、「道徳と人倫」をテーマとする会議をアーペルとともに主宰する。そこで自らも「道徳と人倫――カントに対するヘーゲルの異議は討議倫理学にもあてはまるか」を発表して、新アリストテレス派などから討議倫理学に向けられた批判に答える。五月八日、ドイツ降伏四十周年を記念して、ビットブルクの軍人墓地に米独首脳と退役将官たちが集って、和解を演出。ナチス親衛隊員の墓もあったため、激しい論議を呼ぶ。これに見えるような、ドイツの重い過去を清算し、むしろ肯定的な「連続性」を強調しようとする政治・文化的勢力に対抗して、ハーバーマスは、五月十七日付け『ツァイト』紙に「過去の廃棄処理」を寄稿（『新たな不透明性』所収）。『メルクーア』九・十月号に、「形而上学への回帰――ドイツ哲学の一傾向？」を発表して、ヘンリッヒを批判（『ポスト形而上学の思想』所収）。「形而上学論争」の口火を切る。十一月、ミュンヘン市よりショル兄妹賞を授与される。『近代の哲学的ディスクルス』、『新たな不透明性』刊行。

一九八六年 （56～57歳） 七月十一日付け『ツァイト』紙に歴史修正主義を批判した「一種の損害清算」（『一種の損害清算』所収）を寄稿。翌年まで続く「歴史家論争」の幕開けとなる。

一九八七年 （57～58歳） 『一種の損害清算』刊行。

一九八八年 （58～59歳） 四月、ハーバード大学人間発達センターでの亡きコールバーグを記念する催しで、講演「ローレンス・コールバーグと新アリストテレス主義」を行う（『討議倫理学への注解』所収）。六月、旧東ドイツのハレに招かれてポスト形而上学の哲学について講演。九月、カリフォルニア大学バークレー校で連続講義「実践理性の語用論的、倫理的、道徳的使用について」（同上所収）。これ以後、道徳的討議と倫理的討議とを明確に区別するようになり、もはや討議倫理学というより、厳密には「道徳の討議理論」を展開する。同じく九月、シカゴ大学神学部で開催された学会で、講演「内からの超越、此岸への超越」を行う（『テクストとコンテクスト』所収）。『ポスト形而上学の思想』刊行。

一九八九年 （59～60歳） ファリアス『ハイデガーと国家社会主義』のドイツ語訳に前書き「マルティン・ハイデガー――仕事と世界観」を書く（『テクストとコンテクスト』所収）。フランクフルト大学で開催されたウィトゲンシュタイン学会で開会講演「同時代人としてのルートヴィッヒ・ウィトゲンシュタイン」を行う（同上所収）。

一九九〇年　（60〜61歳）『遅ればせの革命』を刊行して、東欧・ソ連圏の激変に触れ、「ドイツ・マルク・ナショナリズム」の風潮を批判。

一九九一年　（61〜62歳）『未来としての過去』刊行。そこで、湾岸戦争やドイツ再統一について語る。『討議倫理学への注解』、『テクストとコンテクスト』刊行。十一月、旧東ドイツの女性文学者クリスタ・ヴォルフに招かれ、旧東ベルリンの芸術アカデミーで討論会。これに関連して、「クリスタ・ヴォルフへの手紙」を書く（『ベルリン共和国の正常性』所収）。

一九九二年　（62〜63歳）**『事実性と妥当性』**刊行。

一九九四年　（64〜65歳）フランクフルト大学教授を辞し、**同名誉教授**となる。

一九九五年　（65〜66歳）『ベルリン共和国の正常性』刊行。「普通の国（国民）」になりたいという、少なからぬドイツ人の焦りを批判。

一九九六年　（66〜67歳）『他者の受容』刊行。

一九九七年　（67〜68歳）カッシーラー、ヤスパース、長年の友人アーペルらについてのエッセイを集めた『感性的印象からシンボル的表現へ』を刊行。

一九九八年　（68〜69歳）遺伝子やクローン技術の問題、マルクーゼなどを扱った『ポスト国民国家の状況』を刊行。

一九九九年　（69〜70歳）言語論的転回などを論じた『真理と正当化』を刊行。コソボ紛争を巡る論争。

二〇〇一年　（71〜72歳）『人間性の将来――リベラルな優生学へと進むのか』を刊行して、遺伝子操作技術に警鐘を鳴らす。ドイツ出版協会平和賞を受賞し、記念講演「信と知」の中で

「九月十一日」のアメリカ同時多発テロなどについて論じる。

二〇〇二年（72〜73歳）イランのテヘラン大学で「ポスト世俗化社会における世俗化」について講演する。

二〇〇三年（73〜74歳）五月三十一日付け『フランクフルター・アルゲマイネ』紙に、「ヨーロッパの再生」についてデリダと共同の声明を出す。九月、フランクフルト大学で開かれたアドルノ学会で「〈私自身も自然の一部だ〉――理性の自然結合性についてのアドルノ思想」について講演する（『自然主義と主教の間』所収）。

二〇〇四年（74〜75歳）一月、ミュンヘンで、カトリックのヨーゼフ・ラッツィンガー枢機卿（後のローマ教皇ベネディクト十六世）と討論会を開く。十一月、京都賞受賞（受賞講演は『自然主義と宗教の間』所収）。

二〇〇五年（75〜76歳）ラッツィンガーとの討論を収録した『世俗化の弁証法――理性と宗教について』刊行。『自然主義と宗教の間』刊行。

二〇〇八年（78〜79歳）『ああ、ヨーロッパ』刊行。

二〇〇九年（79〜80歳）五月、ハーバーマスの八十歳を記念するチューリッヒ大学の学会「民主主義は型落ちモデルか」に参加。十月、ニューヨークで、「公共圏における宗教の力」についてのパネルディスカッションに参加。

二〇一〇年（80〜81歳）六月、アイルランドのダブリン大学でユリシーズ・メダルを受賞し、「〈政治的なもの〉――政治神学という疑わしき遺産の合理的意味」について講演。十月、『ニューヨーク・タイムズ』紙に「リーダーシップと主導文化」を寄稿し、ドイツ内部に高まる移民排斥の動きを批判。

二〇一一年（81〜82歳）四月、汎ヨーロッパ的なシンクタンク「欧州外交評議会」で、「ヨーロッパを利する協定か否か」について講演。十一月、パリ・デカルト大学で、「国際法の制度化から見た欧州連合の危機」について講演。

二〇一二年（82〜83歳）三月、ヴッパータール大学の学会「ハーバーマスと史的唯物論」に参加。五月、イスラエルでブーバー記念講演「対話の哲学」を行う。六月、『ポスト形而上学の思想Ⅱ』刊行。

二〇一三年（83〜84歳）八月五日付け『シュピーゲル』誌に「エリート不全症」を寄稿、メルケル首相を攻撃する。九月、「政治小論集」シリーズの第十二巻にして最終巻となる、『テクノクラシーの潮流』刊行。

二〇一四年（84〜85歳）ポツダムの社会民主党大会（関係者のみ）で、「強いヨーロッパのために――だがそれはどういう意味か」について講演。

主要著作ダイジェスト

『公共性の構造転換——市民社会の一カテゴリーの研究』（初版一九六二年、新版九〇年、邦訳『公共性の構造転換——市民社会の一カテゴリーについての探究』第二版、細谷貞雄、山田正行訳、未來社、一九九四年）

ハーバーマスが一九六一年にマールブルク大学に提出した教授資格論文（就職論文）をもとに、カント、ヘーゲル、マルクスにおける公共性論についての若干の叙述を追加して、六二年に刊行されたもの。学生運動の高揚とそれに対する新保守主義的な反動の中で、明快なメッセージ性のゆえにきわめて多数の読者に愛され、初版だけで十七刷を重ねた。九〇年に、本文はそのままで、長文の序言を付加した新版が出た。

この書のテーマは、市民的公共性の自由主義的モデルの成立と、社会（福祉）国家におけるその変貌である。十八・十九世紀に、フランス社交界のサロンで、イギリスのコーヒー・ハウス（喫茶店）で、ドイツの読書サークルで、自律的に文化的・政治的な討議を行う「市民的公共性」が発達し、政府当局に統制された公共性と対抗していた。しかし、十九世紀の末には自由主義の時代は終わりを告げ、国家が計画、分配、管理という形で社会運営に干渉してくるようになり、市民たちはそのクライアント（顧客）と化す。文化を論議する公衆は、公共性なしに論議する少数の専門家と、文化を一方的に受容し、消費するのみの大衆へと分裂する。またこの社会国家において、民主的意思形成は、コミュニケーション的行為による社会統合（普遍主義）に向かうのでなく、各人が社会的生産物を均等に獲得するための道具（普遍化された特殊主義）として機能するにすぎない。

新版への序言で、ハーバーマスは、自分の分析に対するいくつかの代表的な批判に答えている。その中には、市民的公共性はフーコーのいう「排除」のメカニズムを実践しているのではないかという批判があるが、ハーバーマスの反論が面白い。かれは、市民的公共性の言説はつねに内部からの批判を許容しており、いかなる他者も排除していなかったので、たとえば労働運動からさえ排除されていたフェミニズム運動も参加することができたと、主張しているのだ。また、この序言では、八〇年代半ば以降の東欧圏の革命的変化（ハーバーマスはそれを「遅れてきた革命」と呼ぶ）において、それまで監視下に置かれてきた市民の自律的結社が、「公開性（グラスノスチ）」を標榜する改革政策を契機に息を吹き返して、全体主義体制を崩壊に追い込んだことが指摘され、この書のテーマである「市民的公共性」の覚醒（と再生？）の重要性がアピールされている。

『哲学的・政治的プロフィール』（一九七一年、増補版八一年、邦訳『哲学的・政治的プロフィール』上・下、小牧治、村上隆夫訳、未來社、一九八四―八六年）

ハーバーマスにとって父親の世代に属する先輩思想家たちの思想的ポートレート。理論的に肩ひじ張った著作ではもちろんないが、学生の頃からジャーナリズムの世界で注目を集めたハーバーマスの評論文の冴《さ》え、たんなる学者ではなく、総合的な「知識人」としての着眼の鋭さがよく出ている。

取り上げられた思想家たちは、みな何らかの形でハーバーマスの思想形成にはっきりと刻印を残しているが、かれとのつきあいが薄い順に次のように分類できる。まず、ハーバーマスと会う機会がなかった人々として、コミュニケーション論的転回のきっかけを与えたウィトゲンシュタイン、生活世界の概念を教えたシュッツ。そしてベンヤミン。ベンヤミンのメシア主義的で反進歩主義的な歴史観が反啓蒙を力づけることをハーバーマスは恐れる半面、解放の理論が内面の充足感を伴うべきだという点ではベンヤミンの示唆を受け入れている。第二に、ハーバーマスとごく浅い面識しかなかった人々。ハーバーマスが深く尊敬しながらも、そのナチ関与の姿勢を鋭く指弾せざるをえなかったハイデガー、戦後ドイツの政治状況への真摯《しんし》な懸念を示し、「理性の党派性」を唱えたヤスパース、断固たる制度主義者で新保守主義の預言者ゲーレン。最後によりひんぱんな接触のあった人々が来るが、このグループはハーバーマスとの友好度によってさらに下位分類ができる。つまり、大学の同僚として儀礼的なつきあいのあったレーヴィットとプレスナー、ハーバーマスが私淑したショーレム、アレント、ブロッホ、上司または教師として恩義のあるホルクハイマー、アドルノ、アーベントロート、ガダマー、そして最後に心からの友情で結ばれたミッチャーリッヒ、マルクーゼ、レーヴェンタールである。

しかし、このラインナップは、たんにハーバーマスの個人的な動機から選ばれたものではない。この顔ぶれは、一九二〇年代から本書が最初にまとめられた七〇年代に至るまで、半世紀にわたって、ドイツの哲学・思想の表舞台を占め続けたのだ。わたしたちはハーバーマスの辛口の、しかし細やかな批評を通して、半世紀のあいだの変化と連続性、そこから生じる現在のドイツ思想の問題点を知ることができる。

『コミュニケーション的行為の理論』(一九八一年、邦訳『コミュニケイション的行為の理論』上・中・下、

河上倫逸、藤沢賢一郎、丸山高司他訳、未來社、一九八五―八七年）

つとに『社会科学の論理』（一九七〇年）で予告されたが、ようやく七七年から執筆が開始され、八一年に刊行に至ったハーバーマスの主著。かなり時間を要した理由はふたつあげられる。ひとつは、コミュニケーション（意思疎通）を志向する行為を分析するにあたって、ハーバーマスが英米系のいわゆる分析哲学における行為理論、意味論、言語行為論に相当深く入り込み、それらをたんねんに研究したことだ。その結果、本書は、たんに哲学、社会学のみならず、言語学、心理学、人類学、政治学、経済学などの分野への広い目配りを実現している。ふたつめの理由は、コミュニケーション的行為の認識論的・メタ理論的な性格をもちながらも、抽象的になりすぎず、具体的な社会理論としての有効性を保つために、ハーバーマスが苦心したことだ。

ハーバーマスはこの書で三つのテーマ群を設定している。第一に、コミュニケーション的合理性の概念。かれはこれを、ウィンチに始まるイギリスの合理性論争の検討などを経て、認知的・道具的な理性の捉え方に抗して、確保しようとしている。重要な成果のひとつは、オースティンに始まる言語行為論を手直しした「普遍的語用論」の手法を用いて、ルカーチからアドルノに至る、合理化そのものを物象化と捉える路線を、コミュニケーション論的に解釈しなおしたことだ。第二のテーマは、社会を生活世界とシステムという二つの層から解釈すること。従来の理解社会学が生活世界を重視するあまり、それを社会全体と同一視したことを「解釈学的観念論」として批判し、システム論的にしか分析できない社会領域の存在を認定したうえで、生活世界とシステムとの分断状況を正しく解釈する方途を提案している。それを受けて、第三のテーマは、近代（モデルネ）の理論である。近代においては、ウェーバーの古典的な分析が示すように、生活世界の合理化が生じるが、それはシステム的合理化にもつながる。そして、システム的合理化は現代において、コミュニケーション的合理性が支配するはずの生活世界の方に越境して、「生活世界の植民地化」という病的現象を引き起こしている。良くも悪くも戦後のドイツを形造ってきた社会国家的妥協の構造がきしみ、崩壊しつつあることや、電子メディアの発達によってコミュニケーションが人間を解放するのか支配するのかが微妙になってきたことなど、情勢の複雑化をまえに、ハーバーマスの現状診断と処方箋は必ずしも歯切れが良くはないが、それだけに変わらぬ知的誠実さが伝わってくる。

このように、これまでのハーバーマスの仕事の総決算ともいうべき広範な理論的射程をもつこの書が、一九七七年以降の騒然とした政治状況のうちで執筆されたことも記憶しておこう。つまり、財界人シュライヤーの誘拐・殺害事件に象徴されるドイツ赤軍派(RAF)のテロリズムに、一般世論はいらだちを強め、とくに保守層はその思想的責任をフランクフルト学派にかぶせようとした。保守もしくは新保守主義からの左翼知識人へのこの攻勢を、ハーバーマスは象牙の塔でやり過ごすのではなく、時事的な政治論議の次元でも受けて立つ決心をしたと述べている。緊張に満ちた政治的コミットメントと並行して、この書は書き進められたことになる。

『新たな不透明性――政治小論集V』(一九八五年、邦訳『新たなる不透明性』河上倫逸監訳、松籟社、一九九五年)

現代の政治的・文化的諸問題について、講演、インタビュー、書評、新聞・雑誌への寄稿などを通して態度表明したもの。時事的なトピックについての姿勢がうかがわれるだけでなく、ハーバーマスの理論の核心を突く整理された発言も多い。

テーマとしては、「新保守主義」との対決がやはりもっとも重要で、主として本書の第一部の「モダン建築とポストモダン建築」および「アメリカ合衆国と連邦共和国における新保守主義者たちの文化批判」という二編の文章で論じられている。前者では、ハーバーマスが珍しく建築論に口を出しているが、都市計画の問題とは、造形の問題であるよりも、都市の生活世界に介入する匿名的なシステム命令をどう抑制・管理するかの問題だ、というのは、いかにもかれらしい主張だ。また、現代的な機能をもつもの（地下鉄の排気シャフトなど）に古典建築の体裁を与える伝統主義は、別のレベルの問題を様式の問題にすりかえる逃避的反応であり、現状肯定の動きと結びついている点で、政治的新保守主義と同じだとも述べている。歴史的街角の保存の運動に対しても、それが反近代の志向を強めるかぎり、ハーバーマスは懐疑的に接している。他方、後者の論文では、ダニエル・ベルらに代表されるアメリカの新保守主義が自由主義から分かれてきたのに対して、ドイツの新保守主義は特殊ドイツ的な背景を、すなわち青年保守主義的な特徴（文明の進歩の拒否、反資本主義、英雄的行為の賛美など）を示していることを指摘している。ドイツの新保守主義は、アメリカの政治文化が本来有している多元主義によるメンタリティを拒否し、ラディカルな民主主義精神に背を向けるのだ。

臨場感があって面白いのは、「合理化の弁証法」。これは、一九八一年夏にホネットらを相手に催された座談会ないし討論会の記録だ。目前に刊行を控えた『コミュニケーション的行為の理論』の著者自身による解説として貴重。フランクフルトの社会研究所に来た経緯など、ハーバーマスの伝記的・理論的過去についても本人の口から語られている。ホネットら、ハーバーマスをよく知るパートナーたちが、ハーバーマスに厳しく食らいついて、疑問を述べ、問い質《ただ》し、ハーバーマスの詳しい態度表明や回顧を引き出している。なかでも印象的なのは、社会状況に対する自分の関わりは一見素朴だが、その実きわめてアンビヴァレントだという告白、そして、自分は世界観の産出者にはなれないし、なる必要もない、いくつかの小さな真理が産出できれば満足だという述懐である。

『事実性と妥当性——法・権利と民主主義的法治国家とに関する討議理論への寄与』（一九九二年、邦訳『事実性と妥当性』上・下、河上倫逸、耳野健二訳、未來社、二〇〇二—二〇〇三）

副題に見られるとおり、ハーバーマスが長年培ってきた討議理論を法・権利、民主主義的意思形成の方向に発展させたもの。かれが五年にわたって組織し主宰した、法理論についての共同研究プロジェクトから得た経験と情報が、この書に生かされている。法とは自分と無関係な（無関係でありたい）分野だと思っている人に、とくに読んでほしい。

システムと生活世界とが対峙する現代社会であるが、この二つの領域の間にコミュニケーションがないわけではない。法・権利は、そのコミュニケーションの循環を助けるかけがえのない「変換装置」であり、システムと生活世界とをつなぎとめる「ちょうつがい」の機能を果たす。そのおかげで、全体社会を社会的に統合するコミュニケーションのネットワークが維持されている。

ハーバーマスは、法治国家をさまざまなコミュニケーション形式（政治的意思決定、立法・司法の決定など）の総体とみなしているが、これらは「生活世界の合理化」という、近現代のより包括的な過程のうちで形成されてきた。わたしたち自身が参加するこのコミュニケーション総体において、法も権利もしだいに作り上げられていく。ハーバーマスは、討議倫理学の構想で、「自分たちの規範は自分たちで決める」という自律の精神を発揮しようとしたが、この構想を実現するには、「自由で平等な市民として、自分たちの法的・政治的状態は自分たちで組織する」という民主主義の理念が、その前提として確立していなければならない。その意味でも、法・権利のカテゴリーは、コミュニケーション的行為の理論にとってきわめて重要である。

法・権利を考えるうえで、個人の人権（私権）と政治共同体の主権（公権）とのどちらを優先するかは、長い論議の歴史をもつとともに、現代では、日米安保条約下の沖縄に象徴されるように、きわめてデリケートな政治選択の問題につながってくる。沖縄では、法・権利の実施を監視し保障するはずの国家が、一部の私権を制限し、侵犯してでも、日米関係という「公益」を守ろうとしている。ハーバーマスによれば、私権と公権との軋轢《あつれき》は、どこまでも討議を通して意思形成するという政治的自覚と、それを支える制度を整備することによってしか解決できない。ハーバーマスはまた、アレントにならって、「コミュニケーション的権力」の概念を導入する。たとえば、市民的不服従の運動に見られるように、強制のないコミュニケーション的自由を公的に行使し、確信を共有する場合、それは私的利益の貫徹とは正反対の、「権威を与える力」となる。このような「資源」は希少財であって、政治支配者や行政サイドをさえ振り向かせ、引きつける「権力ポテンシャルの発生器」なのだ。ハーバーマスは、このような可能性を示して、システムの独走を牽制するアピールを発している。

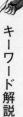

キーワード解説

間主観性（Intersubjektivität）

ハーバーマスがフッサールの現象学などから受け入れた概念。主観性や意識に対する。近代の「意識哲学」は世界や他者と孤独に向き合う「主観」から出発し、人格間の相互伝達は後回しになっていた。たとえば、カントの叡知的自我の思想も、ブルジョア的主体のコミュニケーションなきプライベート主義を社会的前提としている。ハーバーマスの考えでは、この傾向は比較的かれに近い現代思想にまで及んでおり、ルカーチはプロレタリアートを歴史の創造的主体としたが、これは近代的主観を大型化したにすぎず、またアドルノにとっても、間主観性よりは独立した反省的個人が重要だった。そのような根深い伝統に対して、ハーバーマスが指摘するのは、わたしたちが社会において「語り、行為する能力をもつ存在」として成長するとき、個体化（独自の心的世界をもつ存在、すなわち個人となること）は社会化（文化的伝統を共有して社会の一員となること）と同時に生じるということだ。このように、人格間の交流が第一にあって、個々の主観もそこからはじめて分節化されてくると考えるのが、間主観性の思想である。

ハーバーマスはさらに進んで、「無傷の間主観性」という理想を押し立てる。つまり、わたしたちが共苦（共感）の精神に立って、閉鎖された自我のエゴイズムを捨て、傷つきやすい人間存在を互いにいたわりあい、強制も支配もないコミュニケーション共同体をつくりあげること、それこそが正義にして、連帯であるという。ただし、この間主観性は、自己と他者とが個性をなくして融合してしまうことを意味せず、つねに言語的に媒介された緊張関係を保っていることに注意しなければならない。

啓蒙（Aufklärung）

とりわけ十八世紀ヨーロッパの啓蒙主義の基本にあった理念。理性啓蒙。宗教を中心とする外的権威や慣習に頼らず、普遍妥当的な理性原理に基づいて自他に接し、自律的に規範をつくりあげるやり方。

ハーバーマスにとって、啓蒙の理念は近代（モデルネ）の中核をなし、資本主義的な近代に特有の目的合理性・システム的合理性の傾向に抗して、現代に継承され、完成されなければならない。その背後には、進歩についての一定の信念がある。つまり、限られた地域だけに妥当する神話や世界観はしだいに風化し、消滅していって、行為規範は普遍化かつ内面化の方向をたどるのが世界史的な成り行きだという信念である。もちろん、十八・十九世紀に見られたかなり素朴な、ヨーロッパ中心主義的な進歩史観を、今日そのまま信奉するのは難しい。『啓蒙の弁証法』を著したホルクハイマーとアドルノにおいて、またベンヤミンにおいて、野蛮から文明へという単線的な進歩思想は批判を浴びせられ、文明に対するペシミズムが提出される。

それに対して、ハーバーマスは、今日の多元主義的な現実をふまえながらも、理論的にも実践的にも、進歩ないし進化の基本的な方向性を確認できるとする。かれによれば、外面的な合法性の領域のみでなく、人間の内面である道徳性の領域においても進歩はある。また、そうでなければ、わたしたちは政治的変革に打って出るだけの勇気をふるいおこせず、結果的に反啓蒙の陣営を利することになる。現代はすでにポスト慣習、ポスト形而上学の時代にはいっており、もはや超越的な原理や既成の規範への盲従は許されない。真理性・公正性への普遍主義志向をもつことは、特定の文化的伝統の文脈（コンテクスト）を無視することになるのではないか、また啓蒙の理念に基づく人間解放が成功しても、人間の充実感（幸福）は必ずしも伴わないのではないか、という疑問があるが、ハーバーマスはあくまで理性啓蒙の基本線に立って、これらは解決可能であるとする。

後期資本主義（Spätkapitalismus）

競争を原則とするリベラルな資本主義と対立する概念。資本の蓄積過程が進んだ結果成立した、国家によって規制された資本主義。企業の集中が進み、商品・資本・労働の各市場が組織化され、国家が市場の機能的不備に干渉してこれを補う。フランクフルト学派の批判理論において、後期資本主義ははじめファシズム（全体主義的国家資本主義）の文脈で捉えられたが、七〇年代初期のハーバーマスにおいてテーマがシフトし、民主主義的な国家資本主義における「危機」の理論に関心が移動した。資本主義的近代では、国家と社会（経済）はひとつのメダルの両面で、一方は行政権力、他方は交換価値という制御メディアに支配された行為システムとして、ひとつの複合体をなすが、後期資本主義における経済成長のために過剰に複雑になり、経済・合理性・正当化・動機づけの各次元にわたり危機が醸成される。

後期資本主義において、経済成長や政治的支配を至上命令とするシステム合理性が発達するが、他方ではこれに抵抗する政治・社会構造も浮上してくる。たとえば、市民の普遍化可能な利害関心を擁護する市民的不服従の運動や、エコロジー、平和運動などをハーバーマスはあげる。これらの闘いは、資本と労働とが社会国家的妥協を行う後期資本主義社会においては、経済的条件よりも、「生活形式の文法」をめぐる闘いである。

社会化の面では、後期資本主義は次のような特徴をもつ。リベラルな資本主義では自然的基体が家族に保護され、父から子への社会化と、それによる反省的自我の形成が可能だった。後期資本主義になると、その家族の緩衝性《かんしょうせい》なしに社会的強制が個人に直接働きかけてくるので、自我機能の弱体化が起こるとハーバーマスはいう。経済成長が家族に与えるこのようなマイナスの影響を抑えるため、新保守主義は一定のイデオロギー的策定を提言する。

コミュニケーション的行為（kommunikatives Handeln）

「妥当要求」を掲げたうえで、その承認を相手に求め、了解による合意をめざす行為。威嚇や強制などにより自己の目的を達成しようとする戦略的行為と対立する。ただし、コミュニケーション的行為と戦略的行為との混合形態も存在する。また、コミュニケーション的行為は、文化的再生産と社会統合とが生じる生活世界の場において有効なのであり、物質的再生産とシステム統合とが生じるサブシステムの領域は、制御メディアによる行為調整に委ねなければならない。

コミュニケーション的行為は、第一に意思疎通を可能にして、文化的伝統を継承・更新するという点、第二に普遍的な利害関心に基づき、当事者間の「行為調整」に従事して、社会的連帯を作り出すという点、第三に個人が社会の中で成長し、人格的同一性を達成する「社会化」の基盤となるという点で、社会生活にとって不可欠の役割を果たす。

人間の社会的行為の基準を、自然との交渉にではなく、「シンボル」（記号・言語・象徴・文化）を使用するコミュニケーション共同体に見るのは、英米を中心とする言語論的転回を越える、「コミュニケーション論的転回」を意図するものであり、ハーバーマスやアーペルに特有の理論戦略だ。人間社会を理解する普遍的カテゴリーを、マルクスは労働の概念のうちに認めたが、ハーバーマスはむしろ言語的了解の構造のうちに認めるわけである。したがって、疎外論・物象化論もコミュニケーション論的に組み替えられることになる。それによると、後期資本主義社会では、生活世界の通常のコミュニケーションによる行為調整が、行政・経済システムに特有のメディア（権力や貨幣）による行為調整にとってかわられる傾向がある。つまり、システムの論理が生活世界を侵食する「生活世界の植民地化」が生じ、社会のコミュニケーション構造が基本的に変質しているという。

生活世界（Lebenswelt）

ハーバーマスが現象学のフッサールやシュッツから取り入れた概念。日常言語によるコミュニケーションとそれによる行為調整が有効である社会的領域。制御メディア（貨幣や権力など）による行為調整が有効であるサブシステムの領域（経済や行政）に対立する。

生活世界はサブシステムの土台であり、社会統合はシステム統合の上に位置するが、二つの統合は相互に自律的である。すなわち、社会はあくまで、システムであると同時に生活世界でもあると把握されている。公共的論議が行われる場、学校、家庭などが、生活世界の主たる場面である。

生活世界の概念には、形式語用論的な性格と、社会学的な性格とがあるといわれている。歴史的に変化する複数の「生活形式」（生き方）の根底にある構造基盤として理解される場合は前者、「可能な諸生活世界」と複数形で述べられる場合は後者であろうか。生活世界は、人々に背景知を与えるものであり、行為の出発点とはなるが、それ自体を明示的に知ること、主題化することはできない。

近代における「生活世界の合理化」は、一種のシステム合理化を可能にするが、このシステム統合は了解による統合原理と競合し、場合によれば逆に生活世界を解体するという反作用を及ぼす。この現象に、ハーバーマスは、生活世界の貧困化（科学などが自律化するため）とか、技術化（制御メディアによる行為調整に侵食されるため）という名称を与えるが、もっともひんぱんに使われるのは**「生活世界の植民地化」**という用語である。これは、システムが自己本来の場である物質的再生産の領域に留まらず、文化的再生産の領域に越境してくることを意味する。それが人格の形成に影響を与え、アイデンティティの危機が生じるときは、「内的植民地化」と呼ばれる。植民地化は、それに対抗する勢力とのあいだにコンフリクトを引き起こし、社会法、学校法、家族法の制定、官僚主義的施策への介入、新たな抗議運動などにつながる。

討議（Diskurs）

ハーバーマスは、人間のコミュニケーションを二つの種類に分けて考える。それは、情報交換と討議である。日常的には一定の規範のもとで情報交換が行われているが、その規範の正当性が疑問視されたとき、討議が開催される。討議においては、当事者がすべて参加し、それまで経験的に妥当してきたものの効力を停止し、各人が妥当要求を掲げて自己主張し、より良き論拠だけを権威として認める。討議には、理論的討議、実践的討議、治療的討議の三種がある。

ハーバーマスはアーペルとともに、**討議倫理学**を提起した。かれらによれば、ポスト慣習的で多文化的な社会において、普遍性をめざす道徳は、行為規範の内容を直接に規定することはできず、行為の規範を決定するための手続きなど、間接的な側面についてだけかかわる。規範を決定するのは、すべての当事者が対等な立場で参加する、実践的討議においてである。最後にすべての参加者が同意しうる規範だけが、妥当なものとして認められる。これを「討議倫理学原則」という。もうひとつ重要なのは、決定される規範は、そこから出てくる影響がどの当事者の利益をも侵害せず、誰にとっても受け入れ可能なものでなければならないということで、これは「普遍化原則」と呼ばれる。

このような討議による集団的な意思決定は、個人を大切にする自由主義の伝統をふまえつつも、個人の意思と認識が変化しうる、そして共同体の合意と連帯が実現しうる、という想定に基づいている。討議倫理学自体は、集団的な意思決定のための前提条件を論ずる形式的・手続き的な合理性の次元を動いており、直接的な規範決定には関与しない。つまり、普遍的利害関心が抑圧されているような状況は、実践的討議の前提を妨げるので、これは批判しなければならないが、相対立する生活形式（生き方）のどれかに与《くみ》することは、討議倫理学の権限外にある。

批判的社会理論（kritische Gesellschaftstheorie）

第一期の批判理論は、ホルクハイマーとアドルノを中心としたフランクフルト社会研究所のメンバーにより、マルクス主義や精神分析の影響を受けた「学際的唯物論」として構築された。マルクスとともに、ホルクハイマーも、哲学的思考はヘーゲルにおいて役割を終え、社会理論に席を譲ったと考えたのである。ハーバーマスはこの古典的批判理論を自らのコミュニケーション的行為の理論によって批判的に継承しようとする。

ホルクハイマーらは物象化論を「道具的理性」批判の形で練り上げたが、ハーバーマスによれば、これは近代の合理性を一面的に捉えたものである。というのは、近代における生活世界の合理化に伴って、目的追求的・戦略的合理性も発達したが、他方ではコミュニケーション的な合理性も可能性を拡大したからである。合理化の過程すべてを道具的理性の発達と批判的に捉え、糾弾すべきではなく、その一部である、システム保持をねらう機能主義的合理性をこそ、物象化として取り上げるのでなければならない。ホルクハイマーやアドルノは、合理化をこのように区別して考えなかったために、実在する理性の小片を見逃し、ペシミスティックな歴史哲学に陥ってしまった。その結果、古典的批判理論は、社会批判の足場と名宛人を失い、単独化された個人にのみ希望を託す、断片化された批判をしか展望できなくなった。

それに対して、ハーバーマスは、実証主義論争のころの弁証法的全体性の立場、ガダマー的解釈学に対するイデオロギー批判の視点、「認識を導く関心」の理論などを経て、コミュニケーション的行為の理論を確立する。コミュニケーション的行為の理論は、近代の合理化の過程を追跡して、機能主義的合理性と対立するコミュニケーション的合理性の潜在力を指摘し、従来の社会科学（労働価値説や生産主義をとっていたマルクスやマルクス主義を含め）および社会的現実への組織的批判たろうとする。方法論の点では、このコミュニケーション的行為の理論は、システム論と行為論とを統一する複眼的な社会概念を基本とする。

普遍的語用論（Universalpragmatik）

コミュニケーション的行為の理論の基礎となる言語・コミュニケーションの捉え方で、アメリカのプラグマティズム、後期ウィトゲンシュタイン、英米の言語分析哲学などを吸収して、ハーバーマスが作り上げた。

語用論（Pragmatik）とは、言葉とそれを使用する人間との関係を問う言語学（記号学）の一分野で、言葉と指示対象との関係を扱う意味論、言葉と言葉との関係を扱う統辞論から区別される。かつての言語哲学では、言葉が対象を表現し叙述する機能が特権化されていたが、オースティンにはじまる言語行為論は、呼びかけや自己表現など、対象の記述としては理解できない言語使用に注目した。ハーバーマスはこのパラダイム転換をさらに徹底して、普遍的語用論を提案する。これは、(1)ある世界における、(2)何かある対象について、(3)コミュニケーション参加者が意思疎通しあうという、記号使用の三肢性に基づき、「意思疎通の普遍的条件」を明らかにしようとするものだ。

ハーバーマスによれば、ある命題を主張することと、その命題に妥当要求を結びつけること（態度）とは、異なる。たとえば、「明けの明星は金星である」という命題と、「『明けの明星は金星である』は真である」というメタ言語的な主張（真理性の妥当要求）とは区別される。言語分析哲学の流れでは、命題については真理性を語れるが、メタ言語的主張には新たな内容がなく、認識論的には無意味とされる。それに対して、ハーバーマスの考えでは、すべての命題は暗黙のうちに妥当要求を掲げて発せられており、その真理性に疑問がいだかれると、その妥当要求はわたしたちの言語共同体における議論の対象となる。真理性はこのような議論と合意を通して決定されるものである（真理の合意説）。この語用論的次元を無視して、命題が対象と一致しているなら真理である（真理の一致説）と考えるのは不十分である。ハーバーマスはこのように論じ、合理性の概念を、実証主義や科学主義による狭い捉え方（認知的・道具的合理性）から解放する、「コミュニケーション論的転回」を唱道している。

理性の党派性（Parteilichkeit für Vernunft）

ハーバーマスは、『後期資本主義における正当化の諸問題』の最終節やその他の個所で、「理性の（に与する）党派性」について語っている。根本にある信念は、理性は普遍妥当性を有しており、流動化した多元的な社会においてもそのことは変わらない、というものだ。ただ、このような社会では、困難な「啓蒙」の仕事を果敢にねばり強く続けて行かねばならないという事情が付け加わる。そして、理性啓蒙の立場に立つことは、現実の政治・社会情勢では、互いに対立するさまざまな党派の争いの中に身をおくことを意味し、当然それなりのリスクを免れない。

それではハーバーマスは、どのような勢力と対立して、理性啓蒙の立場を、つまり「行動にさいしてはあくまで理性的な意思に基づき、きちんと行動の根拠（理由）を述べる」という考えを貫こうとしているのか。敵対する党派とは、まず、ワイマール共和制下に端を発し、近代の成果を全否定する青年保守派であり、また北米から起こってドイツ知識人の間でも一大勢力となった新保守主義である。ハーバーマスの認識では、七三年頃からゲーレン゠シュミット路線の新保守派が政治的にも攻勢に出たので、かれも七七年には、ともかく行動しなければならないと、時々の政治情勢にかかわる決心をしたという。

他方、左翼の側にも理性啓蒙を否定する立場は見られる。そのひとつは、社会を理性に基づいて組織するためと称して、根拠づけ抜きで革命的行動に走る、決断主義的立場。もうひとつは、学生反乱の延長線上でよく見られた文化的アナキズムで、ハーバーマスにいわせればマルクス主義を飾りにして、ナルシスティックにサブカルチャーに浸かっているだけの連中だ。ハーバーマスは学生反乱に対して、スローガンよりは啓蒙が先行すべきで、暴力は不正が明白である場合にしか正当化できないと、辛い評価を下している。

理想的発話状況（ideale Sprechsituation）

討論は経験的にはさまざまな制約を受け、討議倫理学が想定しているような間主観性はなかなか実現できない。それにもかかわらず、現実の会話のうちには、「無制約的で支配から自由なコミュニケーションの理念化された諸条件」が規制的な理念として働いているのであり、そうでなければ、たとえ不十分とはいえ、コミュニケーションは成り立たないはずである。この「反事実的」に先取りされ、予期されたユートピア的な理念を、ハーバーマスは理想的発話状況と表現する。

この理念はまた、アメリカのプラグマティズムの影響を受けて、「無制約的なコミュニケーション共同体」としてもイメージされる。この場合、共同体は、かつての宗教のような人間の外への超越ではなく、人間の「内からの超越」を達成した、理想的な生活形式であるように見える。支配や強制がなくなれば、現在の社会におけるような人格構造の歪曲も生じなくなり、理性的な意思形成ができるので、そのような自由な個人が参加した討論の過程で、共同体内部の意見の違いはしだいに消滅し、合意に近づいていくはずである。

理想的発話状況をやがては実現されるべき理想的生活形式とみなす考えは、しかしながら多くの反論に出会った。そこで、ハーバーマスはこの概念の重心を移し、発話状況の理念化は、具体的な生活形式を先取りする歴史哲学に基づいているのではなく、カント的に構成された規制的理念だと、強調するようになった。それに伴って、理想的発話状況は歴史的伝統をもつ個々の文化から遊離して形成されるものではなく、むしろそのような文化のアイデンティティを前提すること、また人々の連帯も画一的強制ではなく、コミュニケーションに特有の我／汝の隔たりと両立するものであることなどに、注意が促されるようになった。

読書案内

藤原保信、三島憲一、木前利秋編著『ハーバーマスと現代』、新評論、一九八七年

編者らをはじめ気鋭の研究者が、ハーバーマスとニーチェ（三島）、普遍的語用論（西阪仰）、ウェーバー（中野敏男）、ヘーゲル（岩崎稔）、アレント（齋藤純一）、さらにホルクハイマー、ベンヤミン、アドルノ、ルーマン、コールバーグなどとの関わりについて、縦横に論じている。ハーバーマス研究会を組織して毎週会合を持ち、合宿も重ねたというだけあって、ハーバーマスの全体像を厚みをもって捉えているし、かれの思想が現代と響き合う点を共有しようという問題意識も明確だ。初心者でも、いや初心者だからこそ、このような本格的な論集に取り組んで、そこから学ぶものがあると思う。

河上倫逸、M・フーブリヒト編『［ハーバーマス・シンポジウム］法制化とコミュニケイション的行為』、未來社、一九八七年

一九八五年十月にハーバーマスを迎えて京都で開かれたシンポジウムの忠実な記録。「新しい社会理論を求めて」、「法制化の諸問題」、「合理化の諸問題」、「近代化の諸問題」、「総括討論」の五部に分かれている。ハーバーマスの講演としては、「道徳と人倫——カントに対するヘーゲルの異議は討議倫理学にもあてはまるか」と「法類型・実定法の妥当根拠・法制化」とが収められている。ハーバーマスと日本人研究者たちとの討論は興味深いが、ときとして儀礼的な言葉のやりとりに沈滞すること

がある。そのようなときに、あなたはけっきょく「文化帝国主義」者ではないかという質問がハーバーマスに突きつけられたり、日本の大学紛争（全共闘運動）は風俗革命だったという日本人出席者の発言にフロアから「ナンセンス」と大声で異議が出たり、座が流動化して、ハーバーマスは「自分の国に帰ったような気がする」と愉快がっている。このようにある程度立ち入った本音の交流が可能になり、またそれが活字で読めるのも、このシンポジウムの通訳者（三島憲一、植木迪子の両氏を中心とする）の驚異的な媒介能力と、主催者の周到な準備・英断のたまものである。

マンフレート・フランク『**ハーバーマスとリオタール——理解の臨界**』、岩崎稔訳、三元社、一九九〇年

著者フランクはドイツ観念論やロマン派解釈学の有数の研究者であるかたわら、現代ドイツ哲学界屈指のフランス通でもあって、現代フランス思想、とくにポスト構造主義がまだ十分な市民権を得ていない八三年に、『ネオ構造主義とは何か』を出版。そのかれが司会を務めた「フランスとドイツの出会い」をテーマとしたシンポジウムが八六年にあったが、リオタールとハーバーマスは参加しなかった。そこで、実現しなかったこの両者の対決を仮想的に再構成したもの。リオタール側では、『文の抗争』が基本テクストとなっている。

リオタールは、かれの名を高からしめた『ポストモダンの条件』で、ルーマン的なシステム論とハーバーマス的なコミュニケーション共同体論との両方に異議を唱えている。それによれば、すべての言語行為は闘争的・抗争的であり、そのゆえにこそ革新的性格をもつのに、この二つの立場からはその性格が圧殺され、「合意というテロル」に席を譲るという。ハーバーマスが志向する普遍性は、メ

タ言語的な最終審級を想定し、言語ゲーム相互の異質性を廃棄・支配することにつながると、リオタールは批判する。

しかし、ハーバーマスの見方からすると、このような批判自身が普遍性を（潜在的には）志向してなされているので、言っていることとやっていることが裏腹だという「遂行的矛盾」に陥っている。フランクは基本的にハーバーマスを支持し、シュライエルマッハーの解釈学を引き合いに出して、指示対象を同じにし、また相互理解しようとする意思が前提にならないなら、対立的な発話（「文の抗争」）そのものが対立しているとは気づかれない、と論じる。合意がめざされているからこそ、争いが争いと認められるのであって、リオタールのいう全面的な媒介不可能性は論理的に成立しないというのだ。ハーバーマスの議論に新たな光をあてる指摘であり、建設的な補完といえよう。

日本倫理学会編『**倫理学とは何か**』（日本倫理学会論集23）、慶應通信、一九八八年

学会発表をもとにした論集。「討議倫理学ノート」（中岡成文）では、ハーバーマスというよりむしろアーペルの討議倫理学の立場を批判的に検討し、討議倫理学が「理論的統一」の点では挫折」していると指摘しつつも、それがわたしたちすべてに共通の状況の困難さから出たものである以上、有効な対案なしに討議倫理学に「死亡宣告」を下すことを戒めている。「生活・倫理・科学――「反照的均衡」のすすめ」（川本隆史）ではロールズの正義論の構想を共感をこめて論じている。ハーバーマスとロールズとの交渉については本書で書けなかったので、こちらを参照していただくとよい。さらに、「現代において倫理学とは何でありうるか」（大庭健）は二十世紀のメタ倫理学の趨勢を要領よく総括したうえで、それに対抗する実質的規範形成への試みとしての、討議倫理学と反照的均衡の倫理学

（ロールズなど）を概観している。とくにハーバーマスの社会哲学を現代倫理学の流れの中でじっくり見るのには、有益な本だと思われる。

冨山太佳夫他『**浮遊する意味**』（現代哲学の冒険14）、岩波書店、一九九〇年

「コミュニケーションの戦略」（中岡成文）のところで、コミュニケーション論の諸形態が比較検討されている。言語学・言語哲学のヤーコブソン、記号論・ポスト構造主義のデリダと並んでハーバーマスが取り上げられている。デリダの脱構築と差異の立場に対して、ハーバーマスは合意と同一性を重視する立場を守る。デリダにとって「コミュニケーション」は記号的次元の出来事であり、無限に変奏していくことが可能であるが、ハーバーマスにとってはコミュニケーション的行為は、わたしたちがこの社会で生きていくうえで決定的に大切な「問題解決」の役割を果たしている。ハーバーマスはその意味で、意図的に「理念化的仮定」を導入して、コミュニケーションの多様性を方法論的に狭めているのであり、かれを批判しようとする者はそのことを心得ていなければならない。いちどハーバーマスの観点から距離を置いたうえで、その位置価を考え直すために読んでもらえればと思う。

A・ホネット『**権力の批判——批判的社会理論の新たな地平**』、河上倫逸監訳、法政大学出版局、一九九二年

ホルクハイマーとアドルノの批判理論から出発し、フーコーの「闘争」のパラダイムとハーバーマスの「了解（意思疎通）」のそれとを、批判的社会理論の再構成の踏み台として解釈する試み。アドルノが自然支配という綜合モデルにこだわったがために見失った「社会的なるもの」を、フーコーとハ

ーバーマスはそれぞれのやり方で「再発見」したという。著者ホネットは、本書のもとになる論文で博士号（ベルリン自由大学）を取得、その後シュタルンベルクのマックス・プランク研究所に移り、八四年にはフランクフルト大学助手になるなど、ハーバーマスと行動をともにし、その後継者とも目されている。

C・オッフェ『**後期資本制社会システム——資本制的民主制の諸制度**』、寿福真美編訳、法政大学出版局、一九八八年

ハーバーマスの後継世代の著作をもうひとつ。著者オッフェはフランクフルト社会研究所の助手を務めたあと、七一年にシュタルンベルクのマックス・プランク研究所に入り、七五年よりビーレフェルト大学政治学教授。本書は、資本制的民主制の政治的諸制度、つまり国家、官僚制的執行機関、議会、政党、福祉国家、多数決原理、公的行政などを取り扱っている。著者によれば、これらの装置は一面では、社会的・政治的行為を可能にし、合理性を高める文明化機能を、他面では、制度的に指示ないし許容されていない行為を排除する抑圧機能を有する。マルクス主義は政治制度の抑圧性を強調してきたが、むしろ制度の正当性の条件を分析することに、著者は力点を置く。ハーバーマスが問題にした社会統合とシステム統合との関連を、政治システムに関する豊富な経験的研究をもとに、より具体的な文脈で批判的に論じている。

三島憲一編訳、NHK文化番組部協力『**戦後ドイツを生きて——知識人は語る**』、岩波書店、一九九四年

ハーバーマスの生きた戦後ドイツの知的・政治的状況を追体験するために格好の証言集。編訳者がNHKテレビの企画で、九三年夏にドイツ・ロケを敢行し、フランクフルト、ベルリン、ハンブルク、ミュンヘン、ウィーン、シュトゥットガルトと移動する中で、二十二人のドイツ知識人にインタビューし、二十世紀のドイツ史・ドイツ思想の該博な知識を背景に、的確な質問で興味深い回顧・総括を引き出している。そのうちには、フランクフルト大学でハーバーマスの助手を務めたネークトがいて、六七・六八年のハーバーマスと学生運動との緊張関係について語り、「歴史家論争」に関しても、シュテュルマーが保守派の立場から、モムゼンが進歩派の立場から、それぞれハーバーマスを批判もしくは擁護するなど、ハーバーマスと関連の深い叙述が随所にある。編訳者による別の好著『戦後ドイツ——その知的歴史』(岩波新書)と併せ読んでほしい。

【わ行】

【や行】

【ら行】

【ま行】

【な行】

【は行】

【た行】

【さ行】

【か行】

索　引

人名・書名・事項を一括して、五十音順に配列した。『　』は書名・雑誌、「　」は論文・講演名を示す。

本書は二〇〇三年七月一〇日に講談社より刊行された『ハーバーマス――コミュニケーション行為』に、「終章」として増補を加えたものである。

緑の資本論　中沢新一

『資本論』の核心である価値形態論を一神教的に再構築することで、自壊する資本主義からの脱出の道を考察した、画期的論考。（矢田部和彦）

反＝日本語論　蓮實重彦

仏文学者の著者、フランス語を母国語とする夫人、日仏両語で育つ令息。三人が遭う言語的葛藤から見えてくるものとは？（シャンタル蓮實）

橋爪大三郎の社会学講義　橋爪大三郎

この社会をどう見、どう考え、どう対すればよいのか。自分の頭で考えるための基礎訓練をしよう。世界の見方が変わる骨太な実践的講義。新編集版。

橋爪大三郎の政治・経済学講義　橋爪大三郎

政治は、経済は、どう動くのか。この時代を生きるために、日本と世界の現実を見定める目を養い、考える材料を蓄え、構想する力を培う基礎講座！

フラジャイル　松岡正剛

なぜ、弱さは強さよりも深いのか？　薄弱・断片・あやうさ・境界・異端……といった感覚に光をあて、「弱さ」のもつ新しい意味を探る。（高橋睦郎）

言葉とは何か　丸山圭三郎

言語学・記号学についての優れた入門書。ソシュール研究の泰斗が、平易な語り口で言葉の謎に迫る。術語・人物解説、図書案内付き。（中尾浩）

ニーチェ　オンフレ／ロワ　國分功一郎訳

現代哲学の扉をあけた哲学者ニーチェ。激烈な思想に似つかわしくも激しいその生涯を描く。フランス発のオールカラー・グラフィック・ノベル。

空間の詩学　ガストン・バシュラール　岩村行雄訳

家、宇宙、貝殻など、さまざまな空間が喚起する詩的イメージ。新たなる想像力の現象学を提唱し、人間の夢想に迫るバシュラール詩学の頂点。

リキッド・モダニティを読みとく　ジグムント・バウマン　酒井邦秀訳

変わらぬ確かなものなどもはや何一つない現代世界。社会学の泰斗が身近な出来事や世相から〈液状化〉の具体相に迫る真摯で痛切な論考。文庫オリジナル。

社会学の考え方〔第2版〕
ジグムント・バウマン／ティム・メイ
奥井智之訳

日常世界はどのように構成されているのか。日々変化する現代社会をどう読み解くべきか。読者を〈社会学的思考〉の実践へと導く最高の入門書。新訳。

コミュニティ
ジグムント・バウマン
奥井智之訳

グローバル化し個別化する世界のなかで、コミュニティはいかなる様相を呈しているか。安全をとるか、自由をとるか。代表的社会学者が根源から問う。

ウンコな議論
ハリー・G・フランクファート
山形浩生訳／解説

ごまかし、でまかせ、いいのがれ。なぜ世の中、こんなものがみちるのか。道徳哲学の泰斗がその正体とカラクリを解く。爆笑必至の訳者解説を付す。

世界リスク社会論
ウルリッヒ・ベック
島村賢一訳

迫りくるリスクは我々から何を奪い、何をもたらすのか。『危険社会』の著者が、近代社会の根本原理をくつがえすリスクの本質と可能性に迫る。

民主主義の革命
エルネスト・ラクラウ／シャンタル・ムフ
西永亮／千葉眞訳

グラムシ、デリダらの思想を摂取し、根源的で複数的なデモクラシーへ向けて、新たなヘゲモニー概念を提示した、ポスト・マルクス主義の代表作。

鏡の背面
コンラート・ローレンツ
谷口茂訳

人間の認識システムはどのように進化してきたのか、そしてその特徴とは。ノーベル賞受賞の動物行動学者が試みた抱括的知識による壮大な総合人間哲学。

人間の条件
ハンナ・アレント
志水速雄訳

人間の活動的生活を《労働》《仕事》《活動》の三側面から考察し、《労働》優位の近代世界を思想史的に批判したアレントの主著。（阿部齊）

革命について
ハンナ・アレント
志水速雄訳

《自由の創設》をキイ概念としてアメリカとヨーロッパの二つの革命を比較・考察し、その最良の精神を二〇世紀の惨状から救い出す。（川崎修）

暗い時代の人々
ハンナ・アレント
阿部齊訳

自由が著しく損なわれた時代を自らの意思に従い行動し、生きた人々。政治・芸術・哲学への鋭い示唆を含み描かれる普遍的人間論。（村井洋）

青色本
L・ウィトゲンシュタイン
大森荘蔵訳
「語の意味とは何か」。端的な問いかけで始まるこのコンパクトな書は、初めて読むウィトゲンシュタインとして最適な一冊。（野矢茂樹）

法の概念〔第3版〕
H・L・A・ハート
長谷部恭男訳
法とは何か。ルールの秩序という観念でこの難問に立ち向かい、法哲学の新たな地平を拓いた名著。批判に応える「後記」を含め、平明な新訳でおくる。

解釈としての社会批判
マイケル・ウォルツァー
大川正彦／川本隆史訳
社会の不正を糺すのに、普遍的な道徳を振りかざすだけでは有効でない。暮らしに根ざしながら同時にラディカルな批判が必要だ。その可能性を探究する。

ポパーとウィトゲンシュタインとのあいだで交わされた世上名高い10分間の大激論の謎
デヴィッド・エドモンズ／ジョン・エーディナウ
二木麻里訳
このすれ違いは避けられない運命だった？ 二人の思想の歩み、そして大激論の真相に、ウィーン学団の人間模様やヨーロッパの歴史的背景から迫る。

大衆の反逆
オルテガ・イ・ガセット
神吉敬三訳
二〇世紀の初頭、《大衆》という現象の出現とその功罪を論じながら、自ら進んで困難に立ち向かう《真の貴族》という概念を対置した警世の書。

死にいたる病
S・キルケゴール
桝田啓三郎訳
死にいたる病とは絶望であり、絶望を深く自覚し神の前に自己をすてる。実存的な思索の深まりをデンマーク語原著から訳出し、詳細な注を付す。

ニーチェと悪循環
ピエール・クロソウスキー
兼子正勝訳
永劫回帰の啓示がニーチェに与えたものは、同一性の下に潜在する無数の強度の解放である。二十一世紀にあざやかに蘇る、逸脱のニーチェ論。

世界制作の方法
ネルソン・グッドマン
菅野盾樹訳
世界は「ある」のではなく、「制作」されるのだ。芸術・科学・日常経験・知覚など、幅広い分野で徹底した思索を行ったアメリカ現代哲学の重要著作。

新編 現代の君主
アントニオ・グラムシ
上村忠男編訳
労働運動を組織しイタリア共産党を指導したグラムシ。獄中で綴られたそのテキストから、いま読み直されるべき重要な29篇を選りすぐり注解する。

メルロ＝ポンティ・コレクション
M・メルロ＝ポンティ
中山元編訳

意識の本性を探究し、生活世界の現象学的記述を実存主義的に企てたメルロ＝ポンティ。その思想の粋を厳選して編んだ入門のためのアンソロジー。

知覚の哲学
モーリス・メルロ＝ポンティ
菅野盾樹訳

時代の動きと同時に、哲学自体も大きく転身した。それまでの存在論の転回を促したメルロ＝ポンティ哲学と現代哲学の核心を自ら語る。

悪魔と裏切者
山崎正一
串田孫一

ルソーとヒュームのどうしようもないケンカの記録。いったいこの人たちはなぜ……。二人の大思想家の常軌を逸した言動を読む。（重田園江）

われわれの戦争責任について
カール・ヤスパース
橋本文夫訳

時の政権に抗いながらも「侵略国の国民」となってしまった人間は、いったいにどう戦争の罪と向き合えばよいのか。戦争責任論不朽の名著。（加藤典洋）

哲学入門
バートランド・ラッセル
高村夏輝訳

誰にも疑えない確かな知識など、この世にあるのだろうか。近代哲学が問い続けてきた諸問題を、これ以上なく明確に説く哲学入門書の最高傑作。

論理的原子論の哲学
バートランド・ラッセル
高村夏輝訳

世界は原子的事実で構成され論理的分析で解明しうる——急速な科学進歩の中で展開する分析哲学。現代哲学史上あまりに名高い講演録、本邦初訳。

現代哲学
バートランド・ラッセル
高村夏輝訳

世界の究極的あり方とは？ そこで人間はどう描けるのか？ 現代哲学の始祖が、哲学と最新科学の知見を総動員。統一的な世界像を提示する。本邦初訳。

存在の大いなる連鎖
アーサー・O・ラヴジョイ
内藤健二訳

西洋人が無意識裡に抱き続けてきた「存在の大いなる連鎖」という観念。その痕跡をあらゆる学問分野に探り「観念史」研究を確立した名著。（高山宏）

自発的隷従論
エティエンヌ・ド・ラ・ボエシ
山上浩嗣訳
西谷修監修

圧制は、支配される側の自発的な隷従によって永続する——支配・被支配構造の本質を喝破した古典的名著。20世紀の代表的な関連論考を併録。（西谷修）

自己言及性について
ニクラス・ルーマン
土方透／大澤善信訳
国家、宗教、芸術、愛……。私たちの社会を形づくるすべてを動態的・統一的に扱う理論は可能か？　20世紀社会学の頂点をなすルーマン理論への招待。

レヴィナス・コレクション
エマニュエル・レヴィナス
合田正人編訳
人間存在と暴力について、独創的な倫理にもとづく存在論哲学を展開し、現代思想に大きな影響を与えているレヴィナス思想の歩みを集大成。

実存から実存者へ
エマニュエル・レヴィナス
西谷修訳
世界の内に生きて「ある」とはどういうことか。存在は「悪」なのか。初期の主著にしてアウシュヴィッツ以後の哲学的思索の極北を示す記念碑的著作。

倫理と無限
エマニュエル・レヴィナス
西山雄二訳
自らの思想の形成と発展を、代表的著作にふれながら語ったインタビュー。平易な語り口で、自身によるレヴィナス思想の解説とも言える魅力的な一冊。

黙示録論
D・H・ロレンス
福田恆存訳
抑圧が生んだ歪んだ自尊と復讐の書「黙示録」を読みとき、現代人が他者を愛することの困難とその克服を切実に問うた20世紀の名著。（高橋英夫）

考える力をつける哲学問題集
スティーブン・ロー
中山元訳
宇宙はどうなっているのか？　心とは何か？　遺伝子操作は許されるのか？　多彩な問いを通し、「哲学する」技術と魅力を堪能できる対話集。

プラグマティズムの帰結
リチャード・ローティ
室井尚ほか訳
真理への到達という認識論的欲求と、その呪縛からの脱却を模索したプラグマティズムの系譜。その戦いを経て、哲学に何ができるのか？　鋭く迫る！

知性の正しい導き方
ジョン・ロック
下川潔訳
自分の頭で考えることはなぜ難しく、どうすればその困難を克服できるのか。近代を代表する思想家が、誰にでも実践可能な道筋を具体的に伝授する。

ニーチェを知る事典
渡邊二郎
西尾幹二編
50人以上の錚々たる執筆者による「読むニーチェ事典」。彼の思想の深淵と多面的世界を様々な角度から描き出す。巻末に読書案内（清水真木）を増補。

東京の空間人類学　陣内秀信

東京、このふしぎな都市空間を深層から探り、明快に解読した定番本。基層の地形、江戸の記憶、近代の都市造形が、ここに甦る。図版多数。（川本三郎）

東京の地霊《ゲニウス・ロキ》　鈴木博之

日本橋室町、紀尾井町、上野の森……。その土地に堆積した数奇な歴史・固有の記憶を軸に、都内13カ所の土地を考察する「東京物語」。（藤森照信／石山修武）

空間の経験　イーフー・トゥアン　山本浩訳

人間にとって空間と場所とは何か？　それはどんな経験なのか？　基本的なモチーフを提示する空間論の必読図書。（A・ベルク／小松和彦）

自然の家　フランク・ロイド・ライト　富岡義人訳

いかにして人間の住まいと自然は調和をとりうるか。建築家F・L・ライトの思想と美学が凝縮された名著を新訳。最新知見をもりこんだ解説付。

マルセイユのユニテ・ダビタシオン　ル・コルビュジエ　山名善之／戸田穣訳

近代建築の巨匠による集合住宅ユニテ・ダビタシオン。そこには住宅から都市まで、ル・コルビュジエの思想が集約されていた。充実の解説付。

都市への権利　アンリ・ルフェーヴル　森本和夫訳

都市現実は我々利用者のためにある！――産業化社会に抗するシチュアシオニスム運動の中、人間の主体性に基づく都市を提唱する。（南後由和）

場所の現象学　エドワード・レルフ　高野岳彦／阿部隆／石山美也子訳

〈没場所性〉が支配する現代において〈場所のセンス再生の可能性〉はあるのか。空間創出行為を実践的に理解しようとする社会的場所論の決定版。

都市景観の20世紀　エドワード・レルフ　高野岳彦／神谷浩夫／岩瀬寛之訳

都市計画と摩天楼を生んだ19世紀末からポストモダン終焉まで、都市の外見を構成してきた景観要素を考察。『場所の現象学』の著者が迫る都市景観の解読。

シュルレアリスムとは何か　巖谷國士

20世紀初頭に現れたシュルレアリスム――美術・文学を縦横にへめぐりつつ「自動筆記」「メルヘン」「ユートピア」をテーマに自在に語る入門書。

社会学への招待
ピーター・L・バーガー
水野節夫／村山研一訳
社会学とは、「当たり前」とされてきた物事をあえて疑い、その背後に隠された謎を探求しようとする営みである。長年親しまれてきた大定番の入門書。

デリダ
ジェフ・コリンズ
鈴木圭介訳
「脱構築」「差延」の概念で知られるデリダ。現代思想に偉大な軌跡を残したその思想をわかりやすくビジュアルに紹介。丁寧な年表、書誌を付す。

ベンヤミン
ケイギル／コールズ／アピニャネジ
久保哲司訳
〈批評〉を哲学に変えた思想家ベンヤミン。親和力、多孔質、アウラ、廃墟などのテーマを通してその思想の迷宮をわかりやすく解説。詳細な年譜・文献付。

フーコー
リディア・アリックス・フィリンガム
モシュ・シュッサー絵
栗原仁／慎改康之編訳
今も広い文脈で読まれている20世紀思想のカリスマ、フーコー。その幅広い仕事と思想にこれ以上なく平明に迫るビジュアルブック。充実の付録資料付。

ビギナーズ 哲学
デイヴ・ロビンソン文
ジュディ・グローヴズ画
鬼澤忍訳
初期ギリシャからポストモダンまで。社会思想や科学哲学も射程に入れ、哲学史を見通すビジュアルガイド。哲学が扱ってきた問題が浮き彫りになる！

ビギナーズ 倫理学
デイヴ・ロビンソン文
クリス・ギャラット画
鬼澤忍訳
正義とは何か？ なぜ善良な人間であるべきか？ 倫理学の重要論点を見事に整理した、道徳的カオスの中を生き抜くためのビジュアル・ブック。

ビギナーズ『資本論』
マイケル・ウェイン
チェ・スンギョン画
鈴木直監訳 長谷澪訳
『資本論』は今も新しい古典だ！ むずかしい議論や概念を、具体的な事実や例を通してわかりやすく読み解き、今読まれるべき側面を活写する。（鈴木直）

自我論集
ジークムント・フロイト
竹田青嗣編
中山元訳
フロイト心理学の中心、「自我」理論の展開をたどる新編・新訳のアンソロジー。「快感原則の彼岸」「自我とエス」など八本の主要論文を収録。

明かしえぬ共同体
M・ブランショ
西谷修訳
G・バタイユが孤独な内的体験のうちに失うという形で見出した〈共同体〉。そして、M・デュラスが描いた奇妙な男女の不可能な愛の〈共同体〉。

公共哲学
マイケル・サンデル
鬼澤忍訳
経済格差、安楽死の幇助、市場の役割など、私達が現代の問題を考えるのに必要な思想とは？ハーバード大講義で話題のサンデル教授の主著、初邦訳。

パルチザンの理論
カール・シュミット
新田邦夫訳
二〇世紀の戦争を特徴づける「絶対的な敵」殲滅の思想の端緒を、レーニン・毛沢東らの《パルチザン》戦争という形態のなかに見出した画期的論考。

政治思想論集
カール・シュミット
服部平治／宮本盛太郎訳
現代新たな角度で脚光をあびる政治哲学の巨人が、その思想の核を明かしたテクストを精選して収録。権力の源泉や限界といった基礎もわかる名論文集。

神秘学概論
ルドルフ・シュタイナー
高橋巖訳
宇宙論、人間論、進化の法則と意識の発達史を綴り、シュタイナー思想の根幹を展開する――四大主著の一冊、渾身の訳し下し。（笠井叡）

神智学
ルドルフ・シュタイナー
高橋巖訳
神秘主義的思考を明晰な思考に立脚した精神科学へと再編し、知性と精神性の健全な融合をめざしたシュタイナーの根本思想。四大主著の一冊。

いかにして超感覚的世界の認識を獲得するか
ルドルフ・シュタイナー
高橋巖訳
すべての人間には、特定の修行を通して高次の認識を獲得できる能力が潜在している。その顕在化のための道すじを詳述する不朽の名著。

自由の哲学
ルドルフ・シュタイナー
高橋巖訳
社会の一員である個人の究極の自由はどこに見出されるのか。思考は人間に何をもたらすのか。シュタイナー全業績の礎をなしている認識論哲学。

治療教育講義
ルドルフ・シュタイナー
高橋巖訳
障害児が開示するのは、人間の異常性ではなく霊性である。人智学の理論と実践を集大成したシュタイナー晩年の最重要講義。改訂増補決定版。

人智学・心智学・霊智学
ルドルフ・シュタイナー
高橋巖訳
身体・魂・霊に対応する三つの学が、霊視霊聴を通じた存在の成就への道を語りかける。人智学協会の創設へ向け最も注目された時期の率直な声。

社会分業論
エミール・デュルケーム 田原音和訳
人類はなぜ社会を必要としたか。社会はいかにして発展するか。近代社会学の嚆矢をなすデュルケーム畢生の大著を定評ある名訳で送る。（菊谷和宏）

公衆とその諸問題
ジョン・デューイ 阿部齊訳
大衆社会の到来とともに公共性の成立基盤は衰退した。民主主義は再建可能か？ プラグマティズムの代表的思想家がこの難問を考究する。（宇野重規）

旧体制と大革命
A・ド・トクヴィル 小山勉訳
中央集権の確立、パリ一極集中、そして平等を自由に優先させる精神構造――フランス革命の成果は、実は旧体制の時代にすでに用意されていた。

ニーチェ
G・ドゥルーズ 湯浅博雄訳
〈力〉とは差異にこそその本質を有している――ニーチェのテキストを再解釈し、尖鋭なポスト構造主義的イメージを提出した、入門的な小論考。

カントの批判哲学
G・ドゥルーズ 國分功一郎訳
近代哲学を再構築してきたドゥルーズが、三批判書を追いつつカントの読み直しを図る。ドゥルーズ哲学が形成される契機となった一冊。新訳。

スペクタクルの社会
E・トゥーゲントハット／U・ヴォルフ 鈴木崇夫／石川求訳
状況主義――「五月革命」の起爆剤のひとつとなった芸術＝思想運動――の理論的支柱で、最も急進的かつトータルな現代消費社会批判の書。

論理哲学入門
トゥーゲントハット／ヴォルフ 鈴木崇夫／石川求訳
論理学とは何か。またそれは言語や現実世界とどんな関係にあるのか。哲学史への確かな目配りと強靭な思索をもって解説するドイツの定評ある入門書。

ニーチェの手紙
茂木健一郎編・解説 塚越敏／眞田収一郎訳
哲学の全歴史を一新させた偉人が、思いを寄せる女性に綴った真情溢れる言葉から、手紙に残した名句まで――書簡から哲学者の真の人間像と思想に迫る。

存在と時間 上・下
M・ハイデッガー 細谷貞雄訳
哲学の根本課題、存在の問題を、現存在としての人間の時間性の視界から解明した大著。刊行時すでに哲学の古典と称された20世紀の記念碑的著作。

ちくま学芸文庫

増補《ぞうほ》ハーバーマス　コミュニケーション的行為《てきこうい》

二〇一八年三月十日　第一刷発行

著　者　中岡成文（なかおか・なりふみ）
発行者　山野浩一
発行所　株式会社　筑摩書房
東京都台東区蔵前二—五—三　〒一一一—八七五五
振替〇〇一六〇—八—四一二三
装幀者　安野光雅
印刷所　星野精版印刷株式会社
製本所　株式会社積信堂

乱丁・落丁本の場合は、左記宛にご送付ください。
送料小社負担でお取り替えいたします。
ご注文・お問い合わせも左記へお願いします。
筑摩書房サービスセンター
埼玉県さいたま市北区櫛引町二—六〇四　〒三三一—八五〇七
電話番号　〇四八—六五一—〇〇五三

ISBN978-4-480-09853-5 C0010